普通高等学校"十四五"规划城乡规划专业精品教材

城市社会学
（第二版）

主　编　荣玥芳　高春凤
副主编　赵仲杰　庄龙玉
参　编　孙　莹　黄华贞

华中科技大学出版社
中国·武汉

图书在版编目(CIP)数据

城市社会学/荣玥芳,高春凤主编.—2 版.—武汉:华中科技大学出版社,2021.6(2025.7 重印)
ISBN 978-7-5680-7195-6

Ⅰ.①城… Ⅱ.①荣… ②高… Ⅲ.①城市社会学-教材 Ⅳ.①C912.81

中国版本图书馆 CIP 数据核字(2021)第 107801 号

城市社会学(第二版)　　　　　　　　　　　　　荣玥芳　　高春凤　主编
Chengshi Shehuixue(Di er Ban)

策划编辑:王　娜
责任编辑:王　娜
封面设计:王亚平
责任监印:朱　玢
出版发行:华中科技大学出版社(中国·武汉)　　　电话:(027)81321913
　　　　　武汉市东湖新技术开发区华工科技园　　　邮编:430223
录　　排:华中科技大学惠友文印中心
印　　刷:武汉邮科印务有限公司
开　　本:850mm×1065mm　1/16
印　　张:17.25
字　　数:363 千字
版　　次:2025 年 7 月第 2 版第 7 次印刷
定　　价:49.80 元

投稿邮箱:wangn@hustp.com

普通高等学校"十四五"规划城乡规划专业精品教材

总　　序

　　《管子》一书《权修》篇中有这样一段话："一年之计,莫如树谷;十年之计,莫如树木;终身之计,莫如树人。一树一获者,谷也;一树十获者,木也;一树百获者,人也。"这是管仲为富国强兵而重视培养人才的名言。

　　"十年树木,百年树人"即源于此。它的意思是说,培养人才是国家的百年大计,既十分重要,又不是短期内可以奏效的事。"百年树人"并不是非得一百年才能培养出人才,而是比喻培养人才的远大意义,要重视这方面的工作,并且要预先规划,长期、不间断地进行。

　　当前,我国城市和乡村发展形势迅猛,急缺大量的城乡规划专业应用型人才。全国各地设有城乡规划专业的学校众多,但能够既符合当前改革形势又适用于目前教学形式的优秀教材却很少。针对这种现状,急需推出一系列切合当前教育改革需要的高质量优秀专业教材,以推动应用型本科教育办学体制和运作机制的改革,提高教育的整体水平,并且有助于加快改进应用型本科办学模式、课程体系和教学方法,形成具有多元化特色的教育体系。

　　这套系列教材整体导向正确,科学精练,编排合理,指导性、学术性、实用性和可读性强。符合学校、学科的课程设置要求。以城乡规划学科专业指导委员会的专业培养目标为依据,注重教材的科学性、实用性、普适性,尽量满足同类专业院校的需求。教材内容上大力补充新知识、新技能、新工艺、新成果;注意理论教学与实践教学的搭配比例,结合目前教学课时减少的趋势适当调整了篇幅。根据教学大纲、学时、教学内容的要求,突出重点、难点,体现了建设"立体化"精品教材的宗旨。

　　这套系列教材以发展社会主义教育事业,振兴城乡规划类高等院校教育教学改革,促进城乡规划类高校教育教学质量的提高为己任,为发展我国高等城乡规划教育的理论、思想,对办学方针、体制,教育教学内容改革等进行了广泛深入的探讨,以提出新的理论、观点和主张。希望这套教材能够真实地体现我们的初衷,真正成为精品教材,受到大家的认可。

中国工程院院士　

2007 年 5 月于北京

《城市社会学》第二版说明

自 2012 年《城市社会学》出版以来,我国的城市和城市社会学都发生了巨大的变化。鉴于城市发展现实和学科更新,对该教材进行了再版修订工作。

主要修订之处包括以下方面。

1. 积极挖掘城市社会学课程所蕴含的思政教育元素和所能传承的思政教育功能,将党和政府城市工作的最新表述引入该教材。

2. 根据最新统计数据对该教材的相应数据进行了更新,如"城市社会结构"一章中更新了我国人口、经济等方面的数据;"城市空间结构"一章中更新了交通等方面的数据。

3. 对"城市社会学的研究方法"一章进行了重新撰写,增加了更具操作性的方法示例。

4. 对部分知识目标和思考题进行了修订。也紧跟时代背景,更新最新提法,如加入《北京市城市总体规划(2016-2035)》、单独二孩政策等新内容,将原有的劳动人事部门改为人力资源和社会保障部门等。

5. 结合近年来城市社会学领域出现的新著作或旧有文献的新版本进行了相关内容的更新,也对书中存在的一些错漏和表述不准确的地方进行了修订。

《城市社会学》教材编写组

2021 年 4 月 20 日

前　言

城市社会在人类生活和社会发展中占据着极为重要的位置,随着世界城市化进程的加速推进,对于针对城市发展进行外部干预的城市规划来说,以城市社会学为主线将其与城市规划学科进行研究内容的相互交叉和重叠,是城市日益重视的发展研究内容。城市如何成长和衰落,如何建构和运行,如何面对城市化进程中出现的问题,以及城市发展趋势等,这些基本问题无疑构成了城市社会学讨论的中心议题。

本书从城市社会学的基本视角,采用城市社会学的研究方法,结合城市规划专业的需要,重点研究八个方面的内容。

第一章绪论:重点介绍了城市社会学的研究内容、发展历史和理论架构以及研究城市的意义。

第二章城市社会学的研究方法:从研究的方法体系、分析体系等方面进行论述。

第三章城市社区与城市化:结合世界城市化发展的历史,重点研究中国城市化进程中城市的变化以及如何进行城市化建设。

第四章城市社会结构:研究城市社会的基本结构要素以及各要素之间的联系和影响、作用。

第五章城市社会问题:研究城市化进程中城市所出现的人口、住宅、老龄化以及贫困等问题。

第六章城市空间结构:研究城市空间的社会学特性如何导致了城市社会空间结构的形成。

第七章城市生态系统:从生态学的视角,探讨生态城市系统,重点研究如何进行生态城市的建设。

第八章城市社会发展:研究城市化社会发展的评估指标体系,探讨城市规划中应遵循的原则。

总之,本书根据城市研究的重要主题,对城市社会学进行了较为详尽的介绍。通过阅读该书定能获得关于城市社会的清晰轮廓。

全书的编写工作分工如下:第一章由高春凤、庄龙玉编写;第二章由孙莹、荣玥芳、高春凤编写;第三章由庄龙玉、黄华贞编写;第四章由黄华贞、高春凤、荣玥芳编写;第五章由赵仲杰、荣玥芳编写;第六章由荣玥芳、高春凤编写;第七章由赵仲杰、荣玥芳编写;第八章由赵仲杰、高春凤编写。全书的统稿、定稿工作主要由荣玥芳、高春凤和黄华贞三位老师进行。由于时间紧迫,以及水平有限,书中不当之处敬请同行专家批评指正。

另外，要感谢四位审稿专家的辛勤工作，他们是：中国农业大学社会学教授、博士生导师朱启臻先生，哈尔滨工业大学城乡规划学教授、博士生导师赵天宇先生，东北师范大学城乡规划学教授、博士生导师李诚固先生，东北师范大学城乡规划学教授、博士生导师修春亮先生。

编　者
2012 年 3 月

目　录

第一章　绪论 ·· 1

　　第一节　城市社会学的概念、研究对象和内容 ············ 1

　　第二节　城市社会学的学科性质及与相关学科的关系 ······ 6

　　第三节　城市社会学的历史 ·························· 10

　　第四节　现代城市社会学的主要理论流派 ·············· 21

　　第五节　城市社会学在我国的发展 ···················· 25

　　第六节　城市社会学的研究意义 ······················ 27

　　参考书目 ·· 29

　　思考题 ·· 29

　　推荐阅读书目 ······································ 30

第二章　城市社会学的研究方法 ······················ 31

　　第一节　城市社会学的研究方法体系 ·················· 31

　　第二节　城市社会学的资料收集方法 ·················· 33

　　第三节　城市社会学的资料分析方法 ·················· 54

　　第四节　城市社会学研究的基本程序 ·················· 71

　　思考题 ·· 76

　　推荐阅读书目 ······································ 76

第三章　城市社区与城市化 ·························· 77

　　第一节　城市社区的概念 ···························· 77

　　第二节　城市化 ···································· 81

　　第三节　世界城市化的进程及特征 ···················· 91

　　第四节　中国的城市化 ···························· 104

　　参考书目 ·· 116

　　思考题 ·· 117

　　推荐阅读书目 ···································· 117

第四章　城市社会结构 ···························· 118

　　第一节　社会结构的内涵 ·························· 118

　　第二节　城市的人口、家庭和经济结构 ·············· 123

　　第三节　城市社会组织 ···························· 140

　　第四节　城市的社会分层及社会流动 ················ 149

思考题 ·· 163

推荐阅读书目 ·· 163

第五章　城市社会问题 165

第一节　城市社会问题概述 ······························ 165

第二节　城市规划与社会问题 ·························· 173

第三节　我国城市社会问题 ······························ 176

思考题 ·· 182

参考文献 ·· 182

第六章　城市空间结构 184

第一节　城市空间结构 ···································· 184

第二节　城市空间结构模式 ······························ 186

第三节　城市居住空间 ···································· 195

第四节　城市公共空间 ···································· 202

第五节　城市交通空间 ···································· 208

参考书目 ·· 217

思考题 ·· 218

推荐阅读书目 ·· 218

第七章　城市生态系统 220

第一节　城市生态系统概述 ······························ 220

第二节　城市生态环境问题 ······························ 225

第三节　城市生态化与生态城市建设 ················ 229

参考书目 ·· 234

思考题 ·· 235

推荐阅读书目 ·· 235

第八章　城市社会发展 236

第一节　城市社会发展的评估指标体系 ·············· 236

第二节　我国城市社会发展存在的突出问题 ········ 241

第三节　城市社会发展的保障机制 ··················· 244

第四节　社会工作概述 ···································· 258

思考题 ·· 263

参考文献 ·· 263

第一章 绪 论

知识目标

1. 掌握城市社会学的概念。
2. 了解城市社会学与相关学科的区别。
3. 了解芝加哥学派的主要代表人物及其观点。
4. 掌握伯吉斯的同心圆圈概念。
5. 了解后现代城市社会学的主要思潮。
6. 了解学习城市社会学的意义。

第一节 城市社会学的概念、研究对象和内容

城市社会学是社会学较早产生的一门分支学科,是欧洲工业大革命以后随着城市的发展而逐步创立的,迄今为止已经具有百年历史。在工业化的过程中,由于城市越来越多地支配着人们的工作、娱乐、交往、居住以及其他日常生活,形成了与乡村完全不同的文化特征和人们交往、活动的大背景,所以便产生了对与城市生活有关的人类行为做出正确解释和预测的强烈社会需要。于是,城市社会学便诞生了。

一、城市社会学的相关概念

(一) 城市

城市是以人为主体的,政治、经济、文化需求等人类社会活动在一定地域范围内高度集中的社会组织形式。城市一般具有以下条件:人口数量大、集中居住、人口密度高;以非农业活动为主,土地主要用来从事第二、第三产业;正式组织众多,法律系统完善;拥有自己的文化传统和风俗习惯。

(二) 社会学

社会学是有关人类行为、人类互动关系和人类社会生活各个方面之原则的研

究。社会学作为一门综合性的社会科学,是从变动着的社会系统出发,通过人们的社会关系和社会行为来研究社会的结构、功能、发生和发展规律的一门学科。

(三) 城市社会学

城市社会学(urban sociology),又称都市社会学,是社会学的一门分支学科,以人类聚居都市这一特殊的社会现象作为自己的研究对象。它应用社会学的理论和方法,研究城市的社会生活、社会现象、社会关系和社会问题,以及城市规模、社会结构、社区组织、城市发展方向和发展规律等问题。在研究城市各种社会现象和问题时,城市社会学往往要和城市经济学、地理学、地方史学、社会心理学、政治学、伦理学、法律学等专门学科交织在一起,进行多学科的综合性研究。在这个意义上,城市社会学也可以说是一门交叉学科。目前,世界上许多国家都开展了对这门学科的研究,运用研究成果指导城市的建设和管理工作。

二、城市社会学的研究对象和内容

城市社会学和其他学科一样有自己独特的、其他学科难以替代的研究对象。一般而言,城市社会学的研究对象是变动着的城市社会整体,研究城市社会的结构、发展规律及其良性运行的机制。但对于一个复杂的自然-经济-社会复合系统,城市社会学可以从不同角度进行研究。概括而言,城市社会学较为传统的研究领域包括三大方面:一是城市生态系统构成方面的研究,其中包括城市生态系统的总体研究、城市社会结构和城市空间结构;二是城市社会变迁方面的研究,包括城市化以及城市社会问题;三是城市社会的发展与管理方面的研究,包括城市发展、城市规划以及城市管理。

(一) 城市生态系统构成要素的研究

城市是一个以人类为主体,以地域空间和各种设施为环境的生态系统,是城市居民与城市环境对立统一的系统。城市作为生态系统,它的结构包括城市社会结构和城市空间结构。

1. 城市社会结构

社会结构是指社会体系各组成部分或诸要素之间比较持久、稳定的相互联系模式,是社会学研究的一个基本内容,也是城市社会学研究的重要领域。首先,按照由个体到群体,由简单到复杂的原则。社会结构的载体是个人、群体、组织、阶层、社区,因此,城市社会构成要素的研究也主要是对城市居民、城市社会组织、城市社区、城市社会分层与社会流动的研究。其次,按照经济、社会、文化的标准,对城市社会结构要素作横向分类,包括人口结构、家庭结构、城市经济结构以及城市文化结构等。城市社会首先应当从不同的方面进行研究,了解城市社会各个构成要素的具体存在方式或状态,揭示构成城市社会的基本结构要素,关注各个要素之间的联系和影响、作用。

2. 城市空间

城市空间由居民、政府、各种社会组织以及物质实体空间组成，它是人类的主要聚居场所，也是社会、经济和文化发展到一定阶段的产物和反映，包括城市的居住空间、公共空间以及交通空间。城市空间结构的形成，并不只是一种纯粹的空间环境上的变化，而是一种深刻的社会历史变迁。城市社会学通过对城市各种空间结构模式的研究，探讨影响城市空间结构模式形成的多种因素，揭示和理解这些内容，把握城市空间结构形成的规律，从而有利于我们在更高层面上把握城市空间结构的总体特征，帮助我们更好地理解城市空间的社会学特性。

（二）城市社会变迁研究

社会变迁是指社会结构诸要素运动、变化和发展的过程和结果。社会变迁是一种客观存在的普遍现象，有它自身内在的规律，是一个不以人的意志为转移的历史自然过程。城市社会作为社会整体的一部分，与整个社会一样有其演化和变迁的基本规律。它表现为人与人、人与群体、群体与群体的冲突与适应、分化与整合等互动过程；其结果引起社会结构及功能的变化，从而发生演变、变迁等历史过程。如果说城市社会构成要素方面的研究是说明城市社会结构是什么、怎么样，那么城市社会结构的变迁研究则是要探究这些结构要素的运动与发展。这方面研究的内容包括两个方面：一是城市化；二是城市社会问题。

1. 城市化

城市化是指农村人口不断转变为城市人口、农村区域逐渐演化为城市区域的过程。城市化不仅仅是人口向城市的集中过程，更表现为人口的生活方式和价值观念等方面的变化。城市化是城市社会学研究的一个核心概念，不仅反映了传统社会向现代社会转变的过程，也反映了农村社会向城市社会转变的过程。当前，整个世界都处于城市化的过程之中，中国社会发展亦不例外，因此，城市化无可争议地成为城市社会学研究的重要对象之一。城市社会学关于城市化研究的内容主要有：城市化类型研究、城市化动力研究、城市化进程中伴生的城市社会问题研究、城市化的影响因素研究、当前中国城市化研究等。

2. 城市社会问题

城市社会问题是指在城市中存在的人与自然、人与社会以及人与人之间关系的严重失调或冲突现象，又称城市问题。它影响城市居民的正常生活，阻碍城市的协调发展。城市社会问题可以归纳为两类：一类是伴生性的社会问题，即伴随着城市的变迁和发展表现出来的社会问题，如城市住宅问题、城市交通问题、城市污染问题和城市贫困问题等；另一类是突发性的社会问题，即随着社会的急剧变迁出现的社会问题，如人口问题、社会治安问题和社会分配不公等社会问题。城市社会问题一直是传统社会学研究的重要领域，从研究自杀问题的法国社会学家涂尔干最先研究城市社会问题开始，学者们一直没有停止过对城市社会问题的研究，因此有学者认为城市社会学就是研究城市社会问题的科学。在工业化和经济全球化的背景下，城市社会问题日益凸显,有关城市社会问题的现状、特征、产生原因以及解决办法是当前城市社会学研究的主要内容。

不同的国家和地区所存在的城市问题既有共同性又有差异性。一般说来,城市在不同程度上存在着人口、生态、就业、交通、住房、犯罪、老龄化等问题。

①城市人口问题。它主要指城市人口发展过程中产生的各种矛盾。人口是城市的主体。在特定城市社区范围内,人口总量和人口结构两方面的变化,必然影响到社会生活的各个方面,如就业、婚姻、家庭、福利、教育、老人赡养、住房、交通、物资供应等。当城市人口发展与城市建设发展失调,人口规模不断膨胀时,各方面的矛盾就会十分突出。

②城市生态问题。它主要指城市社会与城市生态环境的平衡遭到破坏。城市社会和城市生态环境是一个对立统一的系统。它要求人口与土地空间、城市规模与地区资源、城市排废与环境容量等方面保持相对平衡。当这些方面的平衡遭到破坏时,便会产生城市区位问题即生态系统失调,影响到城市的全部社会生活。

③城市就业问题。它主要指城市劳动者失业或不充分就业的现象。城市劳动者高度集中,如职业岗位不能满足就业需要,就会产生失业和不充分就业现象。当代城市社会的科学技术高度发展,专业需求常发生急剧变化,某些职业往往被淘汰,也会导致劳动者失业或不充分就业。不充分就业,包括两种情况:一是劳动者个人有技术,但这种技术不为社会所需要,被迫从事不适合他原有技术的工作;二是劳动者个人有能力,但缺乏合适的就业机会,被迫从事不能发挥自身能力或优势的工作,如博士开出租汽车。

④城市交通问题。它主要指城市运输手段、道路设施与城市人口和货物流动需求之间的矛盾冲突。交通问题主要表现为交通拥挤和低效率。许多城市整日都处于交通高峰时间,交通工具和道路设施所承受的压力已超过所能容纳的最大限度,因而使车速降低,周转缓慢,给社会生活和经济生活造成重大影响,如城市居民上下班时间延长,疲劳感增加,工作效率降低,生产和流通受阻,造成各种损失。

⑤城市住房问题。它主要指城市住房短缺和不能提供适当的或良好的住房条件。城市人口集中,增长速度快,往往会造成住房需求和住房供应之间的关系失调。许多城市居民住房短缺,不能满足基本的生活需要,这是城市危机中长期存在的问题之一。这方面需要解决的具体问题有低标准房、破旧建筑集中的住宅区、住房环境质量低下、住房费用高涨等。

⑥城市犯罪问题。它主要指城市的犯罪行为所造成的社会危害。城市犯罪率比农村地区高,并且随着城市规模的扩大而上升。西方城市犯罪绝大部分是侵犯财产罪,暴力犯罪一般集中在城市少数族群地区,吸毒、酗酒则分布范围较广。城市犯罪是一个会严重影响城市社会生活和社会秩序的问题。

(三)城市社会发展与管理研究

城市的社会生活包括政治、经济、文化、社会等各个方面。它由不同的要素和系统组成,形成城市生活的多面体。而社会管理既是城市社会整个有机体的组织、指挥、控制与协调,也是对城市各个组成要素、各个系统及其相应关系的组织、指挥、控制和协调,从而保证城市生活的正常运行及发展。城市社会发展与管理大致包括以下内容。

1. 城市发展

城市社会学关于城市发展的研究集中在两个方面:一是城市社会学研究不同历史时期、不同国家、不同地区城市产生和发展的规律,并预测未来城市的发展趋势。二是研究城市发展指标,为城市社会研究者客观、科学地评价城市社会发展状态、把握城市发展规律、预测城市发展趋势建立有效工具。

2. 城市规划

城市规划是一定时期城市发展和各项建设的综合部署,其核心内容是综合平衡社会经济发展和资源环境的各种需求与可能,将其落实到空间地域上,制定城市发展战略以及把握城市性质、规模、发展方向、建设时序等,同时依法对用地和建设活动进行有效管理,使城市和区域协调发展,因此,也可称空间规划。城市规划是城市建设和城市管理的总纲,不仅决定着城市的现在,而且决定着城市的未来,是城市建设与发展的基本依据和关键所在。有什么样的城市规划,就有什么样的城市面貌。

中国城市规划的严肃性至少涉及以下几个方面:局部与整体、近期利益与远景发展、城市建设与保护耕地、环境保护与历史文化古城保护的关系。国家规定非农业人口 50 万以上的大城市的城市总体规划,由省市区政府审查同意后报国务院审批;建制镇和其他乡镇的建设用地和人口规模,须先报经所在省级建设行政主管部门立项规划,土地部门核定。

中国的城市先后进行过三次城市发展总体规划。20 世纪 50 年代编制第一轮城市总体规划,主要为适应大规模工业建设的需要,落实具体投资项目;20 世纪 70 年代末开始编制的第二轮城市总体规划,更多的是恢复规划工作,弥补住宅建设、基础设施建设方面的多年欠账,加快城市发展步伐;20 世纪 90 年代后,城市规划进入法制阶段,同时强化市场经济条件下应有的综合平衡作用和调控作用,城市规划的指导思想、原则、方法等都做了有益的变革。

3. 城市管理

自从有了城市便有了城市管理的实践。现代城市管理主要是以城市的长期稳定协调发展和良性运行为目标,以人、财、物、信息等各种资源为对象,对城市运行系统做出综合性协调、规划、控制和建设、管理等活动。

城市管理是一项系统工程。伴随着社会经济的发展,现代城市管理的内容也不断扩展,涉及经济、社会、政治、文化建设等方面。主要包括以下九个方面。

一是政府自身的管理。政府是城市管理的重要主体,其自身的管理既是城市管理的一个方面,又是管理好城市的前提。

二是城市经济的管理。主要是城市主导产业的选择与确立、城市产业的空间布局,以及产业转型与产业升级等。

三是城市土地的管理。社会主义市场经济条件下,土地资源是城市最大的存量资产和财富,如何通过科学的规划和严格的制度实现对土地的集约利用与保护性开发,是城市管理的基本目标和重要任务。

四是城市建设的管理。无论是城市基础设施、景观、住房还是工业园区的建设,都需要高质量、高水平的建设管理。管理水平的高低决定着城市的资源是否节约、环境是否友好以及城市品质的高低。

五是城市人口与保障的管理。城市人口与保障的管理决定着城市人力资源的数量、结构和素质,很大程度上决定着城市居民的幸福指数,从而影响着城市的竞争力和发展活力。

六是城市社区的管理。社区是城市的基本单元,按照党的十九大所强调的"打造共建共治共享的社会治理格局……完善党委领导、政府负责、社会协同、公众参与、法治保障的社会治理体制……加强社区治理体系建设,推动社会治理重心向基层下移,发挥社会组织作用,实现政府治理和社会调节、居民自治良性互动"的要求,推进城市社区的民主管理,健全自治机制,提高社区的管理水平和服务功能是城市管理的主要任务之一。

七是城市科教文卫的管理。科技、教育、文化、卫生等社会事业的发展与城市核心竞争力、发展活力息息相关,也与民生问题紧密相连。科教文卫的管理是城市管理的重要内容。

八是城市安全的管理。社会稳定是人民群众的共同心愿,是改革发展的重要前提。强化安全生产管理和监督,有效遏制重特大安全事故,完善突发事件应急管理机制,健全社会治安防控体系等是城市管理的基本任务和内容。

九是城市环境的管理。党的十九大报告指出:"倡导简约适度、绿色低碳的生活方式,反对奢侈浪费和不合理消费,开展创建节约型机关、绿色家庭、绿色学校、绿色社区和绿色出行等行动。"在当今时代,环境既是城市的形象力,也是城市的生产力。因此,城市环境的管理是现代城市管理的重要内容之一。

第二节　城市社会学的学科性质及与相关学科的关系

一、城市社会学的学科性质

城市社会学作为一门独立学科,具有自身特有的学科性质,如整体性研究、综合性研究、应用性、本土性等。

(一) 具有整体性研究的学科性质

整体性是社会学学科的显著特点,其强调社会是一个有机整体,社会各部分之间存在像生物有机体一样的联系,因此,不能孤立地研究社会的组成部分。城市社会学作为社会学的一门分支学科,它的研究对象是城市,不论它是作为一种社会形态的空间结构,还是作为人类社会发展到一定历史阶段的居住形式,都是随着社会的变迁和发展而出现、变化的,它不可能脱离社会而独立存在。因此,必须从城市整体角度进行研究。同时,这种整体性不等于各个结构部分的简单相加,而是指系统内部各个要素之间所存在的内在必然联系,这些部分共同构成城市这一有机整体。

(二)具有综合性研究的学科性质

城市社会学综合性学科特点表现在其研究方法和所运用知识的综合性方面。城市是社会有机体中一个具有多层次、多结构、多序列的完整网络,它的复杂性决定了对城市整体的认识离不开城市经济学、地理学、行政管理学等学科对于城市的研究。城市社会学要以城市社会学的知识为主,综合利用其他学科在城市研究方面的知识和方法,对城市进行综合研究。只有这样,才能对城市做出立体性的综合性探索。城市社会学的方法其实就是对城市社会生活中的各种现象进行综合的一种方法。这种综合性不仅仅表现在城市社会学在研究任何一种社会现象、城市过程和城市问题时,总是联系多种有关的社会因素、自然因素来考察,更在于它经常结合和利用其他社会科学甚至自然科学的成果进行综合性的考察。

(三)具有应用性的学科性质

城市社会学自诞生之初就以研究城市问题作为它的核心内容。围绕着城市社会存在的诸多问题,学者们企图寻找解决问题的途径。在美国,也就是城市社会学的诞生地,芝加哥学派的代表人物以芝加哥为实践研究基地,研究犯罪、移民、城市社会结构、城市生活方式等,希望通过研究解决芝加哥的社会问题。所以,城市社会学具有很强的应用性,不仅从城市社会的实际出发,通过对城市的观察、调研来了解城市问题,还为解决城市社会问题提供依据。当然,城市社会学对应用性学科性质的强调并不是不注重理论建设,相反,在研究城市现实问题的同时也丰富和发展了城市社会学理论。

(四)具有本土性的学科性质

城市社会学的本土性学科性质在理论上反映了城市社会学的特殊性,在实践上反映了城市社会学的针对性。城市社会受文化、地理环境、经济发展、社会心理等因素的影响,不同的历史时期、不同国家、不同民族和不同地域都表现出不同的特点。重视本民族、本国家、本地域的城市社会研究是城市社会学研究的重要特征。社会学起源于欧洲,城市社会学发展于美国,因此,在学习国外城市社会学理论的同时,一定要结合本国传统,将其本土化应用,这是城市社会学的本土性学科性质。

二、城市社会学与相关学科的关系

(一) 城市社会学与城市经济学的关系

城市经济学是以城市经济为研究对象,探索城市各经济要素与经济活动之间的关系,揭示城市经济运行机制以及城市经济发展的性质和规律。以城市从产生、发展,到最后达到城乡融合的整个历史过程及其规律,以及体现在城市内外经济活动中的各种生产关系为研究对象。主要包括:①城市经济的基本理论,如城市概念、城市化、城市规模、类型、性质、功能、地位和作用等;②城市经济产生和发展的基础、条件、过程、特点,以及在各种生产方式下的表现;③城市经济的外部关系,城乡对立运动及其规律;④城市经济的内部结构、空间结构和经济关系;⑤城市的公共经济、市政建设和城市财政等;⑥其他城市经济问题,如城市住宅、土地、交通和就业等。

城市经济学是一门社会科学,必然受到社会、政治制度的制约。因此,在不同社会制度下产生的城市经济学,在研究对象和内容方面存在重大差别。西方的城市经济学以城市内的各种市场(如土地市场、房产市场、资金市场、劳动力市场、交通市场)以及现代大城市中存在的各类社会问题作为研究对象。社会主义国家的城市经济学着重研究城市经济体系的建立、发展和完善过程,在现代化建设中如何发挥城市的作用,城市中的各种经济关系,城市发展过程中出现的各种矛盾及其解决办法,缩小城乡差别最后达到城乡融合的过程等。

城市社会学与城市经济学之间既有一定的区别又有一定的联系。二者的区别在于两个方面。首先,学科性质不同。城市经济学是经济学科的范畴,是所谓的部门经济。而城市社会学是社会学的分支学科,属于社会学范畴。其次,研究对象不同。城市经济学是关于城市的经济学科,研究城市中人们的经济活动、经济关系及城市经济发展。它以城市的经济过程为中心展开研究,目的在于通过分析这一经济过程,找出其中蕴含的经济规律,而对于城市经济以外的其他方面如社会活动及社会关系等只是略有涉及。而城市社会学既要研究城市经济现象,又要研究众多的非经济现象,如城市的生活方式、城市的社会问题等。这也体现了城市社会学这门学科所强调的整体性特征。

(二) 城市社会学与城市生态学的关系

城市生态学把城市看作一个生态系统,城市里的方方面面都是这个系统的组成部分,按照一定的结构联系在一起。城市人类活动、城市气候、生物、代谢、迁移、空间、污染、住宅、生活方式、城市压力及演替过程等复杂关系都是这个系统的要素,也是城市生态学的研究对象。

城市生态系统可以划分为城市自然生态系统、城市经济生态系统和城市社会生态系统,它们相互联系,相互制约,共同构成了城市整体系统。自然生态系统研究人的活动与城市气候、生物的关系,制定城市建设和规划方案。人类在城市这一有限地域的密集活动极大地改变了它的自然状态。如人类排放各种废弃物对城市空气、水源、土壤造成的污染和由种种污染引起的气候变化、生物变化和人类疾病都进一步影响了人类的正常生活。城市作为一种人工建造物,怎样才能实现生态平衡和良性循环,解决环境问题和摆脱生态危机? 经济生态系统研究城市系统的物质代谢、能量流动和货币流通等过程。社会生态系统研究城市人的需求、人的相互作用以及人的反应。这三个子系统之间相辅相成,相生相克,共同构成了城市复合体的运动。在对三个子系统分别研究的基础上进行综合才能建立城市整体系统的平衡和良性循环。

城市生态学的研究重点是城市与生态环境的关系,且城市生态学大量采用自然科学的研究方法。城市社会学则从整体出发研究城市社会,它把城市的一切关系、一切过程都纳入社会学的研究框架中。

(三) 城市社会学与城市地理学的关系

城市地理曾经是聚落地理学的一部分。由于城市形成和发展的经济基础、职能、内部结构与乡村聚落不同,加之随着城市化程度的提高,城市在社会生活中的地位越来越重要,近几十年来,尤其是第二次世界大战以后城市地理研究发展迅速,内容和影响都超过了聚落地理学,成为人文地理学的一门重要分支学科。城市地理学的研究对象是城市空间结构,且城市地理学探寻不同地理环境下城市的形成、发展的规律。城市地理学着重从空间观点研究个别城市或区域城镇体系的功能结构、层次结构和地域结构。

城市地理学的核心内容是从区域的空间组织和城市内部的空间组织两种地域系统考察城镇的空间组织。围绕这两种地域系统,具体研究下列内容:①城市化研究。包括城市化的衡量尺度、城市化过程、世界各国城市化的比较、城镇人口集聚的规律、大城市的优势,以及城市化的效果和问题等。②城市职能研究。把城市产业分解为以满足市外需要为主和以满足市内需要为主两类,从而确立基本职能与非基本职能的概念,研究城市的性质及其对所在区域的作用。③城市分类研究。可根据不同目的采取不同的分类方法,其中最重要的是以职能为依据的分类。④城市体系研究。旨在掌握地域城镇综合体的分布特征和功能、规模结构。⑤城市群和大城市集群区研究。⑥城市形态研究。包括城市聚合特征、城市总平面布置格局以及城市景观的研究。⑦城市地域结构研究。⑧城市土地利用研究。⑨城市生态系统研究。⑩城市综合地理研究。此外,在城市地理研究内容中,还包含从国土规划和城市规划角度提出的课题,如城镇最优布局、新城合理规模、城市再开发以及未来城市形态结构等。

社会学以研究社会问题为己任,而城市以人口密集为首位特征。因此,许多社会问题都较为集中地发生在城市里,这些问题也称为城市问题。城市社会学是研究城市社会问题的学科。在城市里,不论什么事,只要构成"问题",必然与城市居民发生联系,必然是个社会问题。20世纪70年代以后,随着西方国家社会问题的日趋严重,城市问题也成为城市地理学的研究内容之一。在研究方法上,城市地理学和城市社会学互相取长补短,在研究内容上相互融合。但两门学科的区别仍十分明显,城市地理学研究社会问题的目的在于探索规律性,强调问题产生和解决的空间性,为政府决策做参考;而城市社会学则注重社会实践,探讨促进社会发展,特别是城市社会进步的具体政策。

(四) 城市社会学与城市规划学的关系

城市规划学是最早从实用角度研究城市的一门学科,诞生于建筑学,现已发展成一门综合性很强的技术学科,是一门以城市空间为研究对象的学科。它的研究内容主要有:根据一定地域范围内的自然条件和经济地理条件,合理地进行城镇布点,安排城镇居民点体系;根据城市发展建设条件和原有基础,研究和确定城市性质和发展方向,城市的规模和用地范围,城市的工业、仓储、交通运输、公共建筑、园林绿化和道路、给水、排水、供电等市政公共设施的建设规模、标准,以及郊区农业分布等。根据国民经济和社会发展规划以及城市的自然、经济、社会条件,确定城市的性质和发展规模,合理安排城市的生产、生活等功能组织,促进城市发展。城市规划学作为一门技术科学,虽然与城市社会学在研究范围、研究目的和研究方法上有很大差异,但目前的社会发展趋势是:城市土地与空间资源的配置作为城市规划领域的核心任务,在中国由计划经济向市场经济转轨的过程中所出现的新旧矛盾、多元的利益主体以及日益提升的"以人为本"倡导公众参与的规划理念的背景下,已经难以通过单纯的物质性手段加以解决,城市规划的专业实践呈现出越来越多的社会属性和人文色彩,城市社会学和城市规划学越来越体现出学科之间研究内容上的相互交叉和重叠。

城市社会学要从根本上认识城市社会的本质,离不开其他学科对城市规律的揭示;而其他学科要想更好地进行本学科的研究,也有赖于城市社会学对城市社会整体与其各部分的正确理解。

第三节　城市社会学的历史

尽管城市社会学作为一门独立的学科,迄今只有百年的历史,但有关城市的研究却可以追溯到古罗马时期。人类早期对城市的研究是自发的、零散的,这些研究散见于浩繁的著述、地方志、编年史之中,缺乏科学性和系统性。城市社会学的形成是工业革命的产物,它起源于18世纪中叶的工业革命,以机器大工业代替了传统的工场手工业,极大地促进了生产力的发展。生产力的发展带动了城市的发展,这表现在城市人口急剧增加,城市数量大幅度上升,城市规模急剧扩大,城市分布的地域范围迅速扩大。城市生产方式的变更,导致城市社会生活各方面的变化。一方面,城市集聚了大量的物质财富和精神财富,成为社会政治、经济、文化中心,"成为社会前进的基地",城市日益繁荣,城市生活日趋现代化;另一方面,伴随着城市的发展出现了大量的城市病,如失业增加、食物短缺、住宅紧张、疾病流行、犯罪率上升等等。这两方面情况交替出现,引起社会的高度关注。一批社会学者把自己的研究目光投向城市,运用社会学的理论和方法对城市进行系统、全面的研究,试图认识城市的本质,把握城市发展的规律,解决城市萌生的各种社会问题。

一、古希腊学者关于城市的研究

虽然《荷马史诗》中早已提及雅典、科林斯等后来发展为古希腊重要城市的地名,但并没有对城市进行专门的研究。对于西方古代城市的研究,最早可以从希腊古典作家说起。希罗多德(Herodotus,约公元前 484—前 425)、修昔底德(Thucydides,公元前 460 或 455—前 400)、色诺芬(Xenophon,约公元前 430—前 354)、柏拉图(Plato,约公元前 427—前 347)、亚里士多德(Aristotle,公元前 384—前 322)等古典作家对希腊古代城邦的撰述,为研究希腊古代城市积存了难得的学术基础。

希罗多德的《历史》和修昔底德的《伯罗奔尼撒战争史》所记述的,分别是公元前494 年至公元前 449 年波斯和希腊城邦之间的战争和公元前 431 年至公元前 404 年的伯罗奔尼撒战争。这两部古典史著是研究希腊古代城市与战争的珍贵史料。这些史著对于小亚细亚诸城市、希腊本土城市(特别是雅典)以及马其顿、埃及、腓尼基、叙利亚、黑海沿岸、南部意大利、西西里等地的城市社会生活、风土人情、地理史志等也有较多介绍。希罗多德本人即出自于小亚细亚多利亚人的城市哈里坎那索斯的一个名门。也许希罗多德在《历史》中所记述的有关城市的内容较多,因此有人说他是"小亚细亚城市商人文化的典型代表"。

色诺芬的《经济论》和《雅典的收入》等,则是古典著作中并不多见的论述希腊古代城邦(尤其是雅典)经济问题的专著,诸如城邦增加经济收入的来源和办法以及城邦的经济部门、劳动分工、商品生产和贸易活动等,色诺芬都有自己的见解。例如,色诺芬认为出租奴隶、开采银矿、举行市集等都是增加城市和城邦财源的有效途径。如果城市从开矿、市集等其他类似的财源中获得大量的收入,城市的人口就会特别兴旺。他希望发展对外贸易,主张把"带来大批值钱商品因而有利于国家的商人和船主尊为上宾"。

柏拉图、亚里士多德不仅卓有成就地分析和研究了希腊城邦的政治制度,还对城市的选址、规划和建设等进行了独到的论述。他们对"理想城市"的相关论述是古希腊早期城市规划思想的重要成就。例如,柏拉图在《法律篇》中对城市的选址和规划如此说道:"城市应尽可能靠近国家中心的位置,我们应该为城市选择一个具有城市所适用之一切的位置,这也许很容易设想和描述……然后我们再把城市分为12个部分,首先在我们称之为卫城的地方为赫斯提阿神、宙斯神和雅典娜神建造神庙,并围以圆墙,使中心城市和国土从这个地方各自有别地向外辐射伸展。这12个分区按下列方式取得平等:占好地的,面积稍小些;占次地的,面积稍大些。地块总数为7898份,其中每份又一分为二,使每份地块都包含有如此两个部分:其中一块地临近城市,另一块地则在远处……之后把12个地块分别分给12个神祇,并以神祇的名字给所在地块命名。有几个地区共同供奉某一位神灵……城市的12个分区也比照此方法划分,与划分国土的方法相同,每个人将有两个住所,一处在国家的中心,另一处在偏远地带。"随后,柏拉图又阐释了一些有关城市中心的细节:"庙宇应该置于广场的四周,整个城市应建在圆周中心的高地上,以利防守和清洁。"此外,柏拉图还对修建城墙提出建议:"如果人们一定要有城墙,那么私人住宅应当排列成使整个城市形成一座城墙的形式,所有的房屋因为整齐一致,朝向街道而能防守。"从柏拉图的论述可以看出,其目的是想把斯巴达的军事生活和纪律用于治理雅典城市和城邦。他既考虑城市规划的防御和安全性,也兼顾整齐划一的建筑美感。但在芒福德看来,"柏拉图的大多数具体建议都是消极的:没有诗人,没有激情的音乐,没有婚姻的忠诚,没有父母之爱,没有职业的混合,没有享乐,没有对外交往。限制性、严谨性、独裁性:这便是他的理想。任何城市若退缩到柏拉图所希求的那种形式,便不成为城市了。"

据载,亚里士多德及其弟子曾详细考察和分析了希腊158个城邦的政治法律制度及其历史沿革情况。可惜的是,这些资料都遗失了。今存的《政治学》虽是亚里士多德论述城邦政制的典范之作,但在其中,我们也不难发现亚里士多德关于希腊古代城市的地位和作用、城市的规划和设计、城市的管理、城市的人口规模、城市的公共设施、城市的社会活动等的真知灼见。亚里士多德关于理想城市的论述在许多方面较柏拉图更为复杂和深入。他不仅摒弃了柏拉图"共妻"的主张,还为促进居民健康而规定了城市的选址和最佳朝向(实际上,从色诺芬时代起,城市朝向问题就已成为人们经常考虑的一个重要问题)。亚里士多德认为,城市"应尽量按环境所许可,建设为联系陆地和海洋的中心,也是全境的中心。就城市本身的内部设计而言……应着眼于四个要点。第一,最关紧要的是应该顾及健康(卫生)。城市的阳坡东向者常得东风的嘘拂,这最合于健康;第二,如果北有屏障,(其坡南向)可以挡住北风,宜于冬季。……其他两点为城市要安排好便于政治和军事的活动"。

亚里士多德还进一步说明,就军事活动而言,城市应该使居民易于外出而敌人难以侵入或进行围困,并要尽可能保障市内有溪流足够的井泉,以供水源。如果不行,就多设置水库和水渠蓄积雨水。随后,亚里士多德还就城市的设防规划以及城垣设施等逐一论述。他指出:整个城市不应当以笔直的线条来布置(某些居住区和地区除外),这样才能既安全又美观。出于安全的考虑,城市选址近海被认为是错误的。中心城市的位置,应该有海陆方面的通道,"既是全邦的一个军事中心……也应该是一个商业中心,具有运输的便利,使粮食、建筑用木材以及境内所产可供各种工艺的原料全都易于集散"。

亚里士多德的"理想城市"主要有两个基本点:安全、健康。其安全防御思想与柏拉图之见是一致的,并主张为此而修筑城墙,不论是战时还是和平时期,城墙都是有益的。亚里士多德和柏拉图主要是从理论和道德层面建构理想城市,其理想城市是斯巴达那样的一座永远开放的"军营",而非真正意义上的城市。从社会分层来看,亚里士多德和柏拉图都是从上流社会和贵族阶层去寻求理想的城市。他们所坚持的是典型的鄙视中等阶层的城市分层观,力求中等阶层服从于城邦的战士和哲学家。

亚里士多德设想把广场分为相互隔离的集市广场和集会广场两部分。前者为买卖交易之所,应选择适于商业的良好位置;后者供公民公共活动及城邦政治生活之用。商人、工匠、农民及一切类此者均不准进入公民的集会广场。柏拉图也主张把外籍商人置于城外,并尽可能少与其来往。实际上,"任何一个希腊城市,如果不交流各种人、各种思想和各种组织制度,便无法体现希腊的生活理想……任何单个的阶级就更无法实现这些哲学家所寻求的那种崇高的理想"。因此,亚里士多德和柏拉图等人的"理想城市"也多少有点时代和阶级的局限性。

二、欧洲传统社会学时期关于城市社会学的研究

城市社会学的启蒙思想源于欧洲。19世纪欧洲工业革命爆发掀起城市化的浪潮,大量农村人口涌向城市,导致了严重的城市社会问题。社会生活的剧烈动荡和新旧文化价值体系的冲突,成为欧洲传统城市社会学产生的土壤。古典社会学的几位大师滕尼斯、涂尔干、齐美尔、韦伯的理论,共同构成了古典城市社会学的核心。

(一)滕尼斯

德国社会学家滕尼斯(Ferdinund Tonnies,1855—1936)深切地关注城市的变化,他把自己的研究重点放在对城市社会和农村社会的比较研究上。1887年,滕尼斯出版了代表作《礼俗社会和法理社会》,也译作《共同体与社会》或《公社与社会》。

他将人类社会抽象成两种相互对立的类型:以农村为代表的礼俗社会和以城市为代表的法理社会。滕尼斯认为,在礼俗社会,人们具有共同的利益和生活目标,亲属关系、邻里关系、朋友关系等自然的社会关系支配一切,大家共同劳动,团结互助,亲密无间,具有共同的善恶观念,成员由共同的语言和传统维系在一起,具有强烈的认同感、情感主义、传统主义。法理社会则不同。城市生活的特点是"分崩离析、肆无忌惮的个人主义和自私自利,甚至相互对立"。在城市中,法律和理性支配一切,传统的习俗和情感的作用变得微弱,人们唯我独尊,自私自利,彼此冷漠,互不关心。

滕尼斯把礼俗社会看成活生生的机体,而法理社会则是一种机械的组合。滕尼斯认为礼俗社会比法理社会更有人情味,他为法理社会的出现及其给社会结构带来的根本性破坏而忧心忡忡。尽管如此,他还是客观地指出,法理社会取代礼俗社会是不以人的意志为转移的,是不可抗拒的客观规律。

滕尼斯的思想中蕴含着城市社会学的端倪。他首次采用连续统一体模式把人类的聚居形式分成农村和城市两种理想化的类型,认为由农村向城市过渡是不可逆转的历史潮流。滕尼斯还是很早认为城市生活具有其自身特点和研究价值的人之一。

(二) 涂尔干

法国社会学家埃米尔·涂尔干(Emile Durkheim,又译迪尔凯姆或杜尔凯姆,1858—1917)虽然也运用同样的"二分"研究方法,但运用的概念恰好相反,将乡村社会看成机械性的,而将城市社会看成有机性的。

涂尔干认为,要想彻底说明人类社会中个人与社会的关系,更好地理解社会团结的本质和特征,必须进行社会类型划分。他反对将不同社会排列在一个简单的进化直线上,主张根据社会各部分之间结合的方式和紧密程度来划分社会。以此标准,他建立了机械团结的社会和有机团结的社会这种两分法,并把这两种社会视为统一的进化链条上的两个环节。

根据无机物分子之间所存在的联系(分子都是相同的,而且纯粹是机械的联系),涂尔干将出现在不发达的古代社会中的那种团结称为机械团结。他认为,这种团结是建立在个人相似性和社会同质性基础上的,当这种团结主宰社会时,个人之间还没有分化,由于他们具有同样的生活方式、心理情感、道德准则和宗教信仰,人与人之间彼此相近或相似。在这种社会里,人的行动受群体意志支配,个性湮没在集体意识中。由于分工不发达,社会各部分的相互依赖程度低。涂尔干从法律中寻找团结的客观标志,即"外在的明显特征"。机械团结的社会的法律特征是约束性的,这种法律表现了集体意识的力量,其任务是严惩那些破坏了风俗习惯和法律的个人。它把任何威胁或违反集体意识的行为规定为犯罪,对罪犯的惩罚,不会合理地分析他对社会规范的实际破坏程度,也不考虑惩罚是否合适,实施惩罚仅仅是为了表达社会成员对集体的激情,以及对违反集体意识的行为的义愤,从而强化人们的集体归属感,巩固社会秩序的基础。

与机械团结占主导地位的传统社会不同,发达的现代社会像一个具有各种器官的有机体一样,其中每个人都按照社会分工执行着某种专门的职能,因此涂尔干把这种社会中所出现的新的团结形式称为有机团结。有机团结是建立在社会分工和个人异质性基础上的一种社会联系方式。分工导致了职业的专门化,每个人都因职业的不同而发挥着不同于他人的独特能力,每个成员都意识到自己是一个单独的个体,必须依赖他人,这就造成人们彼此之间的依赖感、团结感和自己与社会的联系感。用涂尔干的话说,集体的"和谐一致"即和谐统一表现为分化。正是因为人人有别,才产生相互依赖,"协调一致"才能以某种方式实现。有机团结的客观标志是复原性法律。这种法律的目的不是惩罚,也不是集体共同情感的表示,其功能是把分化的个人组织起来,使之有序地相处,维护个人与群体之间的相互依赖关系,即恢复原来的秩序,使破坏的关系回复到其正常状态。

在涂尔干看来,传统的农业社会是一种典型的机械团结,人们依靠共同的意识团结在一起,集体表象至关重要,任何破坏集体意识、集体表象的行为均会受到严厉的惩罚。现代城市社会则是典型的有机团结,人们的联系建立在分工以及个体异质性基础上,现代城市社会法律的目的是为了恢复社会秩序,重点不在于惩罚。

涂尔干深刻地指出了旧有的道德秩序遭到了破坏,新的道德秩序需要进一步建立起来。在旧的农村社会,人们依赖共同的信仰而团结在一起,在新的城市社会,人们依赖彼此的分工而联系在一起。涂尔干指出了现代城市社会并不完美,在这个急剧变化的城市社会,人们急需新的道德秩序,涂尔干寄希望于职业伦理的形成。

(三)齐美尔

德国社会学家齐美尔(Georg Simmel,1858—1918)敏锐地看到,现代生活最深刻的问题在于个人的独立和个性与社会之间的张力。18 世纪以来有关人性解放的斗争都暗含着这样的动机:人不甘愿在一种社会-技艺机制中堕落。为了解决城市中个人以及超个人的生活形式之间的关系问题,关于现代生活及其产物的内在意义、关于文化身体的灵魂的疑问就产生了。要回答这样的疑问,有必要追寻个体究竟如何在对外部力量的适应中调适自身。

齐美尔认为城市的视觉泛滥带来了变动不安的外部和内部刺激,而这些刺激造成神经反应的紧张,这是城市个体的心理基础。人是有识别能力的动物,人的头脑受到相继的印象之间的差异的刺激。意识反应取决于印象之间差异的大小及其不可预期的程度。在城市中,人来人往的十字路口,经济、职业和社会生活的快节奏和多样化,所有这些创造了不同于农村的心理条件。这样,城市人的世故和乡下人的淳朴可归因为城市和乡村带来的心理条件的迥异:城市生活节奏快,人们面对的交往对象多,诸多印象在一瞥之下更出乎意料;而乡村中人们生活节奏慢,交往行为和对象固定,有更多的时间可以从容观察呈现的表象。

更重要的是,城市是货币经济展开的主要场所,在这里,经济交换的集中和复杂性赋予了交换形式在农村罕见的商业行为中所没有的重要性。货币经济和理智的统治是结合在一起的,它们共享了一种对人对物的讲究实际的态度。理智的、世故的个性不同于淳朴的个人品质,因为后者产生出来的人际关系和行为不能被理解成逻辑的行为;同样,现象的独特性不能在某一特殊法则下公度。而货币关心的是普遍性,它关心交换价值,将所有性质和独特性化约成一个价值多少的询问。与基于人们个性的亲密情感性关系不同,理性关系中的个人被当成一个数字,人与人之间并没有任何不同。这种纯粹的讲究实际的态度与市场的规模相关,在原始条件下交易,生产者直接为消费者生产产品,他们之间是相互熟悉的。

但在现代城市,几乎全部的交易者都没有进入生产者的实际生活观照的领域中,也就是说,市场是匿名的。这样,在一个匿名的城市中,人们可以毫不顾忌对利益的追逐会影响情感性的人际关系。

现代精神变得越来越精于计算。货币经济带来的实践生活的计算精确性和自然科学的理想型遥相呼应:将整个世界变成一个数学问题,在数学公式中安置这个世界的各个部分。齐美尔看到生活数学化背后隐藏着人们追求确定性的动机,却认为只有货币经济才能在如此众多的人的生活中,用衡量与计算将质的价值化约为量的多寡。确实,正是通过这样的数字化,同一和差异都获得了一种确定性,社会生活从而避免了陷入不可化解的混沌之中。

影响到生活形式的精确数字化的诸多因素也造成了城市人的麻木不仁。麻木不仁是城市居民独特的心智现象,它起初是千变万化且对比强烈的对神经刺激的后果,城市理性通过这种麻木不仁得到加强。齐美尔认为,无限制的对欢乐的追逐会造成麻木不仁,因为人们的神经系统就像弹簧,长时间高强度的对神经的刺激会使其失去对刺激的反应。但麻木不仁还有另外一个原因,就是货币经济带来的数字化。麻木不仁的本质是对差别的忽略,这不意味着人们在观察事物时都是没有辨别能力的愚人,而是事物的意义和用途不同,从而使事物本身被当成某些抽象的价值。作为一般等价物,货币是最强有力的杠杆,它用"值多少"来表示事物性质的差别。对个人来说,这种对事物的货币着色,或者毋宁说是去色,或许是难以察觉的,但从一个较大的范畴来看,对事物的货币估价则相当普遍。尤其是在大城市,人口聚居和货物集中对神经系统的刺激最终导致了麻木不仁。齐美尔指出,精神现象受到人们社会生活的束缚;而人们则要从这些束缚中摆脱出来,找到自己的认同。麻木不仁其实是人格的自我保护:在面对为数众多的交往对象时,麻木不仁是避免精神陷于一种难以想象的混乱的唯一选择。

现代文化发展的一个重要特征就是客体精神压倒了主体精神,无论是语言还是法律,生产技艺还是艺术,科学还是周边环境的客体,无不体现了一种精神总体。与这精神总体相比,个人理智的发展显得非常不完善,它们之间的距离日趋扩大。个人仅仅是社会的一个齿轮,巨大的事物和权力的架构剥夺着人们的进步、灵性和价值,将人们从一种主体的形式转化成一种客体生活的形式。在文化超越所有个人生活的大城市,人格在一种晶体化和非人格化精神的压倒性完满的冲击下不能维持其自身。一方面,生活为人格提供了如此之多的发展可能,以致人们在生活的洪流中几乎不用自己学会游泳;另一方面,生活中非人格因素越来越多,以致会使个人色彩和独特性错位。

(四) 韦伯

德国社会学家韦伯(Max Weber,1864—1920)不满足于从思辨角度对城市进行分析和阐释,他认为只有在对世界上不同地区和不同历史时期的城市进行详尽的比较分析后,才能揭示城市的本质内涵,建立普遍的城市模式。为此他提出了一种建立"理想类型"的方法,即从具体独特的现象中抽取一些主要性质,舍弃其他性质,建立典型和标本。他舍弃具体现象的独特性、历史性和次要因素,把注意力集中在社会现象的典型特征和本质属性上,由此建立理论模型,对复杂的社会现象进行研究。在韦伯去世后出版的著作《城市》(1921)中,韦伯利用当时历史学所提供的资料,考察了西方和东方历史上的城市,进行了比较研究,提出了一个"理想型的完全城市模型"。他认为这种完全城市社会应该具备贸易、军事、法律、社交和政治等方面的职能。它具有以下特征。

第一,城市以贸易和商业为基础。韦伯认为,在农村地区,人们在经济上自给自足,自己种粮吃,自己织衣穿,贸易和商业的意义不大。而城市则不同,城市是围绕经济交换的形式组织起来的,"城市本身就是一个市场所在地"。

第二,城市是相对自治的。城市拥有自己的法院、法律以及至少是局部的政治自治,享有一定的、独立的行政、司法及财政大权。城市在军事上是自足的,有足以保卫自身安全的防卫系统,并拥有自己的军队。

第三,城市内存在着一定的民间社团性组织和正式组织,城市居民通过这些组织参与社会生活。韦伯考察了欧洲和中东历史上的城市,并将它们与印度和中国历史上的城市进行了比较。他认为东西方城市存在着明显的差异:东方城市在司法和正式组织上与农村没有区别,而西方城市是自治的、独立的;东方城市的社会组织以亲属为根据,而西方城市则以个人为基础;东方城市在行政上从属于中央集权制度,而西方城市的权力是分散的;东方城市最显著的文化特征是缺乏培植和产生资本主义的基础,而在西方城市中,资产阶级是一个享有特权的团体;等等。韦伯认为这是东西方文化差异在城市发展中的表现。他进而探讨了城市与文化的关系,指出城市的发展与政治、经济的联系十分密切,社会因素制约和影响着城市的发展。

对于20世纪的城市,韦伯的看法比较悲观,认为只有中世纪的城市才是完全的城市社区,以后的发展只不过是一种衰落,这也是他认识上的局限性。

滕尼斯、涂尔干、齐美尔、韦伯的思想构成早期城市社会学研究的核心。他们创造性地把城市纳入社会学的研究范围,运用社会学的理论和方法对城市进行考察,提出了一些可贵的思想。他们通过对城市与农村的比较来把握城市及城市生活的特质,强调城市在社会发展中的地位和作用,并从社会结构(滕尼斯、涂尔干、韦伯)和社会心理(齐美尔)等角度揭示城市的本质……这些开创性的工作为城市社会学的诞生奠定了思想基础。

三、城市社会学的建立

城市社会学作为一门独立的学科从社会学母体中分离开来的重大标志是以罗

伯特·帕克为首的芝加哥学派的诞生。芝加哥学派崛起于 20 世纪 20—30 年代,由当时高速发展的城市化运动引起。城市化的发展,一方面促进了社会生产力的飞跃和社会财富的积累,另一方面也带来了许多社会问题。尤其是这个时期的芝加哥,大量移民涌入,城市面临着新移民的社会融入困难,同时人们的居住环境恶化、城市资源紧张,芝加哥学派在这样的历史背景下诞生,将芝加哥城市作为一个试验场,进行一系列城市研究。他们将城市看成一个由内在过程将各个部分结合的有机体,是生态、经济和文化相互作用的综合产物。城市是一个有机体,是人类自然生息的地方。在城市中,有极为发达的沟通体系和手段,这就为城市的生活质量提供了一个客观的保障。芝加哥学派的代表人物有罗伯特·帕克及其学生牟健时、伯吉斯以及沃思等。

(一) 帕克

罗伯特·帕克(R. E. Park,1864—1944)对城市的研究主要包括人口、邻里关系、职业三个方面。深受达尔文生存竞争理论影响的帕克,也认为生态学规则十分契合城市结构发展和城市空间分布的规律,于是他将人类生态学引入了城市社会研究。

首先,他确定了人不同于动植物的前提。①人类是有文化的,竞争不像动植物漫无限制,而受习俗和法律的制约;②通过象征性的交换、协商、理解和谦让,最后达到相互适应而不是相互毁灭。

其次,他认为生物学的规则同样适用于城市结构分析。①城市社会与生物界一样具有个体间关系,既相互独立又相互依存,即共生现象,城市越大,劳动分工越细,每个机构提供的服务越单一,个体之间的依赖程度就越高;②同生物界一样,人类出于本能的驱动,必然寻找一席生存繁衍之地,于是在有限土地的使用上产生了竞争。

帕克认为竞争是决定城市结构、城市人口和机构地域分布的最重要因素。城市由许多功能不等、地租各异的地块组成,市中心的功能最多,但地租也最高,只能由经济实力雄厚的大金融机构、商业集团占据;贫穷的移民只能在功能少、地租低的贫民区居住。因此,帕克指出,城市人口和机构的地域分布并不是随意决定的,而是激烈竞争和适当选择的结果。城市是一种生态秩序,支配城市社区的基本过程是竞争和共生。如同生物体一样,人类社会中人与人之间相互依存、相互制约的关系决定着城市的空间结构。

(二) 牟健时

牟健时(R. D. McKenzie)在帕克创立的人类生态学基础上研究了城市变迁的各种过程,创立了生态过程论(ecological processes)。牟健时运用了生态过程的七个概念解释城市扩展的过程:①集中与分散(concentration and dispersion)。集中主要是指职能相同的机构向城市中枢地区汇集,特别是对银行和商业来说,在城市中心区集中起来会促进业务发展;分散与集中相反,是指人口离开城市中心向城市外围迁移。第二次世界大战后期城市人口和工商企业大规模向郊区搬迁就是例子。②中心化和非中心化(centralization and de-centralization)。中心化是指人群集结于某一个地点去完成一些事,从而形成多个中心点;非中心化指当原先的中心点吸引力减弱时,新的中心点便开始形成。③隔离(segregation)。由于竞争的结果,相同收入、种族、宗教的人群或相同职能的机构聚集在一个特定区域,整个城市由一块块各具特色的地区组成,它们彼此分离,就是隔离,如美国各大城市普遍存在与外界隔离的黑人聚居区和由外国移民组成的少数族群居住区。④侵入和接替(invasion and succession)。这是两个紧密联系的概念,侵入指一个群体离开它原来的居住地而进入另一个群体的领域;接替是指后代群体取代原有群体并实施对原地区的有效统治。美国黑人和外国移民起初在城市的居住地域很小,后来由于人数的激增,黑人和移民逐步"侵入"临近的白人居住地,白人居民大批迁至另外的白人区域,结果,黑人和移民便"接替"了很多原来的白人区。牟健时运用生态学理论分析城市扩展的过程在城市规划学领域占有重要的学术地位。

(三)伯吉斯

芝加哥学派的重要人物伯吉斯(W. Burgess,1886—1966)教授提出了一种引起广泛争论的模式。通过对芝加哥城的分析,伯吉斯认为,城市结构如树的年轮一样,由一圈一圈的同心圆组成。在平面图上,以城市中心为圆点可画出五道不同半径的同心圆圈,如图 1-1 所示。

第一环是中心商业区(Zone Ⅰ:central business district),同心圆的中心地区,是商业密集地带,交通发达,土地有限,只能由拥有资源或能创造资源的工商业所占用。第二环是过渡区(Zone Ⅱ:zone in transition),紧邻中央商务区,是其他商业和轻工制造业云集的地方,是一个过渡地带。因为此环面临第一环商业势力向外围扩张的压力,这里的房产主明白他的房屋即将被收购或改为他用,所以对房屋维修不感兴趣。年久失修的

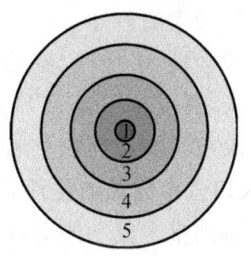

图 1-1　同心圆地域假说的图解
1—中心商业区;2—过渡区;3—产业工人居住区;
4—优质住宅区;5—通勤者区域

房屋只能出租给贫困居民和经济实力不强的工厂和企业。久而久之,这里成为黑人、移民、流浪汉和其他下层居民聚集的区域,还设有工厂和仓库。由于世风腐化,这里也是犯罪率最高的地区。第三环是产业工人居住区(Zone Ⅲ:zone of working-men's homes),被第二区排挤出来的产业工人,不想居住在距离工作地点太远的地方,所以尽可能地聚集在城区的第二圈外,形成城市的第三个地带。这里的环境比第二环要好,但住房也相当简陋,居住的主要是蓝领工人。第四环是优质住宅区(Zone Ⅳ:zone of better residence),即中产阶级住宅区。这一区域是高级住宅及高

级独立住房集中地，基础设施完备，主要人员是城市的白领、专业人士及小商人，他们共同构成城市的第四个地带。第五环是通勤者区域（Zone Ⅴ：commuters zone），是城市的外围郊区。这些郊区大多由一些卫星城镇组成。居住在这一区域内的居民到市中心工作完全依赖公交系统。

伯吉斯模式中有两点值得注意。第一，随着居民社会经济地位的提高，其居住地离城市中心会越来越远。从中心商业区往外看，依次是贫民区、蓝领工人区、中产阶级区和上层社会区。第二，城市地域存在着一种从中心逐渐向外扩张的趋势。当A环的人口和机构增加时，它必然要侵入处于它外围的B环，最终接替那里的人口和机构，而B环的人口和机构也必然会向紧挨着的外一环地区侵入。结果是，每一环的地域都会扩大，城市按照相对固定的五环模式向四周蔓延。伯吉斯同心圆五环模式为城市中各种区域的分布提供了一个简明的图案，虽过于简单，但通过它可一望而知各种不同人群和机构在城市的大致分布及其变化趋势。

（四）沃思

美国社会学家路易斯·沃思（Louis Wirth，1897—1952）在1938年的《作为生活方式的城市性状态》一文中提出城市性状态的概念。城市性状态是指人类聚居在城市社会生活中形成的生活方式和人格模式。其主要特征为：①有复杂的分工、社会分层和各种各样的职业结构；②有高度的社会流动性；③人口在功能上有显著的依赖性；④人际接触中有较强的匿名性；⑤依赖正式的社会控制方式；⑥人们的道德行为标准呈现较大的差异。

他从社会性、多样性、流动性及异质性等方面分析了城市居民生活方式的特征和人格模式，并提出了形成城市性状态的三个重要变量：人口多、密度高和异质性强。这就决定了城市与农村迥然不同的生活方式。

1. 人口众多给城市生活带来的变化

一是必然带来复杂的劳动分工和专业化；二是会彻底改变人际关系，由首属群体关系变成次属关系；三是城市人口众多导致社会制度的正式化和标准化；四是人口众多也是导致政治上选举制和代议制关系的重要因素。

2. 人口密度高对城市生活方式的影响

一是人口密度高体现的是人们空间距离的缩小，但社会距离并没有随着缩小，相反很可能随着空间距离的缩小而增大；二是高密度会给社会秩序带来不利后果，人们会为争夺城市稀缺资源而产生激烈的竞争。

3. 人口异质性强对城市生活方式的影响

一是城市人口成分比农村复杂得多，这会导致城市居住隔离状态并长久保持下去；二是长期生活在异质性强的城市里，人们会逐渐习惯这种纷繁复杂的环境，对差异的容忍度显著提高；三是人口异质性强会带来高社会流动性。总之，城市的生活方式与农村相比最大的不同就是人际关系的变化，即亲密程度降低、交流的非人本性和目的取向。

沃思认为,上述三个变量的相互结合形成了城市性状态,产生了城市特有的生活方式和人格模式。由此他对城市生活方式深感不安,认为城市生活吞噬了传统的价值观,毁坏了有意义的风俗和关系。他指出,要在城市控制方面作出重大努力,即进行城市规划,才能创造出真正人道的城市环境。

第四节 现代城市社会学的主要理论流派

一、现代人类生态学派

新正统派:强调人类生态学应主要研究城市人类怎样集体地适应环境,这是一个独特的过程,其中互相信任、主体功能、分化和分配是研究的四项原则。

社会-文化派:非经济的文化因素(文化要素:价值、信仰和行为规范)决定人类的行为。该传统的延伸是以霍利为代表的新城市生态学理论。"社会"代表着人类对其环境的一种适应,不提及环境与社会结构内部之间的交换就不可能理解人类社会组织。社会围绕以下两点出现的基本动力学:行动者在物理空间上的集合、竞争和分化;通过子系统形成和权力集中化的整合。强调人口规模、领土、生产力、通信和运输技术。已经改变了的资源流(能量、信息、物资)进入系统,成为社会系统增长和进化的有用资源。

二、新马克思主义学派

法国社会学家曼纽尔·卡斯特(Manuel Castells,1942—)在《城市问题——马克思主义思路》(1972)一书中提出,用结构马克思主义观点分析城市社会,认为由经济、政治和意识形态系统组成的社会结构中,由劳动力、资本家和劳动工具组成的经济系统起决定作用,城市空间是社会结构的表现。城市是生产和消费的场所,住宅、城市环境、医疗、社会保险、福利、教育、大众娱乐、交通基础设施都是大众的公共消费。这种公共消费耗资巨大,需要国家代替私人资本直接干预公共事业生产、分配、管理与消费。私人资本家追求利润最大化与工人阶级日益增长的公共集体消费需求是对立的,工人和资本家的矛盾不可避免。因此,国家一方面代表资产阶级利益,另一方面又采取一定措施缓解社会矛盾,这使政府制定的城市政策必然影响城市空间运动。于是,卡斯特将研究的焦点集中于城市社会运动,在《城市与百姓》(1983)一书中,他分析了欧洲的城市运动,认为城市运动的目标主要集中在:一是抵制以获取利益为目标,坚持提高集体消费水平的城市规划;二是社区文化的创造和认同;三是自治管理与市民组织参与决策权力的获取。同时提出,城市社会运动本质上是城市居民对城市政府不满的一种抵抗。长期的城市生活使市民形成对居住社区的认同,在政府城市政策与其利益发生冲突时,社区居民会组织起来为捍卫社区共同利益而斗争。这种斗争反过来又会影响到政府的城市决策。

三、新韦伯主义学派

新韦伯主义继承了韦伯的科层制、市场情景理论等观点。阶级结构如同生产中的所有关系,在消费领域中也通过与市场的交换关系来实现,分析重点是制度分析。

新韦伯主义学派包括帕尔"城市经理人"理论和"住房阶级"理论。

帕尔"城市经理人"理论:"城市经理人"是指地方科层制行政机构的官员;从观察城市经理人的行动入手,剖析城市资源分配的内在过程,指出城市资源的分配不平等是造成社会冲突的根本原因;在早期的研究中,帕尔主要关注作为生活机会分配者的城市经理人的行动;后期转向了对发达资本主义国家角色的分析,指出应当将对城市经理人的研究与国家角色及职能的转变联系起来,在城市研究中发现国家。

"住房阶级"理论:雷克斯(J. Rex)和摩尔(R. Moore)通过对英国工业城市伯明翰一个内城区斯巴布鲁克的住房与种族关系的经验研究,在《种族、社区和冲突》一书中提出"住房阶级"理论,将居民分为六种住房阶级:①通过现金购买私房并且住在最令人满意地区的居民;②通过信用贷款购买私房并且住在最令人满意地区的居民;③住在政府兴建的公共住房内的居民;④租住全套私人住房者;⑤通过抵押贷款方式拥有属于自己的私房,但却住在不太令人满意的地区的居民;⑥租住私人住房且住在不太令人满意的地区的居民。雷克斯和摩尔认为,城市中个人获得稀缺的住房资源是市场机制和科层制运行的结果。对不同住房的拥有就产生了不同的"住房阶级",不同住房阶级之间不可避免地会发生冲突。他们的研究包含两个层面:一方面,是将对住房的研究与主流社会学关注资源分配不平等和阶级斗争的传统结合起来;另一方面,他们试图说明城市的空间结构和社会组织是如何通过住房分配体系联系在一起的。其理论框架体现了伯吉斯同心圆学说与韦伯强调个体行动意义的社会学理论的融合,既保留了传统城市研究对空间的关注,又从主流社会学理论中吸取了精华。

四、女性主义学派

(一) 城市规划的女性主义视角

女性主义社会理论包括权力关系、社会角色和差异三个基本方面,对当代城市规划的影响如下。

1. 对空间属性的重新审视

女性主义对空间属性的看法是"空间是男性的",是在男权制度下产生的,这反映了当前学界的基本价值体系。马克思主义者认为,空间不是中性的,任何一个空间都具有阶级、民族、性别、文化等不同属性,蕴含着生产力和生产关系的深层意义。其属性涉及三个问题:空间由谁设计与建造、被谁占有和使用、谁来管理和维护。城市规划必须明确这三个问题。

2. 差异性原则的确立

女性主义对于公正的观点是:只有建立在差异基础上的平等才是真正的公正。城市规划是对空间资源的配置过程,为使空间配置符合不同社群的利益,得到具有不同价值观的人群的社会认同,需要将他们的性别、种族、文化等方面的差异考虑进去,而不是成为仅仅追求效益的社会达尔文主义。

3. 非结构性空间规划的价值

大多数城市规划都是结构性的,即在历史、经济、政治、文化的理性分析基础上制定空间结构,但也正是由于规划的制度化特征,很多涉及女性日常生活的"非结构性"空间无法在规划中体现,或者作为结构的负面要素。这些非结构性空间是对城市的结构性空间的有效织补,对城市空间组织和城市社会结构有重要的积极作用。因此,一方面需要在城市规划中关注这些非结构性空间的价值与作用,另一方面需要通过社区规划等手段,赋予市民自主生产与改善日常生活空间的权力。

(二)消费与当代城市空间的女性化

相对于乡村,城市摆脱了对体力劳动的依赖,使女性获得了和男性平等的契机。随着消费文化的风行,城市的主要功能也由生产转变为消费。在消费带来的图像化情境下,身体成为一种社会-文化的人造物,与它的环境作为一种超真实的形式而产生,城市也因此成为身体的"拟像"。消费的社会编码为了使身体"可读"而将其纳入社会网络,同其他身体和事物联系在一起,这便构成了当代城市中的"身体-政治"意象:它是一个人工构筑物,取代了过去自然身体的优先性。

1. 休闲场所的女性化

城市空间女性化首先体现为休闲文化带来的大量女性消费场所,使越来越多的空间被赋予了女性特征,如商场、咖啡厅、酒吧甚至女性专属的美容院、女子俱乐部等。这些女性化空间组成了城市中对于女性身体的生产与消费之链,而女性休闲也成为商业和消费文化的最主要内容。

2. 女性性征的制度化

在当代城市空间中,女性不仅是消费的主体,同时也是消费的象征。一方面消费的逻辑导致了身体的符码化,女性的身体已成为消费文化的执行语言,因而更多地与城市空间联系在一起;另一方面,消费文化对女性角色的强调又强化了社会的性别制度,但并没有从根本上改变两性的社会关系。在当代城市中,女性的身体正在进入一个大规模的标准化生产时代。其身体特征通过其他更多样化的方式被强化:高跟鞋、超短裙、首饰、皮包、口红、眼影……更多的性别特征被标定出来,女性性征被纳入了社会生产的体系,成为她们所批判的制度性生产之链中的一环。因此,可以说消费主义在使城市空间普遍女性化的同时,表面上空间差异性的背后体现的仍是一种深刻的单一性。

3. 城市空间的符号化

城市空间女性化更深层次的表现是空间符号化趋势。在生产型城市中,虽然空间所承担的功能和容纳的社会人群各异,但并不主要通过空间的符号表现来传达,内容各异的空间有着较一致的外观和"非表现"的特征,这种直率的表达被认为是男性的。在消费社会中,空间成为可供消费的资源,因此比过去带有更多的表现性,如总是过度表达着自身的功能、面对的社会阶层、使用者的品位以及消费者的梦想等。当空间自身的现实被过多的可读视觉信息所掩盖时,人们便认为这是一种女性化的表现。

从性别制度的角度出发,女性空间的发展及其对城市结构的影响在不同的历史时期具有不同的特征,体现为封建社会的附属性、近现代社会的二元性、计划经济时期的同一性、消费社会的主导性。中国的城市在由政治职能向生产职能再向消费职能发展的过程中,空间也在由男权制结构向女性特征方向发展。

五、世界体系理论

20 世纪 70 年代中期,东亚一些国家的发展用现代化理论和依附理论已经无法解释,由此世界体系理论应运而生。该理论研究作为一个整体的世界体系的发展总体趋势,从而探求各个国家和社会的发展。其分析单位是世界体系,以经济为主体而涉及全球的世界性区域分工,各个国家和地区都在其中担当不同的经济角色:核心、半边陲和边陲,具有周期性规律和长期性趋势。世界体系理论的中心论点是,世界经济包括一个占支配的中心和一个处于依附地位的外围,它们相互影响,并且作为一个一体化的整体在发挥作用。这个体系在以整体发挥功能的时候,不断汲取经济盈余,并且把财富从外围转移到中心。同样的机制,在中心地区引起资本积累和经济发展,而在外围地区则导致经济和政治的不发达。中心和外围是紧密联系的,现代部门和传统部门在功能上有联系,后者受到前者的抑制。外围地区是中心地区的财源,中心地区剥削和掠夺了外围地区的资源。国际贸易和投资的相互影响是世界经济的基本机制,这是由单一的资本主义的世界分工所决定的。世界经济就是地位不平等的许多国家组成的一种国际结构,这种结构维持国际分工,促使先进资本主义国家的资本积累,以及其余国家的落后和不发达的周而复始。

第五节 城市社会学在我国的发展

城市社会学作为社会学的一门分支学科,在我国的发展与社会学学科一样,都经历了学科"出现—中断—恢复"这样的历史过程。

20 世纪初期城市社会学传入我国,研究的焦点集中体现在两个方面。

一是对城市生活的社会调查方面。1914 年前后,北京社会实进会组织对北京302 名人力车夫生活情形的调查,这是社会学者进行的最早的社会调查。1917 年清华大学教授狄特莫(C. G. Dittmer)指导清华学生对北京郊区 195 户居民进行生活费用调查。1918—1919 年燕京大学社会学系步济时(J. S. Burgess)和美籍教士甘博(S. D. Gamble)在调查了北京的社会状况后,于 1921 年在美国出版了《北京:一种社会调查》一书,对北京的历史、地理、政府、人口、卫生、经济、娱乐、娼妓、贫穷、救济、宗教等方面进行了研究。1924 年齐鲁大学社会学系学生在中外教师指导下对济南市进行调查。

二是关于城市社会学的专业发展方面。吴景超于 1929 年出版的《都市社会学》一书,是我国较早的城市社会学教材。1934 年,邱致中出版了《都市社会学原理》一书。1944 年,城市社会学被列为"全国高校社会学系课程设置"中的必修课之一。另外,在同一时期,以吴文藻、费孝通、林耀华等为代表的社会学家进行了一系列的实地社区研究,为中国社会学的本土化研究奠定了基础。此后,城市社会学在中国中断了三十多年的时间,直到改革开放之后才得以恢复。

20 世纪 80 年代城市社会学在我国开始恢复并得以重新发展,具体的研究内容主要体现在以下四个方面。

1. 城市化研究

城市化问题是城市社会学研究的主要对象,我国的城市化研究虽然起步较晚,但相关方面的研究成果丰硕。

一是关于城市发展规模和模式方面的研究。20 世纪 80 年代以后,以费孝通先生为代表的社会学者开始的"小城镇"研究成为城市社会学研究的重要方面。"小城镇"研究集中于小城镇在社会发展过程中的功能、小城镇发展模式和类型、乡镇企业的产生与发展、小城镇文化生活和旅游业、小城镇与大中城市的经济联系、小城镇教育、人口和生活方式等方面。学者们对小城镇做了广泛而深入的研究。

二是关于城市化进程方面的研究。社会学者从纵向和横向两个角度进行城市化进程的研究。从纵向角度,学者们回顾了我国城市化的历史进程,分析城市发展的不同历史阶段,总结目前我国城市化过程中存在的一些问题;此外,学者们通过与其他国家城市化历史进程进行比较,总结了中外城市化发展过程中的差异,发现中国城市化发展进程中的不足,并提出国外城市化进程中可以借鉴的经验和存在的不足。

顾朝林和吴莉娅总结了我国城市化研究的主要成果,包括中国城市化政策研究、中国城市化特征研究、中国城市化动力机制研究、中国城市化过程研究、中国城市化空间研究、中国乡村城市化研究、中外城市化比较研究、全球化对城市化的影响研究、区域城市化研究九个方面的内容。

他们指出我国的城市化研究为我国的城市化健康发展做出了积极重要的贡献,同时也指出我国城市化研究存在明显不足,主要包括以下几个方面。

第一,国内学术界主流研究方向往往滞后于复杂、生动的城市化现实,滞后于国家或地方政府的实际需求,甚至滞后于制度、政策的颁布。

第二,城市化研究成果基本上仍然集中在归纳总结方面,推理演绎方面相对欠缺,为政府咨询、规划等服务的应用型研究居于主流,而理论型研究深入程度不够。

第三,以与国际接轨作为研究的努力方向,国内学术界开展了多种形式的国际合作、交流活动,但从学术成果来看,基本上仍然是以介绍国外城市化学术思想为主。

第四,我国城市化研究的学术研究机构、研究者、研究活动与各级政府关系密切,这对研究的视角、切入点、立场等有所影响,"非主流"的城市化研究成果很少见诸权威、主流学术期刊。

2. 城市社会问题研究

城市社会问题一直是城市社会学研究的传统,我国城市社会学自恢复以来,经济体制改革所引发的种种社会问题就成为城市社会学研究的一个重要内容。其中,谷迎春的《中国的城市"病"——城市社会问题研究》(1989)一书是对城市问题研究较为系统的一部著作。书中对我国城市化道路的特殊性、我国城市社会问题的分类以及城市社会问题产生的原因都有详细的论述。此外,关于城市社会问题的研究还有城市老龄化问题、城市犯罪问题、城市贫困问题、城市住宅和交通问题、下岗和劳动就业问题等方面。这些都是对城市社会现象的研究,对我国改革开放后城市的建设和发展具有重要意义。

3. 城市建设和管理方面的研究

城市社会学恢复以后,城市建设和管理成为比较新的研究领域。这些研究主要以一定理论为指导,选取一定地区为调查地点,深入研究和解剖该地区,努力寻找具有结构性变迁的要素和具有理论意义的问题。包括从社会保障的视角出发,以社区为基础提供更多的社会保障和社会服务等方面的研究;以城市现代化为理论取向的城市社区文化、社区教育、社区意识、社区管理等方面的研究;以市民社会、国家与社会关系、民主自治、城市治理等政治体制改革领域为研究内容的关于市民社会与城市治理理念方面的研究。

4. 城市规划研究

根据城市规划中面临的现实问题,城市规划发展过程中的经验教训和对城市未来发展的预测,形成了大量的研究成果。我国城市规划正处于转型期,西方多种思潮对国内规划理论的冲击,使整个规划理论界开始了反思和重新探索。在数学模型的基础上提出的城市系统论,逐步引导整个城市规划往更加理性、更加科学的方向发展。同时,对城市发展战略和城市设计的重视,也使整个城市规划朝着科学与艺术两个不同的领域方向发展。在实践中探讨城市规划人员在规划中的作用,强调公众的参与,政府的引导和规划人员的协调作用,是国内规划理论中"城市管治"的核心,政府的控制行为逐步减弱,更加注重公众的实际需求。

整个城市规划界对西方规划理论的探讨和吸收,影响着城市规划理念的重新调整,而形成具有中国特色的规划思想,正是现今规划界所追寻的。

第六节 城市社会学的研究意义

作为社会学的一个非常重要的分支学科,城市社会学自产生之日起就一直针对城市社会现实,发现问题,研究问题,寻求解决城市社会问题的答案,具有重要的理论意义和现实意义。

一、城市社会学丰富了人类理论认识的内容

人们关于周围世界及其自身的知识不管是自然的还是社会的,有许多都来自于直接的社会实践和日常生活的经验,它们构成各种经验常识并指导着人们的社会行动。经验常识直接来自于社会实践和实际生活,一般是真实的,但是难免具有极大的局限性。它只能把握事物的现象而不能把握现象背后的本质,所以我们要发展出理论以抽象出事物的本质,从而更好地指导实践。城市社会学在人们认识城市社会本质方面不断进行新的理论探索,丰富了人类对城市社会的认识。

(一)城市社会的发展规律

城市经历了几千年的发展,不同国家、不同地区、不同历史发展阶段的城市都有着不同的特点,如美国等西方发达国家在 20 世纪 60 年代时出现与东方城市发展不同的现象:城市人口增长速度减慢,甚至出现人口下降现象,特别是市中心区域,发生工厂外移、城市居民外迁的城市衰落现象。城市社会学运用其独特的方法进行研究和说明,探讨这些城市社会现象的发展和变迁、城市结构和功能的变化对城市居民人口和心理的影响。城市社会学运用综合的、系统的、科学的方法,探讨了城市社会发展的历史轨迹和变迁过程,从而帮助人类掌握城市社会发展规律。

(二)树立科学发展观

城市社会学不是以城市社会的局部或某一特定现象为研究对象,而是以整个城市社会为研究对象,在具体研究过程中,虽然也要分门别类地研究城市社会的各个

方面、各类现象,但始终坚持从城市整体出发,用综合的观点来研究它们。因此也就能够避免局部性学科研究容易产生的狭隘性和片面性,从而引导人们树立以人为本,全面、协调、可持续的科学发展观,促进城市社会和人的全面发展。

(三)拓展社会学研究认识空间

社会学理论本身就是社会发展的现实需要的结果,其理论也随着社会现实的发展而不断发展。城市社会学的研究,一方面是对原有社会学理论的检验和再建设的过程。在这一过程中,原有的理论受到新的实践环境的挑战,从而不断修正不足、创新发展。另一方面,城市社会学的发展有助于社会学的本土化过程。

二、城市社会学为城市社会发展的科学决策提供参考

(一)为城市规划和管理提供依据

城市规划是人类为了更好地满足生活需求而进行的有目的的城市发展干预方法。一般认为有两种方法:一种是补救性干预,即发现当前问题并设法解决,也叫适应性或策略性干预;另一种是思想性干预,即政府设想未来社会的重大变迁或规划,以此来影响城市建设,也叫远景性干预,常常以目标形式表现出来。城市发展的经验表明,城市的发展离不开科学的规划和管理,只有这样,才可以避免许多城市社会问题的产生和蔓延。城市科学规划的前提是运用科学的方法更多地关注城市人群在城市形态上生存和发展的方式,熟悉和了解他们所生活的地域空间,这就需要正确认识城市的社会结构、社会组织、社会群体、社会管理、社会行为、社会问题、生活方式、社会心理、社会关系以及城市发展的社会规律,即依靠研究城市的相关学科对城市社会整体的研究,才能使城市规划最大限度地满足城市群体日益增长的工作、居住、交通和游憩的需求,而城市社会学因为其对城市整体的科学研究为城市规划和管理提供了依据。

(二)有助于预防和缓解城市社会问题

城市发展的过程中,不可避免地会出现阻碍城市发展的各种问题,如城市人口膨胀、城市交通拥堵、城市资源缺乏等。城市社会问题的出现,一方面为城市社会研究提供了试验场地。城市社会学通过社会调查,从系统的角度对城市所面临的问题进行分析,体现城市社会学研究的整体性和科学性,丰富城市社会学的研究内容。另一方面也可以通过城市社会学的研究分析城市的发展历史和现状,把握城市发展的趋势和规律,通过探寻科学的方法解决城市社会问题,使城市获得发展。同时,也可以预测城市发展过程中可能出现的问题,制定科学的防治手段,从而减少发展的盲目性,并减少损失。

（三）有利于加速城市化的进程

人类社会历史的进程表明,世界的城市化是不可改变的发展趋势。城市化是人类进入工业社会以后,社会的经济发展开始了农业活动比重逐步下降、非农业活动的比重逐渐上升的过程。与这种经济结构的变动相适应,出现了农村人口的比重逐渐下降,农村人口向城市转移,而城市人口的比重稳步上升,居民点的物质面貌和人们的生活方式逐步向城市性转化的状况,这是一个复杂的经济社会变迁的过程。我国的城市化水平相对于西方发达国家还很低,城市人口占总人口的比重较低。城市社会学通过对城市发展规律的把握可以帮助我们了解城市化的方向,选择正确的城市化道路,并且尽量解决城市化进程中可能出现的各种城市问题。对于我国这样一个农业人口比重较大、城市发展水平总体比较落后的国家而言,如何进行城市化至关重要。所以,城市社会学以其研究的整体性、系统性、动态性为中国的城市化发展提供了指导,加快了城市化的进程。

参考书目

[1]　向德平.城市社会学[M].北京:高等教育出版社,2005.

[2]　潘允康.城市社会学新论:城市人与区位的结合与互动[M].天津:天津社会科学院出版社,2004.

[3]　夏建中.城市社会学[M].北京:中国人民大学出版社,2018.

[4]　张钟汝,等.城市社会学[M].上海:上海大学出版社,2001.

[5]　吴晓,魏羽力.城市规划社会学[M].南京:东南大学出版社,2010.

[6]　顾朝林,刘佳燕,等.城市社会学[M].2版.北京:清华大学出版社,2021.

[7]　蔡禾.城市社会学:理论与视野[M].广州:中山大学出版社,2003.

[8]　王颖.城市社会学[M].上海:上海三联书店,2005.

[9]　陈炳水.现代城市发展与管理研究[M].北京:中国环境科学出版社,2007.

[10]　李德华.城市规划原理[M].北京:中国建筑工业出版社,2001.

[11]　约翰·J.马休尼斯,文森特·N.帕里罗.城市社会学:城市与城市生活[M].姚伟,王佳,等译.6版.北京:中国人民大学出版社,2016.

[12]　李继宏.城乡心理和生活世界——从齐美尔到舒茨[J].人文杂志,2003(4).

思考题

1. 什么是城市社会学?
2. 城市社会学具有怎样的学科性质?

3. 滕尼斯具有什么城市社会学思想?

4. 韦伯具有什么城市社会学思想?

5. 伯吉斯具有什么城市社会学思想?

6. 学习和研究城市社会学有什么意义?

推荐阅读书目

[1] 夏建中.城市社会学[M].北京:中国人民大学出版社,2018.

[2] 约翰·J.马休尼斯,文森特·N.帕里罗.城市社会学:城市与城市生活[M].姚伟,王佳,等译.6版.北京:中国人民大学出版社,2016.

[3] 国家新型城镇化规划(2014—2020年)[M].北京:人民出版社,2014.

第二章 城市社会学的研究方法

知识目标

1. 了解研究方法体系的构成。
2. 掌握城市社会学研究的资料收集方法。
3. 了解城市社会学研究的统计分析方法。
4. 掌握城市社会学研究的理论分析方法。
5. 掌握城市社会学研究的基本程序。

第一节 城市社会学的研究方法体系

作为一项科学认识活动,城市社会学具有自己的理论基础和指导思想。城市社会学的研究是在城市社会学理论的指导下,依据一定的程序,运用特定的方法和手段,收集和分析有关的社会实践材料,并科学地对其做出描述、分析、解释乃至推理的过程。能否理解和领会城市社会学的理论基础与指导思想,能否严格遵循科学的程序和方法,是城市社会学研究能否取得成功的关键。

一、方法论(methodology)

方法论是关于研究方法的理论,是研究的哲学基础,处于社会学研究方法体系的最高层次。它指导人们运用社会研究的基本方法和技术去认识事物的基本原则,主要探讨研究的基本假设、逻辑、原则、程序、方法等问题。简单地说,方法论是对研究方法的科学性、客观性和有效性的讨论和论证,是对研究方法的评价性论述,不涉及具体的社会事实。

社会研究的方法论所探讨的主要问题包括:(1)社会科学能否像自然科学那样客观地认识社会现象?(2)是否存在客观的社会规律?(3)应采用何种方法来研究社会现象?(4)如何判断社会科学知识的真理性?(5)人的主观因素(如价值观、伦理观)对社会研究有什么影响?

社会学发展演化至今,方法论也经历了演进与变迁,先后形成了实证主义方法论、人文主义方法论和马克思主义方法论三大方法论传统。实证主义方法论认为,社会研究应该向自然科学研究看齐,主张采用自然科学的方法解释客观的"社会事实",并用精确的数量分析来发现社会现象之间的因果规律,而且,这种研究过程还应该是可以重复的。人文主义方法论认为,社会现象不同于自然现象,无法找到一般的社会规律,主张用阐释、理解等主观方法来说明具体的社会现象与社会行为,研究是不可重复的。马克思主义方法论认为,社会研究应当反映城市社会客观事物的本来面目,主张用辩证的、历史的、发展的、相互联系的观点分析社会,并揭示社会发展的一般规律。

虽然方法论通常不会明确地写在研究报告中,且一些社会研究者在进行研究时也不一定会意识到方法论方面的问题,但是它却始终会实实在在地对社会研究的整个过程产生影响。比如,方法论将影响研究者提出关于社会现实的种种不同性质的假设,影响他们选择收集资料的方法,影响他们对于研究所需资料的取舍,影响他们分析资料和解释结果的方式等。

二、研究方法(method)

研究方法居于社会研究方法体系的中间层次,指的是研究所采取的具体形式或研究的具体类型。它贯穿于研究全过程,说明研究者是通过何种具体途径得出研究结论的。

可以从各种角度将研究方法划分为不同类型,每一种类型在具体元素和操作上都有与其他类型不同的特点。比如,问卷调查法的基本要素包括抽样、问卷设计、统计分析、相关关系等;实地观察法的基本要素包括研究者的角色、观察记录表、扎根理论等。

三、具体技术(technology)

具体技术位于社会学方法体系的最低层次,是保障方法论得以贯彻和研究方法得以实施的必不可少的技术支撑。它主要包括研究过程中所使用的各种资料收集技术、资料分析技术,以及各种特定的操作程序和技术。城市社会学研究中使用的具体技术包括:设计和使用问卷、提纲、卡片、表格的技术,使用记录、录音、录像工具的技术,整理资料的技术,使用计算机及相关软件的技术,撰写、评估调查报告的技术等。它们处于社会研究方法体系的最具体的层面,具有专门性、技术性和操作性的特点。

概括起来,城市社会学研究的方法体系可以用图 2-1 表示。

城市社会学研究的方法体系是一个有机的整体。虽然它们之间有层次上的差

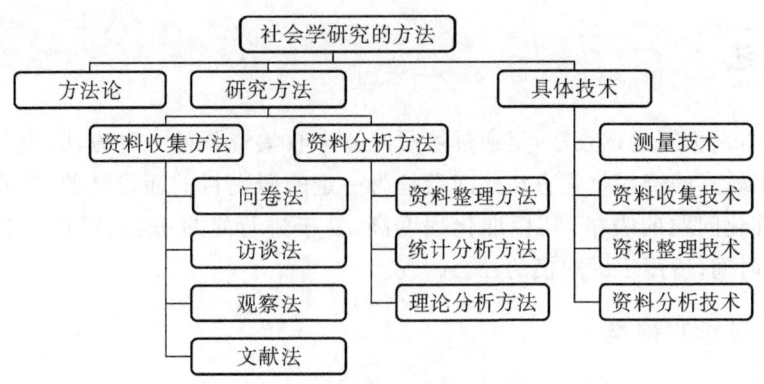

图 2-1　城市社会学研究方法体系构成

别,但方法论、研究方法与具体技术之间存在着十分紧密的内在联系。每一项社会研究都必须在一定的方法论指导下,使用某些研究方法,选择适当的调查工具和技术,并按照一定的程序进行。

　　经过多年的研究实践,研究者们针对三者之间的关系已经形成了某些特定的模式。在整个方法体系中,方法论是研究的基础和统帅,决定着研究的方向和价值,决定着研究方法与具体技术的选择。比如,坚持实证主义方法论的研究者通常会采用问卷调查、量化的文献研究等研究方法,进而选择变量操作化、问卷设计、量表设计、文献分类、编码、概率抽样等具体的技术手段。而人文主义方法论的研究者通常会采用实地研究方式,进而选择参与观察、无结构访谈等具体技术。当然,方法论、研究方法与具体技术也并非一成不变,研究者们的研究实践也会反过来丰富具体的研究技术,拓展研究方法的类型,比如,近些年互联网技术的发展催生了一些基于大数据的数据分析技术、基于网络社区的网络民族志方法。正是这三个层次在相互联系和相互制约中不断发展和完善,才使得城市社会学研究方法构成了一个严密的科学体系。

第二节　城市社会学的资料收集方法

　　资料收集是通过对社会现象的观察、量度与探究来获取社会信息的过程。在这一过程中,可以使用多种方法:问卷法、访谈法、观察法和文献法等。本节将分别介绍以上四种方法的原理及使用技巧。

　　需要说明的是,关于资料收集方法,一方面,某一种资料收集方法不可能适用于所有的研究问题,应注意根据研究目的与任务的不同选择合适的方法;另一方面,任何一个社会研究都可以选择不同的资料收集方法共同使用,这将有助于克服单一方法的局限性。

一、问卷法

问卷法，又称问卷调查法，是通过填写问卷来收集资料的一种方法，也是现代社会调查使用较多的资料收集方法。问卷是为一定的研究目的而设计的、具有一定的结构和标准化问题的表格，其标准化程度高，易于进行定量分析，可以节省大量人力、物力和时间，适用于大规模的社会调查。

（一）问卷的种类

社会研究中所用的问卷，依据填答和使用的方式不同，可分为两种，即自填问卷与代填问卷。所谓自填问卷，是指由被调查者本人填写的问卷；代填问卷，又称访问问卷，是由调查员依照统一的问卷内容向被调查者提问，并根据被调查者的回答进行填写的问卷。

按照问卷的传递方式不同，自填式问卷又可分为邮寄填答问卷、个别发送问卷、集中填答问卷和网络填答问卷四种。邮寄填答问卷是调查者通过邮局向被选定的调查对象邮寄发送问卷，被调查者按照规定的要求和时间填答问卷，然后被调查者通过邮局将问卷寄还给调查者。个别发送问卷是调查者派调查员依据所抽取的样本将问卷逐个发送到被调查者手中，等待被调查者填写回答完后再派人收回问卷。集中填答问卷是调查者先通过某种方式将被调查者集中起来，每人发一份问卷，被调查者当场填答完成问卷，当场收回问卷。网络填答问卷是随着互联网技术发展而兴起的一种问卷填答方式，指研究者利用互联网向特定对象发送问卷，同时也通过互联网将被调查者填答好的问卷收回的调查方法。其常见方式有：第一种是将调查问卷直接链接在网站的网页上，上网者只要点击该网站的网页，调查问卷就会弹出，供上网者自由填答，填答完毕后数据自动存入事先设计好的数据文件中，可实时进行数据分析；第二种是研究者事先收集好已选定的被调查者的电子邮箱，然后将问卷内容或问卷的链接地址通过电子邮箱发送给被调查者，填答完成后由被调查者再通过电子邮件发回给研究者，或通过网络链接直接存入数据库；第三种是借助专业的在线问卷平台发放，研究者事先将设计好的问卷导入平台，生成网址链接，然后将链接入口发送给被调查者，填答完成后数据直接存储在问卷平台数据库。目前国内外的在线问卷平台非常丰富，比如谷歌表单（google form）、腾讯调查、问卷星、问卷网等，根据收费情况不同提供的服务产品不同。近些年，随着移动终端的普及，某些针对特定人群、特定区域的学术研究也逐渐开始借助网络调查形式展开。网络填答问卷的最大优点是方便快捷，节省时间和费用，其不足主要体现在调查对象的范围受到局限、调查过程的可控性不足。

代填问卷又可分为当面访问和电话/网络访问两种类型。当面访问是调查者严格按照统一设计的问卷向被调查者当面提出问题，然后再由调查者根据被调查者的口头回答按照问卷的格式和要求来填写问卷。电话/网络访问是调查者通过打电话或网络在线的方式与被调查者联系,在电话或网络沟通中根据统一设计的问卷内容向被调查者提出问题,然后由调查者根据被调查者的口头回答按照问卷的格式和要求来填写问卷。

以上各种问卷调查方法各有利弊,简要概括如表 2-1 所示。

表 2-1　各种问卷调查方式比较

比较项目		调查范围	调查对象	影响回答因素	回复率	人力、费用、时间
自填问卷	邮寄填答	较广	有一定控制和选择,但回复问卷的代表性难以估计	难以了解、控制或判断	较低	较少、较高、较长
	个别发送	较窄	可控制和选择,代表性强	有一定了解、控制和判断	较高	较少、较低、短
	集中填答	窄	可控制和选择,但过于集中	便于了解、控制和判断	高	较少、较低、短
	网络填答	广	难以控制和选择,回复问卷的代表性难以估计	无法了解、控制和判断	不稳定	少、低、可长可短
代填问卷	当面访问	较窄	可控制和选择,代表性强	便于了解、控制和判断	高	多、高、较短
	电话/网络访问	可广可窄	可控制和选择,代表性强	难以了解、控制和判断	较高	较多、较高、较短

参考资料:水延凯,江立华.社会调查教程[M].北京:中国人民大学出版社,2014:190.

(二)问卷的结构

问卷一般由卷首语、填答指导语、问题与答案、编码和其他资料五部分组成。

1. 卷首语

卷首语是写给被调查者的自我介绍信,主要向被调查者介绍和说明调查的目的、调查者的身份、调查的大概内容、调查对象的选取方法和对结果保密的措施等。其作用是引起被调查者的重视和兴趣,争取他们的合作与支持。卷首语的语气应当诚恳、谦虚,文字应当简明,篇幅宜短不宜长。卷首语可与填答说明一起单独作为一页,也可置于问卷第一页的上方。

调查问卷卷首语示例

北京市城区独居老年人住房情况调查问卷

亲爱的叔叔/阿姨:

您好!

我们是北京建筑大学"北京市城区独居老年人住房情况调查"课题组的调查员,今天来了解您家的住房情况。

　　为了了解目前我市独居老年人的住房现状,发现存在的问题,为住宅的适老化规划与改造提供依据,我们在全市城区开展了这项调查。我们根据随机抽样方法选取了一部分家庭作为全市城区独居老年人家庭的代表,您是其中一户。本调查不记名,我们会严格按照《统计法》第 9 条的规定对调查结果予以保密。

　　非常感谢您的支持,祝您身体健康!

北京建筑大学"北京市城区独居老年人住房情况调查"课题组

组织单位:北京建筑大学建筑学院

单位地址:北京市西城区展览馆路 1 号　　单位电话:******

项目负责人:***教授　　　　　　　　　　联系电话:******

　　从以上示例可以看出,卷首语一般应包括以下内容。

　　(1) 调查单位和调查者身份

　　卷首语应当明确介绍调查活动的主办单位和调查人员的身份,尽量附上组织单位的地址、电话号码和联系人的姓名及电话等,以便消除被调查者的疑虑,体现调查活动的正式性。

　　(2) 调查的目的与内容

　　应该简明地指出调查的主要目的、意义,简要介绍调查内容,使被调查者清楚认识到调查活动的社会价值。

　　(3) 调查对象的选取方法与调查结果的保密措施

　　无论哪种调查活动,被调查者都会存在或多或少的防范心理,为了消除这种戒心,应在卷首语中明确说明调查对象的选取方法和对结果的保密措施。

　　2. 填答指导语

　　填答指导语是用来指导被调查者科学、统一填写问卷的一组说明,其作用是使填答者了解填答的方法、要求、注意事项等。填答指导语也包括对一些重要的、特殊的、复杂的专业术语进行名词解释。

调查问卷填答指导语示例

填答说明

1. 请在符合您的情况和想法的问题答案号码上划"√";

2. 问卷每页右边的数码与短横线是计算机处理用的,您不必填写;

3. 若无特殊说明,每个问题只能选择一个答案;

4. 填写问卷时,请不要与他人商量。

---

　　3. 问题与答案

　　此部分为问卷所要询问的具体问题,也是问卷设计的主要内容。从问题形式来看分为开放式与封闭式两大类。

开放式问题是不为回答者提供具体答案,而由回答者根据自己的情况自由填答的问题。封闭式问题是在提出问题的同时,还给出若干个答案,要求被调查者根据实际情况选择一个作为回答。

4. 编码

编码就是赋予每个问题及其答案一个数字作为它的代码。编码一般放在问卷每一页的最右边,有时还用一条纵线将其与问题和答案部分分开。

(1) 您的年龄＿＿＿＿岁　　　　　　　　　　　　　　　　1～3＿＿＿＿

(2) 您的性别:①男　②女　　　　　　　　　　　　　　　4＿＿＿＿

(3) 您的文化程度:①小学及以下　②初中

　　　　　　　　③高中或中专　④大专及以上　　5＿＿＿＿

(4) 您每月的收入为＿＿＿＿元　　　　　　　　　　　　6～10＿＿＿＿

第一个问题,被调查者的年龄最多为三位数,故编码中给出三栏,序号为1～3。第二、第三个问题都只可能选择一个答案,且答案数目小于10,故分别只给一栏。第四个问题的答案一般处于100000以内,故给五栏。

5. 其他资料

其他资料包括问卷编号、访问员姓名、访问时间、访问完成情况、审核员姓名和审核意见等,其作用是详细记录问卷收集时的各项情况,以便为后期数据清理提供参考。其他资料一般根据实际需要放在问卷的开始或结尾处。

(三) 问卷的设计

1. 问题的设计

(1) 问题的种类

根据问题内容的不同可分为背景性问题、客观性问题、主观性问题和检验性问题。

①背景性问题,主要是被调查者个人的基本情况,包括性别、年龄、民族、文化程度、婚姻状况、职业、职务或职称、收入、宗教信仰、党派团体等。如果以家庭、组织等为分析单位,还要包括家庭、组织的基本情况,如家庭(组织)人口、成员结构、家庭(组织)类型等。它们是对问卷进行分析研究的重要依据。

②客观性问题,指已经发生和正在发生的各种事实和行为。如"您家住房的建筑面积是多少?""您今年外出旅游到了哪些地方?"等。

③主观性问题,是关于人们的思想、感情、态度、愿望、动机等主观世界状况方面的问题。如"您在多大程度上同意以下对城市房价趋势的说法?""您愿意搬到郊区去住吗?"等。

④检验性问题,是为检验回答是否真实、准确而设计的问题。如在问卷中先问"您每个月的总支出大概是多少?"在问卷的其他地方问"您有哪些方面的收入,月收

入共有多少?"通过前后对比,可以验证回答问题的真实和准确程度。

(2)问题的排列

问题的排列也就是问卷中问题的排列组合方式。合理的问题排列有利于被调查者有逻辑性地回答问题,也便于调查者对调查资料的整理和分析。一般说来,问题的排列原则如下。

①按照问题的性质和类别排列,要把相同性质和类别的问题放在一起。比如,把背景性问题放在问卷的前面或后面,把经济、家庭、社会交往等方面的问题相对集中地放在一起。这样,便于被调查者按照问题的性质先回答完一类问题,再回答另一类问题,不至于回答问题时出现思路中断、混乱和跳动的情况。

②按照问题的复杂程度或困难程度排列。一般来说,应该先易后难、由浅入深;先客观事实,后主观态度,尤其是敏感性强的问题,应排在问卷的后面部分。这样,有利于增强被调查者回答问题的信心,把问题逐步引向深入。

③按照问题的时间顺序排列。一般来说,应该根据调查事物的历史顺序——过去、现在、将来——排列问题。当然也可反过来,先问当前的问题,然后由近及远地追溯过去的情况。总之,问题的排列在时间顺序上应该有连续性,而不应来回跳跃。

另外,开放性的问题应放在问卷的最后面。检验性问题应分别设计在问卷的不同位置,否则难以起到检验作用。

(3)问题的语言

在问卷设计中,对问题的语言表达和提问方式有下列常用的规则。

①语言尽量简单,不使用复杂、抽象的概念及专业术语。

②陈述尽可能简短,避免啰嗦。

③问题要避免带有双重或多重含义,即不要在一个问题中同时询问两件(或几件)事情。如"您的父母退休了吗"就是带有双重含义的问题。

④问题不能带有倾向性,避免诱导被调查者。

⑤不用否定形式提问。如"您是否赞成税率不进行改革"就是否定式提问。

⑥不要直接询问敏感性问题,应选择间接询问的方式。

(4)问题的数量

一份问卷应该包含的问题数量,要依据调查的内容、样本的性质、分析的方法、拥有的财力、人力、时间等各种因素来决定,没有唯一的标准。但一般来说,问卷通常以回答者在20分钟内完成为宜,最多不要超过30分钟。问卷太长往往会引起回答者心理上的厌倦或畏难情绪,影响填答质量和回收率。

2. 答案的设计

调查研究的问卷主要由封闭式问题构成,而答案又是封闭式问题非常重要的部分,因此,答案设计的好坏直接影响到调查成功与否。答案的设计应注意以下五个方面。

（1）协调性

答案要与问题协调，不能答非所问。

如：您常看哪一类报刊书籍？

经常看　偶尔看　从不看

(A)文学艺术类　(B)趣味常识类　(C)政治理论类　(D)其他类

上例题干中询问被调查者看哪一类报刊书籍，而不是问看的频率，因此，应把"经常看、偶尔看、从不看"去掉，或者将问题题干改为"您阅读××类别报刊书籍的频率是怎样的？"

（2）合适性

答案的设计要符合实际情况，所列选项应比较恰当，能反映不同被调查者之间的差异。如询问北京市大学生的平均月消费水平，答案设计为：3000 元以下、3000～4999 元、5000 元及以上。由于实际回答以 3000 元以下为主，所以这样的调查结果就没有什么分析价值。

（3）穷尽性

答案应包括问题中涉及的所有可能情况，避免遗漏。

如：您做作业效率最高的地方是

(A)自习室　　　(B)宿舍　　　(C)家里　　　(D)图书馆

有些被调查者可能在户外做作业效率高，但在此题中就无法选择。修改的方法是，尽量列举全面，并且增加一个"其他"选项。

（4）互斥性

答案之间不能交叉和相互包含，即每个被调查者只能选择一个答案。

如：您所学的专业属于：

(A)哲学　　　(B)经济学　　　(C)法学　　　(D)教育学　　　(E)文学

(F)理学　　　(G)工学　　　(H)医学　　　(I)社会科学　　　(J)农学　　　(K)其他

答案中的社会科学包含教育学、法学等，因此，答案之间是不互斥的。

（5）无偏性

答案的设计也要注意避免倾向性。如问题"您是否赞成吸烟有害健康的说法"，答案是"非常赞成、比较赞成、有点赞成、不赞成"，"赞成"的选项多于"不赞成"，可能会诱导回答者选择赞成类，应改为"非常赞成、比较赞成、中立、比较反对、非常反对"。

（四）问卷调查的实施

问卷调查的实施一般要历经设计问卷、选择对象、发放和回收问卷、录入与分析问卷，然后根据分析结果检验假设，得出研究结论的过程。

（1）设计调查问卷

经历选择调查课题、查阅文献、提出研究假设、进行操作化等几个步骤，将研究课题中的抽象概念变为具体的、可检验的指标，然后按照各种要求设计问题和答案，形成调查问卷。

（2）选择调查对象

在总体范围内采用抽样调查的方法按照一定规则抽取调查对象。

（3）发放与回收问卷

通过邮寄、网络填答、个别发送、集中填答、当面访问或电话/网络访问等方式将问卷交给被调查对象填写和回答。在后四种情况下，调查员应向被调查者做出口头说明，有利于提高问卷的回收率与有效率。

问卷填答完成后，或当场回收（集中填答、当面访问和电话访问），或通过一定的方式回收（邮寄、个别发送和网络填答），回收后的问卷必须及时、认真审核与整理，对无效问卷坚决予以剔除。

（4）录入与分析问卷

将整理好的调查问卷录入计算机，根据研究假设进行统计分析，并得出研究结论。

（五）对问卷调查法的评价

问卷调查是标准化的、书面的调查，这就决定了问卷调查法既有许多突出的优点，又有许多明显的缺点。

1. 优点

①适用范围广。问卷调查法可以突破时空的限制，在大范围内，对大量调查对象同时进行调查。

②宜于进行定量研究。

③匿名性好。自填式调查问卷的匿名性较好，有利于调查敏感问题、隐私问题和尖锐问题，也有利于被调查者如实反映自己的真实情况、想法和感受。

④调查成本低廉，可以以较小的投入成本（如人力、财力、物力和时间），获取较多的社会信息。

2. 缺点

①缺乏生动性和具体性。问卷调查法大多只能获得书面的社会信息，难以了解到生动、具体的社会现实情况，不适用于对新事物、新问题等调查者无法预计的问题进行调查和研究。

②缺少弹性，难以进行深入的定性研究。调查问卷的设计是统一、固定的，难以适应复杂多变的实际情况，难以对问题作深入探讨和定性分析。

③被调查者的合作情况无法控制。问卷调查的互动性和交流效果较差。对于自填式问卷调查来说，调查者难以了解被调查者是认真填写还是随便敷衍，是自己填答还是请人代劳，对问题不理解、对回答方式不清楚时，无法得到指导与说明。因此，调查结果的真实程度和可靠程度很难判断。

④问卷回收率和有效率较低。对无回答者的研究比较困难；问卷只适用于有一定文字理解能力与表达能力的调查对象，而不适用于文字理解与表达较弱的被调查者。

二、访谈法

访谈法又称访问调查法,是指调查者有计划地通过口头交谈等方式,直接向被调查者了解城市社会情况或探讨城市社会问题的研究方法。

(一)访谈法的种类

①根据访谈内容的不同,可划分为结构化访谈和非结构化访谈。结构化访谈是按照统一设计的、有一定结构的问卷所进行的访谈。这种方式要对选择访问对象的标准和方法,访谈中提问的内容、方式和顺序,被访者回答的记录方式等进行统一设计,以便对访谈结构进行统计和定量分析,也便于对不同的访问答案进行对比研究。非结构化访谈是按照一定的调查目的和一个粗略的访谈提纲开展访谈,对访谈中所询问的问题仅有一定的基本要求,对提出问题的方式、顺序等都不作统一规定,可以由访问者自由掌握和灵活调整。非结构化访谈有利于充分发挥访问者和被访问者交流的主动性、创造性,有利于适应复杂多变的客观情况,有利于了解原设计方案中没有考虑到的新情况、新问题,有利于对社会问题进行深入探讨。

②根据访谈方式的不同,可划分为直接访谈和间接访谈。直接访谈是访问者与被访问者进行面对面的直接访谈。在访谈过程中可以采取"走出去"和"请进来"两种方式。"走出去"就是访问者深入到被访问者生活或工作环境中进行实地访谈;"请进来"就是邀请被访问者到达访问者事先安排好的场所进行访谈。间接访谈就是访问者借助于某种工具,如电话、网络、书面问卷等对被访问者进行的访谈。

③根据被访问者的数量不同,可划分为个别访谈与集体访谈。

④根据被访问者的特点不同,可划分为一般访谈和特殊访谈等。

(二)访谈的实施

要顺利、成功地实施当面访谈,应注意以下几个问题。

1. 做好访谈准备

①科学设计访谈提纲,学习与访谈内容相关的知识。做标准化访谈,应对统一设计的问卷充分了解和掌握;做非标准化访谈,则应准备较详细的访谈提纲和各种访谈问题。不管哪种类型的访谈,都应学习与访谈内容相关的各种知识,便于访谈时与被访问者进行深入的交谈,提高被访问者的兴趣与积极性。访谈提纲应对访谈中可能会出现的各种有利和不利情况进行预测,并设计必要的应对措施。

访谈提纲示例

基本的办公室面谈对被访者的主要要求包括:徒手绘制城市的地图,详细描述城市中的多条行程线路,列出感觉最特别或最生动的部分,并做简要的描述。进行访谈的目的,首先是为了验证

可意向性的假设;其次是为了获取所涉及的三个城市的基本正确的公共意象,将其与实地考察的结果相比较,从而有助于提出城市设计的一些建议;再次是为获取其他任一城市的公共意象提供一种快捷的方法……

办公室的访谈包含以下问题:

1. 当提到"波士顿"时,你首先想到的是什么? 对你来说,什么可以象征这三个字? 从实际意义上,你将怎样概括地描述波士顿?

2. 我们希望你能快速地画出波士顿中心地区的地图,从马萨诸塞大街向里,向市中心方向的那部分。就假设你正在向一个从没来过这里的人快速描绘这个城市,要争取尽量包括所有的主要特征。

我们并不需要一张准确的地图,一张大致的草图就够了(采访者需要同时记录地图绘制的次序)。

3. (a)请告诉我你通常从家到办公室所走的路线的完整的、明确的方向。想象你正在走这条路线,按顺序描述你将沿路看到、听到和闻到的东西,包括那些对你来说十分重要的路标,对外地人可能是非常必要的线索。我们感兴趣的是街道和场所的物质形象,假如想不起来它们的名字也不要紧。(在叙述行程时,采访者应仔细查问,必要时可以要求被访者作更详细的描述。)

(b)在行程中的不同部分,你是否有特别的感觉? 这一段会持续多长时间? 在行程中是否有些部分让你感到位置无法确定?

(问题3还将针对其他一条或多条标准化的行程,向被访者重复提问,诸如"步行从马萨诸塞综合医院到南站"或者"乘车从范纽尔大厅到交响音乐厅"。)

4. 现在我们想知道,你认为什么是波士顿中心最有特色的元素,它们可大可小,不过要告诉我那些对你来说最容易辨认和记住的东西。

(对于被访者回答问题4所列出的每个元素,分别要求他们回答下面的问题5。)

5. (a)你能为我描述一下_____吗? 如果你被蒙住眼睛带到那里,当取下蒙布时,你将运用什么线索来正确识别你的位置?

(b)关于_____,你是否有什么特别的情感体验?

(c)你能在你画的地图中指出_____在哪儿吗?(如果准确,)哪里是它的边界?

6. 你能在你的地图上标出正北的方向吗?

7. 访谈到此结束,不过最好还能有几分钟自由交谈的时间。余下的问题将随意在谈话中插入:

(a)你认为我们在试图寻找什么?

(b)对人们来说,城市元素的方位和识别它的重要性在哪里?

(c)如果知道所处的位置或是要去的目的地,你会感到快乐吗? 反之,会感到不快吗?

(d)你认为波士顿是一座方便穿行、各部分容易识别的城市吗?

(e)你了解的城市中哪一座有良好的方位感? 为什么?

资料来源:凯文·林奇.城市意象[M].方益萍,等,译.北京:华夏出版社,2001:107~108.

②恰当选取访谈时间、地点与场合。访谈对于被访问者的精神状态、时间及访谈环境条件等要求较高。访谈时间的选择因人而异,一般选择在被访问者工作、劳动和家务不太繁忙,心情又比较好的情况下进行。访谈地点应选择有利于被访问者

畅所欲言地准确回答问题的公共场所。至于访谈场合,最好能单独与被访问者个别交谈,如果被访问者没有顾虑,也可以在有其他人的情况下进行访谈。

③分析了解被访问者。应选择对访谈内容比较熟知的人作为被访问者。选定访谈对象后,要对被访问者的性别、年龄、职业、文化程度、经历、性格、特长、习惯、兴趣爱好等基本情况做尽可能多的了解,以利于灵活控制访谈和调节访谈气氛等。

④拟定访谈实施程序表。通过拟定访谈实施程序表,对将要进行的工作与时间作全面安排。如访问前应阅读资料;对有关访谈工作的文件资料应事先准备;约定访谈时间、地点;如何对访谈过程进行控制;提前预见访问可能出现的问题,并做出应对措施等。

2. 建立良好的人际关系

建立良好的人际关系是访谈取得成功的重要前提,而理解、尊重、平等是建立良好人际关系的必要基础。

(1) 表明来意

在访谈开始时应注意说明来意,主要是介绍自己的身份,说明调查的目的、意义和内容,讲清楚被访问者是如何被选中的,努力消除对方的疑虑,并使对方相信自己有能力回答问题。

(2) 礼貌待人

访谈过程中要始终注意虚心请教、礼貌待人。应该做到:客随主便,对主人的安排表示充分尊重和恰当赞赏;尊重当地的风俗习惯,对于被访问者的某些落后意识和不良习惯能够包容,绝不可鄙薄或轻视,更不可戏弄和嘲笑;在恰当的情况下可以给予真诚、热情、耐心的帮助。

(3) 平等交谈

访问者必须以平等态度对待被访问者,绝不可摆架子、耍威风或者无原则地吹捧和奉承。对于敏感的或有争议的问题,访问者应该保持客观、中立的态度,不可有倾向性、诱导性的表示,更不应去迎合对方或企图说服对方,只能做出一些中性的反映。如表示"我已经明白了你的看法""你的观点很有代表性""请你继续讲下去"等,以鼓励对方把心里话都说出来。

3. 捕捉非语言信息

非语言信息是访谈过程中应当关注的有价值的形象语言、肢体语言、面部表情等非语言因素,它们也会反映被访问者的重要信息。

(1) 形象语言

衣着、服饰、打扮等外部形象,是一个人的职业、教养、文化品位等内在素质的反映。访问者一方面应使自己的服饰尽可能与被访问者类似以便传递给对方易于交往的信息,另一方面,应根据对方的衣着打扮来获取信息,推测被访问者的身份、收入乃至性格脾气等,便于访谈时采取不同的交谈语言。

（2）肢体语言

人的肢体语言和动作行为都是受思想、感情所支配的。访问者既可以通过自己的动作和行为来表达一定的思想和感情，又可以通过观察被访问者的某些动作、表情和行为来捕捉对方的思想和感情。如连连点头，表示"赞成"；东张西望，表示注意力已经转移；搞无谓的小动作，说明不感兴趣、心不在焉；频频看钟表，说明希望尽快结束谈话；双眉紧锁，反映回忆或沉思；目光躲闪，表示生疏、不愉快或不好意思；目光正视，表示坦诚、自信、无所顾虑等。

（3）环境语言

人们周围的环境、活动状态和各种摆设等也蕴藏着一定的信息。例如家庭的家具摆设，不仅能够反映出主人的职业和经济状况，而且能够表现主人的修养、兴趣爱好和性格特征，工作场所的整洁程度反映被访问者的工作态度等。

4. 做好访谈记录

记录是保留访谈信息的基本方式。记录有当场记录和事后追记。对于当场做记录，有的被访问者会有顾虑，而有的则相反，记得越认真谈得越起劲。所以，究竟采用哪种方式，应从实际出发，灵活掌握。

（1）记录手段

访谈过程可以通过不同的手段进行记录。标准化访问可以用事先设计好的表格、问卷和卡片等进行记录，非标准化访问可以边询问边记录，也可以一人询问，另一人记录，在征得对方同意的情况下还可以使用录音设备、摄像设备等电子记录工具进行记录。

（2）记录方法

记录方法分为三种：①速记，用速记方法把对方回答全部记下来，然后再翻译和整理；②详记，用文字当场作详细记录，不需要事后翻译；③简记，简要记录访谈要点，或采用记录者自己看得懂的符号或缩写作记录。三种方法各有优缺点：速记，比较全面，但翻译很费时间；详记，整理工作量小，但会影响访谈的进度和质量，而且难免会有遗漏；简记，比较方便，但事后需及时整理和说明，否则时间久了自己也会忘记。究竟采取哪种记录方法，应根据具体情况选择。

（3）记录内容

无论选择哪种记录方法，在记录内容上应抓住以下几点：①记要点，即记主要事实、主要过程、主要观点和建议等；②记特点，即记具有特色的事件、情节、语言、表情等；③记疑点，即记各种有疑问的问题，待以后去追问或调查；④记易忘内容，如人名、地名、组织名称、时间及各种数据等；⑤记主要感受，即记访问者的心理感受及被访问者的非语言信息等。

为了提高访谈记录的可靠性和准确性，最好在访谈结束前就访谈记录的主要内容请被访问者核对或补充。在访谈结束后，应尽快整理访谈记录，根据记忆及时发现和解决错记、漏记等问题，对记录中所使用的符号、缩写做出解释或说明，并努力消除一切错字或不清的字。

（三）对访谈法的评价

1. 优点

（1）应用范围广

访谈法应用范围广泛，既可以了解当时当地正在发生的情况，也可以询问过去或其他地方曾经发生过的事情，既可以了解事实、行为方面的问题，也可以询问观念、感情方面的问题，既可以针对普通调查对象，也适用于文盲、半文盲和盲人等特殊人群。

（2）易于深入探讨各类社会问题

访谈时访问者通过与被访问者思想互动的交流过程，既可以了解被访问者的态度看法，也可以深入询问其产生这些态度看法的原因。因此，访谈法便于了解比较复杂的社会现象，且能够深入探讨社会现象的前因后果和内在本质，有利于把调查和研究结合起来。

（3）访谈过程易于控制和把握

访谈主要是面对面的口头调查，可以根据访谈过程中的具体情况，排除各种可能出现的干扰，有效地控制访谈过程。比如，访问者可以将访谈环境标准化，即确保访谈在私下进行，以排除其他因素的干扰；也可以根据被访问者的具体情况，灵活地安排访谈的时间与地点，以及控制提问的次序和谈话节奏等。

（4）访谈的成功率和可靠性较高

访谈过程中，当被访问者对问题不理解或有顾虑时，访问者可及时引导和解释；当被访问者的回答不完整、不准确时，访问者可以当面追问。另外，访问者在访谈过程中还可以获得许多非语言信息。以上这些有利于提高调查的质量和成功率，有利于对被访问者回答的可靠性做出正确评价。

2. 缺点

（1）主观影响大

访谈法的结果和质量在很大程度上取决于访问者的个人素质、人际交往能力、口头表达能力、引导控制能力、亲和力，取决于被访问者的合作态度和回答能力。

（2）匿名性差

对于敏感性、尖锐性、保密性和隐私性问题，或访问者不能或不宜当面询问，或被访问者不愿当面回答或不作真实回答，这些都会对访谈结果产生不利影响。

（3）访谈资料需进一步查证

访谈所得资料和信息一般都是口头语言，这些资料和信息的真实性和准确性很难判断，特别是调查数据方面的问题，一般都需要进一步检验或核实。

（4）人力、财力和时间花费较多

访谈法，尤其是当面访谈，寻找被访问者的时间甚至要超过访谈时间，访谈调查的效率一般较低。另外,访谈法对访问员的要求较高,需要专门培训,还要动员访问对象予以合作。总之,访谈法的人力、财力和时间等花费都较多。

三、观察法

观察法,主要指实地观察法,是一种直接调查方法,是观察者有目的、有计划地运用自己的感觉器官或借助科学观察工具直接考察研究对象,能动地了解处于自然状态下的社会现象的方法。

(一) 实地观察法的要素

实地观察法中的观察和一般日常生活中的观察具有明显的不同。实地观察法的主要要素有:①观察主体——实施观察的研究人员;②观察对象——被观察的事实,包括事件、过程、现象和实物等多方面;③观察的环境——观察对象所处的客观环境,观察过程中应使观察对象处于自然状态下,这是保证观察方法客观和观察结果可靠的必要条件;④观察工具——观察者的感觉器官如眼睛、耳朵、手等,以及科学观察工具如照相机、录音机、摄像机、望远镜、观察卡片、观察表格等现代化观察工具;⑤观察者的知识技能——以观察者为主体的认识活动,观察者的知识技能、应变素质、环境适应能力等是实施观察法的重要因素。

(二) 实地观察法的实施技巧

1. 选好观察对象和环境

要使实地观察的结果具有典型意义,应选择典型环境中的典型对象作为观察的重点,以达到"一叶知秋"的观察效果。

2. 选准观察时间和场所

一定的社会现象总是在一定的时间和空间内发生的,因此要注意选择最佳的观察时间和观察地点。如观察某小区的机动车占人行道停车现象,应选择傍晚或晚间车辆都返回小区的时间进行观察,而不是白天车辆都离开的时间。

3. 灵活安排观察程序

被观察的社会事物和社会现象存在主要和次要、局部和整体、上下左右或远近等多个层面的内容。在实地观察中,要对观察的次序做出安排,根据观察目的、任务和观察对象的实际情况灵活掌握和运用。

4. 尽量减少观察活动对被观察者的影响

实地观察有可能对被观察者产生一定影响,使他(它)们自觉或不自觉地产生某些反应性心理或行为,从而导致种种反应性观察误差。观察者要了解处于自然状态下的社会现象,就必须善于控制自己的观察活动,尽量减少对被观察者的影响。

5. 争取被观察者的支持和帮助

为了争取被观察者的支持和帮助,观察者应努力与被观察者建立良好的关系,这是一件重要而困难的事情。最基本的方法是：①充分说明来意，消除被观察者的顾虑，使他们认识到研究的重要意义和对他们的好处，起码不会损害他们的利益；②参与被观察者的某些活动，通过共同活动来增进了解，建立友谊，自然地进入观察状态；③尊重当地的风俗习惯和道德规范，最好能使用当地的语言开展交流，注意避免说出禁忌的话和做出禁忌的事情；④力所能及地帮助被观察者解决某些困难，增进信任和感情；⑤首先选择有影响力、有威信的当地人进行重点调查，建立良好的信任关系，然后通过他们的介绍和帮助去完成对其他人的观察工作；⑥对于被观察者之间的矛盾纠纷，做到少介入、多团结，注意身份，保持中立。

6. 把观察和思考紧密结合起来

观察不是人的视觉器官对观察对象的纯客观扫描，而是以一定的目的和理论为指导，以一定的知识和经验为基础的自觉认识过程。只有目的明确、理论正确、经验丰富而又积极思考的人，才能获得良好的观察效果。因此，在实地观察中，要善于把观察和思考结合起来，在观察中思考，在思考中观察；善于把观察和比较结合起来，在观察中比较，在比较中观察，以捕捉尽可能多的观察材料和信息线索。

7. 制作观察工具并及时做好记录

"好记性不如烂笔头"。实地观察法要做好同步的、具体的、客观的记录，以避免时过境迁，可能会忘记很多有价值的信息内容。记录既可以根据实际需要简明地记录观察重点，也可以统一设计和制作观察记录工具，如表格（见表 2-2）和卡片等，以利于提高观察速度和质量。

表 2-2　某道路交通流量观察记录表

线路名称：　　　　　　　　　观察地点：
观察员：　　　　　　　　　　气候状况：
观察日期：　年　月　日　　　观察时间：　时　分至　时　分

类别			上行方向	总计	下行方向	总计
机动车辆	客车	大型客车(41座以上)				
		中型客车(21～40座)				
		小型客车(20座以下)				
		出租汽车				
		轿车				
		电动车				
	货车	大型货车(8 t 以上)				
		中型货车(4～8 t)				
		小型货车(4 t 以下)				

续表

类 别			上行方向	总 计	下行方向	总 计
机动车辆	其他	工程车				
		救护车				
		拖拉机				
		其他机动车				
	自行车					
	行人					
备注						
观察印象						

（三）实地观察法的误差控制

任何观察都会发生一定的误差,实地观察也一样。观察误差是指实地观察过程中可能会产生的偏误或过失。其产生受多方面因素的影响,如观察者的思想状态、知识水平、生理因素,客观现象的发育程度,观察工具的精确度、灵敏度,观察角度等。

虽然观察误差不可能完全消除,但是,努力减少观察误差,力求观察基本准确则是可以做到的。减少观察误差有以下途径和方法。

(1)选择与培训观察员

正确选择观察人员,并对观察员进行必要的培训,包括教育和培养观察员认真负责的观察态度,认识课题的重要意义,培养对课题的兴趣和感情,同时,在实地观察前进行必要的感官训练等。

(2)合理组织安排观察任务

认真设计调查方案,根据人类感觉器官的感知能力,合理安排观察任务。如每个观察人员分配的观察对象应尽可能专一,观察项目应尽可能简明、集中,每一次观察的时间不宜过长等。

(3)充分利用科学仪器和技术手段

在实地观察中,应根据具体情况,尽可能有效使用望远镜、测量仪器、照相机、摄影机、录音机等科学仪器的放大、延伸、计量、记录等功能,提高观察的准确性和客观性。如对某一城镇的街道展开立面风貌规划设计时,就可以用带有广角镜头的数码相机,对街道立面进行连续拍照,再输入计算机,使用 Photoshop 软件进行拼接,可以直观地对立面进行改造设计,规划效果还可以同现状效果进行直观比较。

(4)努力控制观察活动

观察者应该努力控制自己的观察活动,尽可能减少或消除观察活动对被观察者的影响,这是减少反应性观察误差的重要途径。

（5）进行纵横对比观察

对于比较复杂的事物或比较重要的社会现象,应该选择不同类型的观察对象进行横向对比观察,或者对同一对象进行多点或纵向对比观察,或者采用不同的观察角度或手段进行比较观察。

（四）对实地观察法的评价

1. 优点

①直观性,观察者可以直接感知客观对象,获得的是直接的、具体的、生动的感性认识,能够掌握大量第一手资料。

②可靠性,观察者亲自到现场,直接观察和感受处于自然状态的事物,容易发现或认识各种人为假象,实地观察的调查结果比较真实可靠。

③灵活性,实地观察方法简单易行,适应性强,可以随时随地进行,观察人员可多可少,观察时间可长可短,灵活度大。

2. 缺点

①观察结果具有表面性和偶然性。

②观察活动受时间、空间等客观条件的限制,只能对微观的、正在发生的社会现象进行观察,而对于宏观的、历史的、突发的、保密的社会现象无法展开观察。

③观察结果受观察者主观影响较大,存在观察误差。

实地观察法尽管有种种缺点和局限性,但它是人们获得第一手感性材料的可靠方法,是社会调查的一种最基本的方法。

实地观察法示例——基于人们需求的设计评价过程

每个研究区域应至少考察两次(越多越好),每次考察每个地点至少应花上一个小时。考察应在使用高峰期间(例如,城市广场主要用于白领人员午餐时间)的使用,因此,考察最好定在某个工作日的午餐时间(从上午 11 点 45 分到下午 1 点 30 分)。如果在周末再考察一次将会更好,但至少应在工作日的午餐时间内考察两次。

每次考察,都应花至少半个小时去观察如下内容:

谁在使用这个场地?(男人? 女人? 夫妇? 一群人? 单身? 老人? 年轻人? ……)

哪里是他们喜欢去的地方?(阳光下? 阴影中? 某种特殊形式的休息区? 还是随便什么地方?)

什么是他们最主要的活动?(吃东西? 交谈? 观望? 打盹? ……)

尽管在一开始将这些问题分开来看是有帮助的,但它们必须被综合起来形成对场地的细致描述,以回答"谁,在什么地方,和谁,在干什么"的问题。例如,男人们是不是常独自坐在入口处的长椅上,吃着东西并看着过往行人,而女人们则喜欢成双结对地坐在喷泉边上交谈? 观察越细致,所提出的设计修改意见就会越好。

在考察过程中,要做现场笔记,不要单纯依赖记忆——即使你能记住一些基本的规律,许多细节也会被遗忘。在考察中,考察者应亲自参与到这个地方最寻常的活动中去——例如在城市广场吃午餐,同时注意作为一个广场使用者的感受。在对其他使用者进行客观观察(非参与观察)的基础上,加上自己对周围环境的主观感受(参与观察),就可以获得对该空间利用的另一个层面上的认识。为什么会观察到一些现象的原因也会变得清晰起来——例如,坐在背阴处太冷! 值得注意的是,不要认为所有人都有相同的心理反应和动机,尤其当他们的年龄、性别和文化背景等都不同时,这一点很重要。考察中自己的感受可能会解释其他人的行为,但是对于一个客观细致的研究,这些感受必须和客观数据采集方法结合起来,例如访谈或问卷调查等,以验证考察者的直觉是否正确。

资料来源:克莱尔·库珀·马库斯,等.人性场所——城市开放空间设计导则[M].俞孔坚,等,译.北京:中国建筑工业出版社,2001:322~P323.

四、文献法

文献法,也称文献研究法,它作为一种独立的调查研究方法,针对文献本身展开分析。要注意将其与文献回顾进行区别,无论采用何种研究方法,都需要对研究问题的相关文献进行搜集、整理与评述,最终形成对本研究问题相关文献的综述。与作为一般社会研究基础和前导的文献回顾不同,文献研究有特定的目的、内容与结果。

(一) 文献法的概念

文献是一切记录人类知识的文字、图像、数字、符号、声频、视频等物体。任何文献都必须具备三个基本要素:一定的知识内容、一定的物质载体和一定的记录方式。

按照不同的标准,文献有许多不同的分类。按照加工深度的不同,文献可分为原始文献和二次文献。原始文献也称初级文献和第一手文献,指由亲身经历某一事件或行为的人所写的资料,如会议记录、观察记录、个人日记、笔记、信件、档案等;二次文献指利用别人的原始文献编写或生产出的新的文献资料,比如利用当事人的回忆录和自传撰写的人物传记、利用统计数据撰写的研究报告等。按照资料的呈现形式,可分为文字文献、画面文献、声音文献、影像文献等;按照资料来源的不同,可分为私人文献、社会团体文献、大众传媒文献和政府官方文献等;按照出版发行方式的不同,可分为公开发行文献和内部印发文献等。

文献研究法指通过收集和分析现存的,以文字、数字、符号、画面、声音、影像等信息形式出现的文献资料,来探讨和分析各种社会行为、社会关系及其他社会现象的研究方式。其目标在于利用各种形式的文献资料来分析社会的结构、关系、群体、组织、文化、价值及其变迁。

(二) 文献的检索

文献研究从广泛检索文献开始,既要遵循一些基本程序,又要掌握一些具体方法。

1. 文献检索的基本程序

文献检索程序是根据研究课题的需要,利用检索工具查找文献的具体工作程序。它一般包括课题分析、选择检索工具、确定检索途径和选择检索方法等几个过程。①课题分析是对研究选题进行具体化,以明确要检索哪方面的具体问题,同时,要注意学科门类交叉的情况,判断文献检索的范围和重点。②在确定检索工具时,应对哪些检索工具先用,哪些检索工具后用进行顺序安排;要考虑检索工具的权威性,选择内容好、分类编排细、报道时效短、辅助索引多的检索工具。③文献检索的方法很多,要根据自己的课题特征及研究需要选择适合的检索方法(具体见下文)。

2. 文献检索的工具

按照不同的划分依据,可将文献检索工具划分为不同的类型。

按照内容形式的不同可划分为:①目录性检索工具。目录是按照某种简明易懂的顺序所编排的文献清单或清册,通常以一个完整的出版单位或收藏单位为著录的基本单位。目录对文献的描述比较简单,仅记录其外表特征,例如图书的名称、著者、出版信息等。②文摘性检索工具。文摘是对一份文献所做的简略、准确的摘录,所谓文摘性检索工具就是一种描述文献的外部特征,并简明扼要地介绍文献内容要点的检索工具。文摘能够通报最新的科学文献,深入揭示文献内容,有助于确定原文内容与检索要求的相关度,以便准确选择文献。③索引性检索工具。索引是按照某种可查顺序排列的,能将某一种文献集合中相关的文献、概念或其他事物指引给读者的一种指南或工具,其特点是不直接提供文献资料,而只提供查找线索,如《全国报刊索引》,只能告诉读者某篇文章的出处,而不能提供这篇文章的具体内容,读者必须根据提供的出处再去查阅原文。

按照出版形式的不同可划分为:①期刊式,有统一的名称,以年、卷、期为单位,定期连续性出版,如《城市规划》《城市发展研究》等期刊。它们能及时反映城市规划科学研究领域的新水平、新动向。收录的文献以近期的为主,通常有总目录、分期目录或其他索引,以供检索。它是检索工具的主体。②附录式,附在图书、期刊之末或中间,最常见的有"参考文献目录""引用书目""注释"等。③单卷式,又称专题目录,是根据一定时期,围绕一定的科研课题而编制的检索工具,其特点是专业性强,收录集中,文献积累时间较长,以特定范围为服务对象。

3. 文献检索的途径

文献检索途径是指利用检索工具通过什么方式进行文献检索。不同的检索工具,其揭示文献的角度不同,必须根据检索工具自身的特点选择具体的检索途径。

①题名途径。题名途径就是根据文献题目的名称查找文献,属于这种检索途径的有书名目录、刊名目录、书名索引、刊名索引、篇名索引等检索工具。通过这种途径查找文献必须掌握文献的具体名称。

②分类途径。分类途径是指按学科分类体系和事物性质进行编排和检索文献的途径,它能够较好地满足族性检索要求。常见的图书分类法有《中国图书馆图书

分类法》《中国科学院图书分类法》《中国人民大学图书馆图书分类法》。属于此种检索途径的通常有期刊、报纸上的文献分类索引,也有专门的分类期刊检索工具。

③著者途径。著者途径是根据已知著者的名称,查找该著者所发表的文献的途径。通过著者途径检索文献的工具书有著者目录、著者索引、机关团体索引等,可以先查得著者的文章或著作的名称和出处,再通过其他途径来获得文献原文。

④主题途径。主题途径是指以代表文献内容实质的主题词以及派生出来的关键词、单元词、叙词等作为检索标识的一种检索途径。属于这一途径的检索工具有主题目录、主题索引、关键词、叙词索引或单元词索引等。

⑤序号途径。序号途径是指以文献特有的编号为特征,按照编号大小顺序编排和检索的途径。这一索引使用的工具有报告号索引、合同号索引、专利号索引等。

⑥其他途径。查阅有关专著或学术论文中的引文、引文出处的注释、参考文献等相关文献可以扩大文献检索的线索。另外,通过政书、类书、地方志、年鉴、手册、百科全书、丛书、表谱、图录、名录等也可以获得具体的文献资料或文献检索线索。

4. 文献检索的方法

文献检索的方法是指查找具体文献的方法和手段,主要包括直查法、顺查法、倒查法、追溯法、循环法等。①直查法,是指不通过检索工具,而从有关的书中直接查找所需资料的方法,适用于课题内容单一、文献集中的文献资料。②顺查法,是指从旧到新、从前到后,利用检索工具按时间顺序查找相关文献的方法。顺查法可以全面获得资料,防止步前人后尘。③倒查法,与顺查法相反,它是按课题检索的时间范围,由近及远地查找文献的方法,以最新的文献为起点逐渐向前查找,直至查到所需资料为止。此种方法可节省人力物力,但容易造成漏查。④追溯法,是以检索到与课题相关的一批文献为起点,通过这些文献的引文注释及参考文献为线索进行追踪查找,从而发现所需文献的方法。此方法适用于检索工具书和文献线索很少的情况,但往往获得文献不够全面。⑤循环法,是直查法与追溯法结合起来交替使用的方法。此方法既能够克服检索工具不足的困难,又能节约时间,提高工作效率。

此外,电子计算机和网络信息技术的迅猛发展,使得数字图书馆成为获取文献资料的重要途径。通过数字图书馆,人们可以更方便、更迅速地获得大量丰富的信息资源,文献检索变得简单、容易。目前应用较多的国外网络信息文献资料数据库有 Journal Storage、Taylor & Francis、Wiley Online Library、Springer、Routledge、Sage 等,国内网络信息文献资料数据库有 CNKI 期刊数据库、万方数据知识服务平台、超星数字图书馆及国内著名高校的数字图书馆等。

(三) 文献的阅读与分析

文献研究的目的是通过对文献中的某些特定信息进行分析和研究,了解文献中反映出的人的思想、情感、态度和行为,进而揭示当时、当地的社会现象及其发展变化趋势。因此,对文献的阅读与分析是文献法的关键环节。

1. 文献阅读的程序

①浏览，将检索到的文献资料普遍地、粗略地翻阅一遍，通过浏览，对文献有一个初步认识或大致了解。浏览应当有明确的目的、善于抓住重点且速度要快。②筛选，根据研究课题的需要及文献中有用信息的数量和质量，将文献分为必用、应用、可用、不用等几类。③阅读，首先，通过粗读掌握文献的基本内容，明确该文献和调查课题的关系，决定是否需要精读；对精读的文献，不仅要全面掌握文献的实质内容，而且要摘选出有价值的信息。④记录，把阅读中发现的有价值的信息，及时记录下来，供下一步研究使用。

2. 文献分析的方法

根据研究的具体方法和所用文献类型的不同，文献法可划分为内容分析、二次分析、现存统计资料分析等。内容分析主要用于对大众传媒信息，尤其是报纸杂志、广播电视、网络中的信息进行分析。拉扎斯菲尔德（Lazarsfeld）等认为"内容分析是一种对传播所显示出来的内容进行客观的、系统的、定量的描述的研究技术"[①]，即通过对文献的显性内容的系统分析，得到与之相关的潜在内容的特征的推论。二次分析主要是对其他研究者先前为其他目的所收集的原始数据进行整理，用一种新的、有启示性的方式将原来分散的、孤立的资料联系起来，进行重新分配和解释。现存统计资料分析主要集中在对国际组织、国家、各级政府等所发布的统计数据进行分析。

（四）文献法的优缺点

1. 优点

①调查范围较广。文献法可以超越时空条件的限制，对那些不可能亲自接近的研究对象展开研究。

②非介入性和无反应性。文献不会因为研究者的主观偏见而改变，这为研究者客观地分析一定的社会历史现象提供了有利条件。文献研究法不接触有关事件的当事人，不介入文献所记载的事件，不会受到当事人反应性心理或行为的影响。

③书面调查误差较小。文献多用文字、数据、图表和符号等形式记录，比口头信息更准确、可靠。

④调查方便、自由。文献法受外界因素制约较少，只要找到了必要的文献就可以随时随地进行研究；即使出现了错误，还可通过再次研究进行弥补。

⑤花费人财物和时间较少。文献法不需要大量调查和研究人员，不需要特殊设备，花费人力、物力、财力和时间较少。

2. 缺点

①信息缺乏具体性和生动性。文献法主要是获得书面信息，信息内容比较生

---

① 见阿特斯兰德.经济性社会研究方法［M］.北京：中央文献出版社，1995：186.

硬、呆板;文献的记载有一定的时代背景和局限,往往受到文献作者主观因素的影响较大;文献对特殊事件(如社会敏感问题)的记载一般会有所保留等。"纸上得来终觉浅"是文献法较大的局限性。

②文献落后于现实。社会不断变化和发展,新的事物、现象、情况和问题不断涌现,文献总是落后于现实,文献记载的信息与客观现实情况之间总会存在一定差距。

③对研究者的文化水平特别是阅读能力要求较高。文献法主要是阅读大量的文献资料,对于研究者的阅读分析能力要求较高。

第三节　城市社会学的资料分析方法

在完成资料收集任务后,城市社会学研究就进入了资料分析阶段。它是研究的深化、提高阶段,是由感性认识向理性认识飞跃的阶段,研究能否取得成果及成果质量的高低,在很大程度上取决于这个阶段的工作。

一、资料整理方法

资料整理是资料分析的基础,是城市社会学研究的分析阶段的正式开始。

(一) 文字资料整理

文字资料主要有两大类,即实地观察、访谈的记录与搜集的各种文献。文字资料整理的一般程序是:审查—分类—汇编。

1. 审查

审查就是通过仔细推究和详尽考察的方法,判断、确定文字资料的真实性和合格性。其内容主要包括以下三个方面:①文字资料本身的真实性审查,是指通过考察和细究以判明文字资料本身的真伪。如从文献的内容、所用概念、写作风格等内在情况来判断文献的真伪,从记录时间、地点、内容、语言和笔迹等情况来判断观察和访问记录的真伪。②文字资料内容的可靠性审查,是指通过考察和细究判明文字资料的内容是否真实地反映了调查对象的客观情况,主要根据以往实践经验、资料的内在逻辑和资料的来源等来判断。③文字资料的合格性审查,主要是审查文字资料是否符合原设计要求。如调查对象的选择是否违背设计要求,调查指标的解释和操作定义的使用是否发生错误,数据的计算公式是否正确,计量单位是否统一等。对于不真实或不合格的调查资料,一般都应该进行补充调查;在无法进行补充调查时,应该坚决剔除,以保证整个调查资料的真实性和科学性。

2. 分类

文字资料的分类就是根据文字资料的性质、内容和特征,把相异的资料区别开来,将相同或相近的资料合并为一类的过程。文字资料的分类有两种,一是前分类,如结构观察、标准化访问的记录等,可以在设计提纲或表格时,就按照事物或现象的类别分别设计指标,然后按分类指标搜集资料;二是后分类,如文献资料、无结构观察的记录等,在资料搜集完成后,再根据资料的性质、内容或特征将它们分别集合成类。分类不是整理资料中一个简单的程序性、技术性问题,它本身就是对资料的一种分析和研究。

3. 汇编

汇编就是按照调查的目的和要求,对分类后的资料进行汇总和编辑,使之更加清晰明了地反映出调查对象的总体情况。如给各类资料加上标题,重要的部分标上各种符号,对各种资料按照一定逻辑结构编上序号等。

(二) 数字资料整理

数字资料的整理要经过检验、分组、汇总、制作统计表或统计图等四个步骤。

1. 检验

检验就是检查、验证各种数字资料是否完整和准确。数字资料的完整性检查,主要包括应该调查的单位和每个单位应该填报的表格是否齐全,是否有遗漏单位或遗漏表格的情况,每张调查表格的填写是否完整,是否有缺报的指标或遗漏的内容等。数字资料的正确性检查,是指通过经验判断、逻辑检验等方法检验数字的内容是否符合实际,计算方法是否正确等。对通过检验发现的各种问题,都应及时查明原因,并采取相应措施予以补充或更正;在无法进行补充或更正时,应视为无效资料剔除不计,以免影响整个数字资料的真实性和准确性。

2. 分组

分组就是按照一定的标志,把调查的数字资料划分为不同的组成部分。分组的目的在于,反映各组事物的数量特征,考察总体内部各组事物的构成状况,研究总体各个组成部分的相互关系等。分组的步骤是:选择分组标志—确定分组界限—编制变量数列。

①选择分组标志。分组标志是指分组的标准或依据。根据调查目的和调查对象的情况不同,选择分组的标志也应有所不同。常用的分组标志有:质量标志(事物的类别或性质)、数量标志(事物的规模、水平、速度、比例等)、空间标志(事物的地理位置、区域范围等)和时间标志(事物的持续性和先后顺序)。

②确定分组界限。分组界限就是划分组与组之间的间隔限度,包括组数、组距、组限、组中值的确定和计算等。组数就是组的数量。组数的确定,应从实际出发。当数量标志变动小而且标志项不多时,可直接将每个标志值确定为一组;当数量标志变动范围很大而标志项数很多时,可将邻近的几个标志值合为一组,以减少组数。组距就是各组中最大数值(上限)与最小数值(下限)之间的距离。确定组距后应当编制组距数列,各组组距相等的称为等距数列,各组组距不等的称为不等距数列。

等距数列与不等距数列的选择应根据实际情况做出。组中值是各组标志值的代表，是按照各组上限与下限之间的中点数值确定的。

③编制变量数列。编制变量数列就是按照已选择的分组标志、确定的组数及组距将变量数值编为变量数列，如表 2-3 所示。

表 2-3　2011 年全国地级及以上城市总人口分组表

人　口　数	市数/个	百分比/(%)
20 万以下	4	1.39
20～50 万	49	17.01
50～100 万	108	37.50
100～200 万	82	28.47
200～400 万	31	10.76
400 万以上	14	4.86
合　　计	288	100

3. 汇总

汇总就是根据研究目的把分组后的数据汇集到有关表格中，并进行计算和加总，以集中、系统的形式反映研究对象总体的数量情况。汇总可采用手工汇总和计算机软件汇总两种方法。目前随着计算机的普及，计算机软件汇总成为普遍采用的方式。有关这方面的内容，请参看有关计算机统计软件方面的书籍。

4. 制作统计表或统计图

汇总的数字资料大多要通过表格或图形等方式表现出来，即要制作统计表或统计图。统计表是记载汇总结果和公布统计资料的表式，是表述数字资料的主要形式，具有系统、完整、简明、集中等特点，便于查找、计算和开展对比研究等。统计图也是表现数字资料的重要形式，具有形象、生动、直观等特点。统计图分为几何图、象形图、统计地图和复合图等多种类型。统计表和统计图的制作通常采用专业的统计软件来完成，请参看统计软件方面的书籍。

二、统计分析方法

统计分析是建立在概率论基础上，运用统计学原理和方法来处理社会调查所获得的数据资料，揭示变量之间的统计关系，进而推断总体的一整套程序和方法。

(一) 统计分析的目的

1. 简化数据资料

社会调查所收集的资料是多种多样的，在总结调查结果、撰写调查报告时，没有可能也没有必要罗列所有数据，而是运用统计分析方法将数据简化后再描述出来。

2．寻找并展示变量间的统计关系

科学研究的目的在于揭示事物之间的关系，发现事物变化发展的规律。社会调查收集到的是大量表面看来杂乱无章的数据，只有通过统计分析，才能把隐藏在这些数据后面的统计关系和统计规律揭示出来。

3．用样本统计量推断总体

在随机抽样调查中，对样本进行调查只是手段而不是目的，真正的目的在于通过对样本的调查获得样本统计量，然后用样本统计量来推断总体。所谓样本统计量，就是运用一定的统计方法对样本数据进行处理而得出的统计值，如均值、成数等，是对样本群体基本特征的简化描述。

（二）统计分析的层次

1．按统计分析的性质划分

按照统计分析的性质划分，分为描述统计和推断统计两种类型。描述统计是运用样本统计量描述样本统计特征的统计分析方法，凡涉及样本而不涉及总体特征的统计分析方法都属于描述统计范畴。推断统计是以概率论为基础，运用样本统计量推断总体的统计分析方法。描述统计是推断统计的基础和前提，只有在通过描述统计分析求出了样本统计量的基础上，才能使用推断统计分析方法推断总体参数或进行假设检验。

2．按涉及变量的多少划分

按照统计分析涉及变量的多少，可分为单变量统计分析、双变量统计分析和多变量统计分析三种类型。单变量统计分析通常用于描述性研究，双变量或多变量统计分析可进行解释性研究，分析变量之间的关系。

（三）单变量统计分析

单变量统计分析可分为两个大的方面，即描述统计和推断统计。描述统计的目的在于用最简单的概括形式反映出大量数据所容纳的基本信息。它的基本方法包括集中趋势分析和离散趋势分析。推断统计的主要目的，则是用从样本中得到的数据资料来推断总体的情况，它主要包括区间估计和假设检验等。

1．集中趋势分析

集中趋势分析指的是用一个典型值或代表值来反映一组数据的一般水平，或者说反映一组数据向某一中心值靠拢的趋势。最常见的集中趋势有如下几个。

（1）均值（$\overline{X}$）

均值就是算术平均数，用 $\overline{X}$ 表示。在计算均值时，要根据资料的具体形式，选择所需的计算公式。若资料未分组，则选择简单算术平均数公式；如果是已分组资料，则选择加权平均数计算公式。

简单算术平均数计算公式:

$$\overline{X} = \frac{X_1 + X_2 + \cdots + X_n}{n} = \frac{\sum\limits_{i=1}^{n} X_i}{n}$$

加权算术平均数计算公式:

$$\overline{X} = \frac{X_1 f_1 + X_2 f_2 + \cdots + X_n f_n}{f_1 + f_2 + \cdots + f_n} = \frac{\sum\limits_{i=1}^{n} X_i f_i}{\sum\limits_{i=1}^{n} f_i}$$

式中 $\overline{X}$ ——算术平均数;

$\overline{X}_1$,$\overline{X}_2$,$\cdots$,$\overline{X}_n$ ——分别为各个单位的标志值;

f_i ——权数;

n ——样本单位总数。

(2) 众值(M_0)

众值是一组数据中出现次数最多的变量值。它是一种根据位置确定的平均数,用 M_0 表示。它不受极端值的影响。

(3) 中位值(M_d)

中位值是数据按大小顺序排列后,处于中间位置的那个数值,用 M_d 表示。中位值的计算公式根据数据是否分组而不同。

①未分组数据的中位值计算:

当总体单位数 N 为奇数时,处于序列中 $\frac{N+1}{2}$ 位置的变量值即为中位值;当总体单位数 N 为偶数时,中位值是序列中处于 $\frac{N}{2}$ 位置和处于 $\frac{N}{2}+1$ 位置的变量值的算术平均数。

②组距式分组数据的中位值计算:

分组数据中原始数据已被隐去,不能直接对其排队,应先求中位值所在组,即 $\frac{\sum f}{2}$ 位置所在组,再应用线性插值法公式确定中位值的具体数值。

$$M_d = L + \frac{\frac{\sum f}{2} - cf\uparrow}{n}(U - L)$$

式中 L ——中位值所在组的下限;

U ——中位值所在组的上限;

n ——中位值所在组的频次;

$\sum f$ ——总频次,即各组频次之和;

$\frac{\sum f}{2}$ ——中位值所在位置(或所在组,即累积频次包括 $\frac{\sum f}{2}$ 的组);

$cf \uparrow$ ——中位值所在组下限的累积向上频次。

均值、众值和中位值的使用应根据数据的具体情况确定。一般说来,当数据呈对称分布或接近对称分布时,均值有比较好的代表性,因为均值包含了全部数据的信息。因此,无论在统计分析中,还是在经济、社会管理的实际工作中,均值都是应用最多、最为重要的集中值。当数据呈现明显的偏态时,应选择众值或中位值作为集中趋势的代表值。如中位值较多地用于测定人口年龄分配的平均年龄值,众值较多地用于房地产企业的各种户型面积设计等领域。

2. 离散趋势分析

与集中趋势分析相反,离散趋势分析指的是用一个特别的数值来反映一组数据之间的离散程度。它与集中趋势一起,分别从两个不同的侧面描述和揭示数据的分布特征。同时,它还对相应的集中趋势特征值的代表性做出补充说明。

(1)异众比率(VR)

异众比率是非众值的频数与全部个案数的比值,用 VR 表示,其含义是众值所不能代表的其他数据在总数据中的比重。显然,异众比率越小则众数代表性越大,异众比率越大则众数代表性越小。VR 计算公式为:

$$VR = \frac{N - f_{m_0}}{N}$$

式中 N ——样本单位总数;

f_{m_0} ——众值的频数。

(2)全距(R)

全距又称极差,它是一组数据中最大值与最小值之差,通常用 R 表示。全距是最简单的离散值,它概念清楚,计算简便。但也正由于计算过于简单,仅由数据中最大值与最小值之差而得,不考虑中间数据的情况,因而反映数据的离散状况太粗略、不灵敏,只能作为其他离散值的参考性指标。

(3)四分位差(Q)

四分位差是舍去一组数据中的极端数据,采用对数据的中央部分求全距的方法来测定离散程度,也即第三个四分位数 Q_3 与第一个四分位数 Q_1 之差的一半,计算公式为:

$$Q = \frac{Q_3 - Q_1}{2}$$

(4)标准差(S)

标准差是指一组数据中各个数值与算术平均数之差的平方和的算术平均数的平方根。标准差是最重要、最常用的离散值。计算公式为:

$$S = \sqrt{\frac{\sum (X_i - \overline{X})^2}{n}}$$

式中 X_i ——各个变量值;

$\overline{X}$ ——算术平均数;

n ——样本单位总数。

(5)离散系数(CV)

离散系数是标准差与算术平均数的比值,用百分比表示。由于离散系数是相对数,可以比较不同数据分布的离散程度。离散系数越大,数据的离散程度越大,反之则越小。计算公式为:

$$CV = \frac{S}{\overline{X}} \times 100\%$$

3. 单变量的推断统计分析

(1)参数估计

参数估计(主要是区间估计)是根据样本统计量和抽样误差及一定的概率,以数值的区间形式来确定总体参数值的可能范围。其实质是在一定的可信度(置信度)下,用样本统计值的某个范围(置信区间)来"框"住总体的参数值。范围的大小反映的是估计的精确性,可信度的高低反映的是估计的可靠性或把握性。

(2)假设检验

假设检验就是先对总体的某一参数作一假设,然后用样本统计值去验证,以决定该假设是否为总体所接受。假设检验的一般步骤是:①建立虚无假设与研究假设;②根据需要选择适当的显著性水平并查出临界值;③根据样本数据计算出统计值;④将临界值与统计值的绝对值进行比较,从而做出接受或拒绝原假设的判断。

(四) 双变量与多变量统计分析

在社会研究中,可以发现有许多事物或现象之间存在着某种联系,而且,各种现象之间的联系形式大多能通过数量关系反映出来。因此,统计分析不能只停留在对某一变量全貌的描述上,还须进一步从若干个变量的数量分析中去把握其关系。

1. 变量间的关系

社会现象之间的关系的形式可分为两类:一类是相关关系,指事物之间存在不完全确定的关系;另一类是函数关系,指事物之间有完全确定性关系,或者说变量之间存在着明确的因果关系。对相关关系进行统计分析的方法,称为相关分析法。对函数关系进行统计分析的方法,称为回归分析法。

社会现象之间的关系多为不完全确定的相关关系(如城市规模与居住形态),而确定性的函数关系较少。

2. 双变量统计分析

双变量分析中,由于变量的测量层次不同,因而计算两变量相关系数的方法和假设检验方法也不同。变量的测量层次可分为定类、定序、定距和定比四种类型,因此,就形成了多种不同测量层次变量的两两组合。两变量测量层次类型和与之对应的相关测量方法、假设检验方法如表2-4所示。

表 2-4　双变量分析方法一览表

双变量测量层次	相关测量方法	假设检验方法
定类—定类 定类—定序	$\lambda, tau\text{-}y$	χ^2 检验
定序—定序	G, d_y	Z 检验或 t 检验
定类—定距 定序—定距	E^2	F 检验或 t 检验
定距—定距	r	

资料来源:李沛良.社会研究的统计应用[M].北京:社会科学文献出版社,2002:206.

（1）定类—定类、定类—定序变量的统计分析

如果两个变量都是定类层次,或一个定类一个定序,则可以采用 λ 系数测量两个变量之间的相关强度与方向。此时抽样分布属于 χ^2 分布,因而进行 χ^2 检验。

χ^2 值的计算公式为:

$$\chi^2 = \sum_{i=1}^{c} \sum_{j=1}^{r} \frac{(n_{ij} - E_{ij})^2}{E_{ij}} \sim \chi^2 [(r-1)(c-1)]$$

式中 n_{ij} ——实际频次;

E_{ij} ——理论意义上的期望频次;

r、c ——分别为交互表的列数与行数。

对两变量进行 χ^2 检验的步骤如下。

第一步,建立两个变量无相关关系的原假设 H_0 和与之对立的备择假设 H_1。

第二步,按照 χ^2 公式计算 χ^2 值。

第三步,计算自由度 $df = (r-1)(c-1)$,根据选定的显著性水平（P 值)查表得到一个临界值。

第四步,把依据公式计算得到的 χ^2 值与临界值进行比较,进而判定接受或拒绝原假设,得出两个变量有相关关系或无相关关系的结果。

若判定两个变量之间有相关关系,则可用 λ 系数来表示相关关系的强弱。λ 系数具有削减误差比例（PRE)的意义。我们知道,社会研究的主要目标是解释或预测社会现象的发展变化,而这种预测中难免会有误差。对于两个有关系的变量来说,在知道变量 X 的值去预测与它相关的变量 Y 的值时所存在的误差（E_2),显然比不知道 X 的值去预测 Y 的值时所存在的总误差（E_1)要小。所谓削减误差比例指的就是知道 X 的值时所减少的误差（$E_1 - E_2$)与总误差的比。用公式表示是:

$$PRE = \frac{E_1 - E_2}{E_1}$$

PRE 越大,表示以 X 值去预测 Y 值时能够减少的误差所占的比例越大,即 X 与 Y 之间就越相关。比如,$PRE = 0.70$,表示以 X 预测 Y 时能减少 70% 的误差,说明

两者之间的相关程度较强。λ 系数的基本特点是以众值作为预测的准则,计算公式为:

$$\lambda = \frac{\sum f_0 - F_y}{n - F_y}$$

式中 f_0 —— 变量 X 的每一个值之下的变量 Y 众值的频次;

F_y —— 变量 Y 众值的频次。

下面,以表 2-5 所示的资料为例,说明 λ 的计算方法。

表 2-5　性别与对规划方案态度的交互分类　　　　　　单位:人

态　　度(Y)	性　　别(X)		合　　计(F_y)
	男	女	
赞　　同	96	18	114
反　　对	24	62	86
合　　计	120	80	200

根据 λ 计算公式,有:

$$\lambda = \frac{\sum f_0 - F_y}{n - F_y} = \frac{(96 + 62) - 114}{200 - 114} = 0.51$$

tau-y 系数与 λ 系数的不同在于,不再用众值来对 Y 进行预测,而是用边缘分布所提供的比例来进行预测,具体计算公式略。

(2) 定序—定序变量的统计分析

对两个定序变量的统计分析,一般运用 Gamma 和 d_y 公式计算相关系数,并进行 Z 检验或 t 检验。

Gamma 简称为 G,它属于级序相关计算法,就是在计算公式中使用各原始数据的等级次序而不是数据本身。G 也具有 PRE 特性。计算公式为:

$$G = \frac{N_s - N_d}{N_s + N_d}$$

式中 N_s —— 同序对数;

N_d —— 异序对数。

同序对指的是变量大小顺序相同的两个样本点,即其在变量 X 上的等级高低顺序与在变量 Y 上的等级高低顺序相同,否则就叫作异序对。

要将随机样本中有关两定序变量间关系的结果推断到总体,必须进行统计检验。G 系数的检验分为两种情况:当样本规模较大($n \geqslant 100$)时,G 的抽样分布接近正态分布,故可用 Z 检验法进行假设检验。Z 的计算公式为:

$$Z = G \sqrt{\frac{N_s + N_d}{n(1 - G^2)}}$$

式中 Z —— 正态分布状态下的 Z 分数值;

N_s ——同序对数；

N_d ——异序对数；

n ——样本量。

当样本规模小（$n < 100$）时，要改用 t 检验法。t 值的计算公式为：

$$t = G \sqrt{\frac{N_s + N_d}{n(1 - G^2)}}$$

$$df = N_s + N_d - 2 \quad (df \text{ 表示自由度})$$

d_y 与 G 系数一样，同样具有削减误差比例的特征，但与 G 不同的是，d_y 用于分析两个成不对称关系的变量，即在分析中两个变量必须明确被区分为自变量和因变量。公式略。

（3）定类（或定序）—定距变量的统计分析

当两个变量一个为定类（或定序）变量，另一个为定距（以上）变量时，可以用相关比率 Eta 平方系数来测量两个变量之间的相关关系。Eta 平方系数通常记为 E^2，其数值范围从 0 至 1，也具有 PRE 的特征。其计算公式为：

$$E^2 = \frac{\sum (y - \overline{y})^2 - \sum (y - \overline{y_i})^2}{\sum (y - \overline{y})^2}$$

式中 $\overline{y}$ ——因变量的平均值；

$\overline{y_i}$ ——在每个自变量取值上各因变量取值的平均数。

相关比率 E^2 的检验采用 F 检验法，其计算公式为：

$$F = \frac{E^2}{1 - E^2} \left(\frac{n - k}{k - 1} \right)$$

式中 k ——分组数目，$k - 1 = df_1$；

n ——样本规模。$n - k = df_2$。

（4）定距—定距变量的统计分析

对于定距层次的变量之间的关系可以用皮尔逊相关系数（或称积差相关系数）r 来测量。其计算公式为：

$$r = \frac{\sum (x - \overline{X})(y - \overline{Y})}{\sqrt{\sum (x - \overline{X})^2} \sqrt{\sum (y - \overline{Y})^2}}$$

r 的取值范围为 $-1 \sim +1$，$r > 0$ 时为正相关，$r = 0$ 时为不相关，$r < 0$ 时为负相关。一般认为 $|r|$ 在 0.3 以下时可视为两变量不相关，$|r|$ 在 0.3 与 0.5 之间时为低度相关，$|r|$ 在 0.5 与 0.8 之间时为显著相关，$|r|$ 高于 0.8 时为高度相关。

以上介绍了各种不同类型的资料相关关系的分析方法，另有以下几点需要说明。

①各种相关测量的方法，目的是理解两个变量在"样本"中相关程度的强弱或大小。

②对各种相关系数进行的检验，目的是根据随机样本的资料推断两个变量在"总体"中是否相关。

③选择何种相关测量方法和何种检验方法,主要看两变量的测量层次。

3. 多变量统计分析

多变量统计分析,又称多元统计分析,是指涉及三个或三个以上变量的统计分析方法。20 世纪 80 年代以来,由于计算机的普及和统计软件的广泛应用,多变量统计分析方法迅速发展起来,传统的多变量分析方法得到进一步创新和发展,应用领域得到进一步拓展,新的多变量统计分析方法不断涌现。现代多变量统计分析方法,已经成为一个各种方法相互交叉、互相渗透、内容极其丰富、层次极其复杂的庞大体系。这里简要介绍几种比较常用的多变量统计分析方法。各种统计分析方法的具体原理及操作请参考量化分析专业书籍。

(1)多变量相关分析

多变量相关分析与双变量相关分析一样,也是用一个统计量(如偏相关系数、复相关系数等)来简化和反映多个变量之间的相互依存关系,只是比双变量的情况更为复杂而已。与多变量相关分析直接有关的方法,有偏相关分析、复相关分析和典型相关分析等。

(2)多元回归分析

多元回归分析是研究两个以上自变量($X_1, X_2, \cdots, X_n$)和一个因变量(Y)之间的关系,并用自变量解释与预测因变量的多元统计分析方法。在社会调查研究中,应用较多的是多元线性回归分析方法和 Logistic 回归分析方法等。

(3)多元方差分析

多元方差分析是对多个定类变量(自变量)与一个定距变量(因变量)关系的多元分析方法。其分析的统计原理与一元方差分析相似,只是程序更加复杂。

(4)对数线性模型分析

对数线性模型分析,是在自变量和因变量都是定类变量时,用以分析它们之间相互关系的多元统计分析方法。

统计分析除了掌握基本的运算技术外,还须掌握利用图表(统计图、统计表)展示统计结果的方法。它们能形象和直观地展示数字结果,揭示不同变量之间的关系及发展趋势。

(五)统计分析软件

随着计算机及互联网技术的发展,社会调查量化资料的统计分析可使用的统计软件越来越多,较为常用的有 SPSS、SAS、STATA、AMOS、R 等。SPSS 由于其操作界面较为友好,易学易用,尤其适合初学者,所以在社会研究领域获得了广泛应用。SPSS 全称为 Statistical Package for the Social Science,其统计功能涵盖了数据获取、数据管理与准备、数据分析、结果报告的整个数据分析过程。SPSS 操作简单,可以使用菜单式操作实现绝大部分的初级与高级统计分析功能。研究者只需了解统计分析的基本知识,知道自己面对的问题需要用哪种方法解决,对输出结果应如何解释,便可以轻松使用 SPSS 软件完成统计分析。具体操作请参考 SPSS 操作教程。

三、理论分析方法

在城市社会学调查研究中,要认识事物的内在联系和本质规律,除了对调查资料进行收集、整理及统计分析,还必须站在理论分析的高度对各种调查资料进行思维的加工处理。

理论分析就是研究者运用科学思维方法,对整理和分析后的文字资料和数据资料进行研究,并得出结论,形成社会研究成果的抽象思维活动。理论分析的任务是,透过调查所获得的感性材料,揭示事物的本质及发展规律,从而证实或证伪、补充或修改原来的研究假设。理论分析是城市社会学调查研究的中心环节,是由感性认识上升到理性认识的关键步骤。

(一) 比较分析法

比较分析法就是确定认识对象之间相异点和相同点的思维方法。比较是对调查资料进行理论分析的最常用、最基本的方法。比较分析方法有多种,有横向比较、纵向比较、理论与事实比较、数量比较、形式比较、内容比较、结构比较等。以下介绍较常用的横向比较法、纵向比较法、理论与事实比较法。

1. 横向比较法

横向比较法就是根据同一标准对同一时间的不同认识对象进行比较。它既可以是同类事物间的比较(如城市与城市之间的比较),也可以是不同类事物间的比较(如城市与乡村之间的比较),可以是同一事物不同方面之间的比较(如社区的物质环境与精神环境之间的比较),也可以是同一事物不同部分之间的比较(同一社区常住居民与流动人口之间的比较)。横向比较法可以是在质或量上的区别,也可以是两种空间上的比较,比如研究城市居民的生活方式时,可以把中国人的生活水平、生活时间结构、休闲方式等资料与国外的同类资料放在一起比较,从中发现中外生活方式的差异。

2. 纵向比较法

纵向比较法就是对同一认识对象在不同时期的特点进行比较的方法。它可以是同一事物不同时期之间的比较,也可以是同一事物不同发展阶段之间的比较,因此,又称作历史比较法。比如,我们要研究某一城市的结构和功能布局情况,就可以把该城市的结构和功能布局现状和历史上不同时期的该城市的结构和功能布局进行比较,从而发现这一城市的结构和功能布局的历史沿革和发展演变。

3. 理论与事实比较法

理论与事实比较法就是把某种理论观点与客观事实进行比较的方法。在调查研究中,我们除了对客观事实进行比较之外,还可以将理论观点、研究假设与客观事实比较,看看两者是否符合。理论与事实的比较过程,实质上是用客观事实检验理论和研究假设的证实或证伪过程,因此理论与事实比较法也就是检验理论和发展理论的方法。比如,在对生态城市的规划建设研究中,可以将生态城市规划建设的理论体系与生态城市建设实践的典型事实进行比较,从而科学地检验和发展生态城市规划与建设理论。

(二)系统分析法

所谓系统,是由各种构成要素按照一定方式联结在一起的具有特定性质和功能的统一整体。系统论是研究现实系统或可能系统的一般性质和规律的理论。系统分析法,就是运用系统论观点分析社会现象的思维方法。

运用系统分析法研究社会现象,应从以下几个方面展开。

①分析系统的构成要素。正确分析社会系统的构成要素,深入研究各个要素的特点,注意在要素与系统的相对关系中,从总体上把握要素的内涵和外延。

②探究系统的内在结构。所谓结构,是构成系统诸要素所固有的相对稳定的组织方式或联结方式。在社会研究中,运用系统分析方法研究社会现象,绝不能把系统等同于其构成要素的简单总和,而必须在研究其构成要素的基础上进一步把握社会系统的内在结构。

③揭示系统的整体性质和整体功能。整体性原则是系统分析法的实质和核心。在系统的构成要素和内在结构基本相同的条件下,系统的整体性质和整体功能主要取决于系统内部的自我协调和自我控制能力。运用系统分析法研究社会现象,必须在研究系统构成要素与内部结构的基础上,进一步研究它的施控系统和受控系统的状况和整个系统自我协调、自我控制的实际能力。只有这样,才能对系统的整体性质和整体功能做出正确的判断。

④探究系统的外部环境。环境是指系统周围的各种外部条件的总和。任何系统都处于一定的环境之中,并与之发生一定的联系。社会系统所处的外部环境是多种多样、复杂多变的。一定数量和素质的人口,一定的地域范围、区位条件、自然资源和生态环境,一定的生产方式、经济结构和状况,一定的经济体制、政治制度和社会组织,一定的文化传统、意识形态和心理特征,一定的生活方式、行为习惯和社会习俗等,都是社会系统不能脱离的外部环境,都是社会研究要探究的可能对象。

(三)结构-功能分析法

结构-功能分析法就是运用系统论关于结构与功能相互关系的原理来分析社会现象的思维方法。其主要内容是:结构分析法、功能分析法、黑箱方法、灰箱和白箱方法。

1. 结构分析法与功能分析法

系统结构是指系统内部诸要素之间的联系方式,系统功能是指系统与外部环境相互联系、相互作用的能力。二者的关系是：结构说明系统内部的联系和作用，功能说明系统外部的联系和作用，结构决定功能，功能反作用于结构并在一定条件下引起结构的变化。结构分析法就是通过剖析系统内在结构来认识系统特性及其本质的思维方法，又称作"内描述方法"，是一种静态研究方法。功能分析法是通过系统与环境之间"输入"和"输出"的关系来判断系统内部状况及其特性的思维方法，又称作"外描述方法"，是一种动态研究方法。两种分析方法，可以单独使用，也可以结合起来使用。

2. 黑箱方法、灰箱和白箱方法

按照对系统内部结构和状态的了解程度，可以把现实的系统分为三种类型，即黑色系统、灰色系统和白色系统，人们通常称之为黑箱、灰箱和白箱。所谓黑箱，是指人们对其内部结构和状态完全不了解或不可能直接了解的系统。黑箱方法就是通过环境与黑箱之间输入、输出的变换来认识黑箱系统的方法，它实际上是完全的功能分析法。所谓灰箱，是指人们对其内部结构和状态的一部分有所了解或可能了解、对另一部分则尚未了解或不可能直接了解的系统。灰箱方法就是把对灰箱内部状况的部分了解和环境与灰箱之间输入、输出的变换结合起来认识灰色系统的方法，它实际上是不完全结构分析法和不完全功能分析法的结合。所谓白箱，是指人们对其内部结构和状态已经全部了解或可能全部了解的系统。白箱方法就是把对白箱内部状况的了解和环境与白箱之间输入、输出的变换结合起来认识白色系统的方法，它实际上是一种完全结构分析法和完全功能分析法的结合，是真正意义上的结构-功能分析法。

在城市社会学研究的理论分析法中，除了上述方法外，还包括矛盾分析法、因果关系分析法等社会研究领域常用的分析方法。

四、因子生态分析法

因子生态分析法，作为统计分析方法的特殊应用形式，在城市研究工作中占有十分重要的地位。

因子生态分析法流行于 20 世纪 60 年代，主要用于城市空间系统诸要素的关系分析、城市空间的整体评价和最优化选择，是度量城市空间结构（尤其是居住结构）差异的基本方法之一，因此大多数的变量围绕着居住分异强度和居住分布空间格局的测算而设置，只是不同的城市和地区在变量选取和统计方法的确定上略有差别和出入。

所谓因子生态分析法，是指借助于多个可量化、可图示、可表现在其他变量中的因素，描述城市社会群体变量关系和变化格局的方法。其原理是调查可得 n 个基本空间单元的 p 个社会变量（如经济、住房、人口等），将这些调查数据组成一个 (n, p) 矩阵，采用因子分析模型将 p 维数据矩阵 (n, p) 变换为 $r(r < p)$ 维（因子）的矩阵

(n,r),通过从原始矩阵中消去线性相关的冗余信息,使得这 r 个因子包含了原始数据的大部分统计信息。因子生态分析法作为度量城市空间差异的主要方法之一,在分析社会、经济、人口和居住特征的关系时,起到了归纳总结的作用。

(一)因子生态分析法的操作步骤

第一步,分析区域概况,界定研究问题,选择基本统计单元;

第二部,选取影响因子,设定变量条件;

第三步,数据变换以消除次要因素的干扰;

第四步,进行标准化处理,确保所有的数据拥有统一的度量单位;

第五步,建立相关的系数矩阵,进行变量间的相关度量,其中以皮尔逊积矩相关系数最为普遍;

第六步,选择和确定适宜的统计分析方法,主成分分析法或标准的因子分析法;

第七步,主成分或因子轴的旋转,一般选择正交旋转,以使因子载荷矩阵承载尽可能多的原始信息;

第八步,根据因子得分完成对变量的分类,类别数量的选择依具体情况而定;

第九步,空间描述,总评结果。

(二)因子生态分析法案例简介

为了研究芝加哥都市区社会区域生态结构的形成和制约因素,地理学家瑞斯(Rees)从芝加哥市选取了 1324 个统计区作为研究单元,通过筛选选择了 12 个变量进行因子生态分析。变量包括教育程度、职业类型(白领阶层、蓝领阶层)、收入水平(高、中、低)、年龄结构(成年、未成年)、家庭规模、种族状况、住房质量和住房成新度等。经过数据处理分析得出各因子相关系数组成的芝加哥都市区生态因子结构分析表(见表 2-6)。

表 2-6　芝加哥都市区生态因子结构分析表(相关系数表)

变　　量	社会经济地位	家庭地位	种族和籍贯	社会区域
中学以上	0.920	−0.011	−0.048	0.850
白领工人比例	0.846	−0.220	−0.203	0.805
家庭收入逾 1 万美元的比例	0.771	−0.096	−0.484	0.837
达年收入中值的比例	0.746	−0.059	−0.510	0.820
1950 年后建成的住房比例	0.697	0.434	−0.168	0.702
家庭收入不足 3000 美元的比例	−0.646	−0.167	0.597	0.802
一般住房比例	−0.627	−0.197	0.488	0.670
失业人口比例	−0.618	0.035	0.566	0.705

续表

变　量	社会经济地位	家庭地位	种族和籍贯	社会区域
家庭人口数	0.032	<u>0.928</u>	−0.045	0.864
低于 18 岁的人口的比例	−0.133	<u>0.867</u>	−0.064	0.733
高于 65 岁的人口的比例	−0.102	<u>−0.847</u>	−0.241	0.786
黑人比例	−0.277	0.172	<u>0.876</u>	0.848
解释变量(检验值)	37.3	22.3	19.3	

表中画线部分表示两变量显著相关,从中可以看出:社会经济地位与白领工人比例、中等以上教育程度、家庭高收入、中等年收入、较新的住房呈正相关,而与家庭低收入、一般住房、失业人数等呈负相关。结论表明,芝加哥都市区社会区域人群的社会经济地位高低取决于职业性质、接受教育程度、收入水平和房产状况等因素。家庭地位与家庭人口数及 18 岁以下人口比例呈高度正相关,与 65 岁以上老年人口比例呈负相关,老龄人口的家庭地位往往不高,成为芝加哥都市区重要的社会问题之一,标志着老龄化问题日趋严重。种族与籍贯基本与黑人数目呈明显正相关,表明该区有黑人聚居区存在。

(三) 因子生态分析法的缺陷

采用因子生态分析方法研究城市居住分异结构表现出一定的缺陷:采用该方法展开的各项研究之间往往缺乏统一的评定标准,导致各结论之间缺乏横向比较的可能性和清晰性;不同因素和变量的分析可能会对研究结论施加不同的影响,包括不同类型的正交和斜交的影响,甚至同类因素和变量的分析也会因问题不同而产生不同的结果;该方法在应用上偏重于描述型的分析,比较忽视对内在机制和动态演化过程的剖析。

五、社会区域分析法

社会区域是指大小不同、有居民生活的地理单位。社会区域研究分属三个流派:社会区域的结构和动态研究、社会区域作为自变量或因变量的研究与选择社会区域生活的某些侧面进行研究。古典社会区域研究侧重于社会区域的结构和动态研究。

(一) 社会区域分析的主要指标

不同的社会区域具有不同的产生根源,表现出不同的特征,如城市贫困人口组成的贫困区、城市富裕阶层组成的富人区等,因此社会区域的分析往往引用两类指标:社会区域隔离指标和社会区域发展指标。

1. 社会区域隔离指标

社会区域隔离指标主要用来反映社会分异程度的不同及不同社会区域的特征，可以通过隔离指数来表示：

$$S = \sum_{i=1}^{n} |x_i - y_i| / 2$$

式中 x_i ——在某类特定子群中，生活在理想单元 i 中的比例；

y_i ——剩余的各类人口中，生活在理想单元 i 中的比例；

S ——两个群体的居住隔离程度，其取值为 0～100，其中 0 表示两个群体按人口比例均匀分布，100 表示完全隔离。

理想单元通常指街区或人口普查的基本统计单元。计算出隔离指数后，可以划定不同的社会区域，并分析其生态特征和分异程度，尤其是特定子群的隔离程度。比如一座城市被划分为 4 个统计单元，以贫困人口为特定子群，可以测算相关的隔离指数，如表 2-7 所示。

表 2-7　隔离指数的测算示意

统计单元	贫困人口比例/(%)	剩余人口比例/(%)	绝对差异	各单元隔离指数
1	60	20	40	20
2	20	20	0	0
3	5	35	30	15
4	15	25	10	5

经过测算，该城市的总体隔离指数＝(40＋0＋30＋10)/2＝40，各统计单元的隔离指数也各不相同。一般来说，隔离指数越高，表明该特定子群的隔离程度越高。由表 2-7 可知：贫困人口在单元 1 中生活最为集中，而剩余人口在单元 3 中集聚程度最高，于是，可以将这两个单元划分为不同类型的社会区域。

2. 社会区域发展指标

隔离和分异状态的现实存在，作为社会同化状态的一种补充，往往也是推动社会走向新一轮同化的起点和动力所在。所谓同化，就是个体(群体)之间或是不同的社会区域之间差别逐步消失的持续互动过程，它可以持久地减少或消除冲突和分异，为整个社会带来文化、规范、参与、功能等方面的积极整合。Bola(1976)的研究认为，城市社会区域具有四大功能：防御功能(排除异己，强大自我)、免疫功能(拥有个体融入大社团的入口)、维持功能(保留自身文化遗产并传承下去)和攻击功能(主动攻击和参与竞争)。

(二) 社会区域分析的方法

赛克(Shevky,1949)和拜耳(Bell,1955)认为，社会区域分析只是针对局部区域展开的，不能代表整个社会，因此要完整地反映和代表整个城市的社会生活特征必须根据社会总体的特性来获得资料。

现代社会的规模、结构以及社会成员关系与以往相比发生了深刻变化,形成了社会分异的新格局。因此,对于现代城市分异状况的研究,通常采用如下三项生态因素:经济地位、家庭地位和人种地位(或隔离)。三种因素又可以通过 6 个不同的变量加以衡量(见图 2-2)。

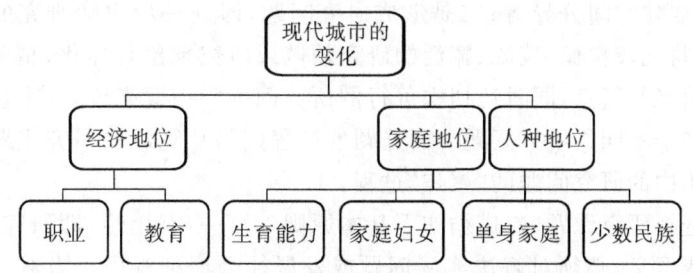

图 2-2　社会区域分析的生态因素与变量

资料来源:吴晓,魏羽力.城市规划社会学[M].南京:东南大学出版社,2010:224.

社会区域分析的基本步骤如下。

第一步,把城市人口划分为大致相等的若干统计单元——街区或人口普查区;

第二步,用确立的社会区域变量对各区进行统计测算;

第三步,分析测算结果。

两个普查区的得分越接近,说明两个社会区域在社会结构、生产方式、人口构成等方面的特征也越相似,反之则意味着社会区域之间的差异越显著。

社会区域分析的技术方法很多,如聚类分析、主成分分析、因子分析、回归分析、相关分析等。应用原理相同,只在具体的分析处理过程存在一些差异,应根据社会区域的特征选择使用。

第四节　城市社会学研究的基本程序

作为一种系统的、科学的认识活动,城市社会学研究遵循逻辑规律,形成了一套相对固定的研究程序。研究过程可以分为五个阶段:研究问题的选择、研究前的准备、研究方案的设计、资料的收集与分析和研究报告的撰写。

一、研究问题的选择

选择研究问题是一项社会研究活动的起点,是整个研究工作的第一步。研究问题一旦确定,整个研究活动的目标和方向也就随之确定。爱因斯坦曾说过:"提出一个问题往往比解决一个问题更重要,因为解决一个问题也许仅是一个数学上的或实验上的技能而已。而提出新的问题、新的可能性,从新的角度去看旧的问题,都需要有创造性的想象力,而且标志着科学的真正进步。"①因此,研究问题选择得如何,在一定程度上决定着整个研究工作的成败,决定着研究成果的好坏优劣。

选题阶段的主要任务包括两个方面:一是选取研究主题,即从现实社会中存在的大量现象、问题和领域中,根据研究者的兴趣、需要与动机确定一个研究主题,比如社区变迁、居住空间分异等;二是形成研究问题,即进一步明确研究的范围,集中研究的焦点,将比较含糊、笼统、宽泛的研究领域或研究现象具体化、精确化,将其转化为既有价值又有新意,同时还切实可行的研究问题。一般来说,一个研究主题中,可以包含许多个不同的研究问题。而选题的过程则是从宽泛的研究主题开始,逐步缩小到更为集中的研究问题的"聚焦"过程。

正确地选择研究课题,应遵循如下基本原则。第一,有用性,即研究问题必须具有某种价值或意义,必须对解决实际问题或发展社会理论有用。当然,其有用性可大可小。第二,科学性,即研究问题必须在科学理论的指导下,遵循科学的世界观和方法论来研究。第三,创新性,即研究问题必须具有与众不同的特点,能够在某些方面提供新的东西,而不是重复别人的研究。第四,可行性,即研究者必须具备进行或完成某项研究课题所需的主、客观条件,否则,无论多么有价值、多么有新意的选题,都只能是"伟大的空想"。

二、研究前的准备

在选定研究问题之后设计研究方案之前,必须做一些准备性的工作。

(一) 进行初步探索

初步探索的主要目的是为正确解决研究问题探寻可供选择的方向和道路,为设计研究方案提供可靠的客观依据。

初步探索的方法主要有三种:查阅文献、咨询和实地考察。查阅文献一般要求对所研究课题的有关文献,作尽可能全面、详尽的考察,并收集可引用或可借鉴的各种资料,以备研究中参考和使用。咨询是选择与研究问题相关的对象进行广泛的询问、请教,咨询对象既包括理论水平较高的专家,又包括实践经验丰富的实际工作者,特别是不同地位、不同观点、不同视角的人的不同看法,都应虚心倾听、客观评价。实地考察是深入到研究对象的身边,通过实地踏勘、个别访谈会等方法了解实际情况。实地考察应选择有代表性的地区、单位或个人作为考察重点。在实地考察中,要努力把调查与研究结合起来,把提出问题与研究解决问题的方法结合起来,把虚心学习与大胆探索结合起来,才能逐步形成自己的研究思路,逐渐提出自己的研究假设。

---

① 爱因斯坦,英费尔德. 物理学的进化[M]. 上海:上海科学技术出版社,1962.

（二）提出研究假设

假设亦称假说，它是对未知的社会现象或社会现象之间的关系所做的、尚未经过实践检验的假定性设想或说明。研究假设是与研究问题相关的某种设想或判断，它的提出不是纯主观的推测，而必须以一定的客观事实为依据，以一定的科学理论为指导，必须可以被实践证实或证伪。因此，一定的客观性、科学性和可检验性是研究假设的基本要求。

研究假设作为设计研究方案的指南和搜集调查资料的向导，是整个社会研究工作的关键环节。从一定意义上说，在此之前的各项工作，都是为了建立研究假设；在此之后的各项工作，则是为了证实或证伪研究假设。假设有描述性假设、解释性假设和预测性假设三种形式。

（三）操作化

操作化是对研究假设进行进一步的具体化、条理化的过程。其功能是明确为了说明概念，进而检验假设而需要收集哪些方面的资料。

操作化过程分为两个阶段：界定概念与选择测量指标。界定概念是指对研究假设中涉及的概念，明确其内涵和外延，廓清边界。选择测量指标是在界定概念的基础上，选择能够有效测量概念的若干个指标作为收集资料的依据。通过操作化的过程，我们可以将抽象的概念转化为一组具体的、可操作的经验指标。

三、研究方案的设计

研究方案是按照研究课题的目的和任务，预先制订的工作计划，它是对研究课题的目的、性质、研究方式、研究假设、研究过程和研究方法的详细说明，是研究工作的操作指南。

研究方案的主要内容如下。

1. 研究目的与性质确定

根据研究目的不同，城市社会学研究可分为描述性研究、解释性研究、预测性研究、评价性研究和对策性研究。描述性研究是以科学的语言准确地描述出所研究现象或事物的总体特征及分布，使人们能对该现象或事物形成清晰、完整的认识，明确社会现象"是什么"。解释性研究是在描述的基础上，揭示社会现象或事物发展变化的因果关系，解答社会现象"为什么"。预测性研究是在描述与解释的基础上，对社会现象或社会问题的未来变化做出推断。评价性研究是比较和评价各种社会现象、社会政策或社会行动，分析其后果与影响，看是否合乎人们的需要和预期目标，是否合乎社会发展的价值标准和客观要求。对策性研究是寻找解决实际问题的具体方案和措施，以应用为目的。

研究课题按照性质划分可分为理论性研究、应用性研究和综合性研究。理论性研究主要是通过对社会现象和问题的调查来检验和发展社会理论,其主要目的是发展理论,包括对经验研究的理论概括和对已有理论的检验、批判或发展。应用性研究主要侧重于对社会现实问题的研究,主要目的是提供对现实社会问题的科学解释或为改善社会状况、解决社会问题提供指导。理论性研究与应用性研究的区别不是绝对的,有的研究既有应用的效果,又有理论上的发展,应用与理论相结合就称为综合性研究。

2. 研究方式选择

任何研究都必须采取一定的方式和方法展开,而采取何种方式与方法由研究的目的,研究对象的范围,研究的人力、物力和时间等因素决定。

3. 调查表设计

调查表是用来收集资料的表格,包括问卷、观察量表、访谈提纲、文献记录单等,它是操作化结果的体现,是具体确定应收集哪些资料的体现。

4. 实施计划制定

对于较大型的研究课题来说,研究工作往往需要不止一个研究者的共同努力才能完成。因此,在研究方案设计中,必须对研究课题的组成人员及其在研究中所承担的任务进行全盘考虑,明确分工,制定相应的组织管理办法。其主要包括以下几个方面:首先,选训调查员,从性格、工作作风、文化水平、责任心等方面认真挑选调查员,并对调查员进行调查目的、调查表格讲解、调查纪律、模拟访问等方面的认真培训。其次,调查过程的控制安排,针对调查结果的审核、记录、清理工作应明确分工,严格监督。最后,确定时间进度及经费使用计划,每一阶段所分配的时间与经费要合适,还要留有一点余地。

5. 试调查

在进行实地的调查之前,应在一定范围内对研究对象做一次小规模的试调查,以检验调查表是否表述清晰、内容完整,并根据发现的问题进一步修改。

四、资料的收集与分析

城市社会学研究的资料收集方法有各种不同的形式,每一种具体的资料收集方法都有其特定的优点和不足,它们分别适用于不同的条件。研究者应依据多种因素综合考虑,比如研究总体的性质、研究的目标和重点、研究课题完成的时间要求,以及人力、物力是否充足等,以选择出适合的方法。而资料的整理与分析方法,同样要紧密结合研究课题的目标、研究资料的内容和要求来进行选择。

五、研究报告的撰写

撰写研究报告就是以文字、图表等形式将研究的过程、方法和结果表现出来,其目的是告诉读者,对于所研究的问题是如何进行研究的,取得了哪些结果,这些结果对于认识和解决这一问题有哪些理论意义和实际意义等。它是整个研究过程的最后环节,是研究成果的集中体现。研究报告撰写得好坏,将直接影响到社会研究成果的交流和这一成果的社会价值。

研究报告根据不同的标准,有不同的分类。按照研究报告的性质,分为定量研究报告与定性研究报告;按照研究报告的阅读对象不同,分为学术性报告与应用性报告;按照研究报告的性质和主要功能的不同,分为描述性报告与解释性报告等。每一种类型的报告都有不同的撰写要求与风格特征,如定量研究报告强调数据资料的统计分析,数量化、表格化、逻辑性强是其主要特征,而定性研究报告注重文字描述,没有严格的规范结构和固定格式,主观色彩较重等。研究者应根据研究目的及任务,选取适当的报告形式来呈现研究结果。

规范的研究报告往往有比较固定的格式,尽管用于不同目的、不同场合的研究报告在形式上会有若干细小差异,但大体上,研究报告都是从所探讨的问题开始,到研究所得到的结论和意义结束。研究报告在结构上通常包括标题、摘要、主体、小结、参考文献和附录几个部分。

1. 标题

标题就是研究报告的题目,要能够概括报告的主要内容,要能够简明地表达报告的主旨,要具有新鲜感、吸引力和感染力,从而引起阅读者的兴趣。

2. 摘要

摘要是对调查报告主要内容的提炼和归纳,一般会对研究的目的、对象、方法、主要内容和结论等做出简要介绍。通常情况下,还需要列出关键词。

3. 主体

主体一般采取三段式结构,分绪论、本论和结论三部分。

绪论的重点是点题和研究方法的介绍。点题是说明选题的背景、研究问题及其界定、研究的目的与意义;研究方法是对研究所采用的方式方法、研究的程序和工具的说明,主要包括研究的总体及样本选择过程、研究方法的选择、研究程序和实施方式的确定。比如问卷调查的抽样方法、访谈对象的选择方法等。

本论作为研究报告的核心部分,是对研究成果的全面阐述。有两种叙述方法:一是提出论题,列举材料,归纳得出论点;二是提出论题,交代论点,列举材料说明论点。

结论的重点是通过分论点的二次归纳,形成总论点。若属于应用研究,还需要提出相应的建议或对策等。

4. 小结

小结一般应包括本研究的研究特色、创新点,研究中存在的不足及需要进一步展开的研究方向等。

5. 参考文献

参考文献应准确列出文中引用的文献、数据、论点和材料的出处。

6. 附录

附录处在调查报告的最后,是报告中没有包含但是又需要进行说明的情况和问题。一般包括研究过程中所使用的调查表、量表,计算公式和统计用表,调查指标和专业术语的解释说明等。

思考题

1. 论述城市社会学研究方法体系的构成。
2. 比较问卷法与访谈法的异同及适用条件。
3. 概述观察法的操作技巧。
4. 概述城市社会学研究的资料分析方法。

推荐阅读书目

[1] 顾朝林.城市社会学[M].2版.南京:东南大学出版社,2013.

[2] 袁方.社会研究方法教程[M].重排本.北京:北京大学出版社,2013.

[3] 江立华,水延凯.社会调查教程[M].7版.北京:中国人民大学出版社,2018.

[4] 风笑天.社会研究方法[M].5版.北京:中国人民大学出版社,2018.

[5] 李和平,李浩.城市规划社会调查方法[M].北京:中国建筑工业出版社,2004.

[6] 艾尔·巴比.社会研究方法[M].邱泽奇,译.11版.北京:华夏出版社,2018.

第三章 城市社区与城市化

第一节　城市社区的概念

一、社区

(一) 社区的含义

社区(community)是进行一定的社会活动、具有某种互动关系和共同文化维系力的人类群体及其活动区域。也有人强调"共同体"这一人群要素,如《中国大百科全书·社会学卷》认为社区通常指"以一定地理区域为基础的社会群体"。社区一般包含以下四层含义。

第一,社区总要占有一定的地域,如村落、集镇等,其社区形态存在于一定的地理空间中。然而,社区之"区"并不是纯粹的自然地理区。从社会学的角度看,这个"区"乃指一个人文区位,是社会空间和地理空间的结合。在同一地理空间可以同时存在许多社区。如北京这个地理区域上就同时存在着城市社区、乡村社区、工业社区和文化社区等。

第二,社区的存在总离不开一定的人群。人口的数量、集散疏密程度以及人口素质等,都是考察社区人群的重要方面。

第三,社区中共同生活的人们由于某些共同的利益,面临共同的问题,具有共同的需要而结合起来进行生产和其他活动。在此过程中产生了某些共同的行为规范、生活方式及社区意识,如共同的文化传统、民俗、归属感等。它们构成了社区人群的文化维系力。

第四,社区的核心内容是社区中人们的各种社会活动及互动关系。人们在经济的、政治的、文化的各项活动和日常生活中产生互动,形成了各种关系,并由此聚居在一起,形成了不同形态的社区。

(二) 社区与社会的区别

社区与社会既有联系又有区别。从社区定义的外延看,社区可被看作地区社会,一般说来,它是作为社会的一个部分而存在的。不过从社区概念的内涵看,两者有着明显的区别。

第一,社会中的各种关系尽管纷繁复杂,但并不强调"共同",而社区则十分强调共同的亚文化和共同的社区意识等。

第二,社会不注重地域的概念。所谓的社会空间,通常是指人们活动的内容范围以及活动在其中的社会组织;社区空间则不同,它是社会空间与地理空间两者的结合,既为社区中人群的活动提供了组织空间网,也为此提供了地理的活动区域。

第三,社区中的各种关系比社会的关系更紧密。与社会相比,同一社区内的人们交往频率更高,而且,人们之间的婚姻和亲属关系、朋友关系、分工关系等通常是建立在"共同生活"基础上的。在此意义上,"共生"程度的差异可以说是社区联系较社会更紧密的重要原因之一。

第四,社区的功能与社会相比具有更为明确和专门化的特征。如城市社区通常是社会中的一个经济、政治、文化中心,它向社会提供大量工业产品,而农村社区则主要为社会提供农副产品。从社会结构上看,社区总是作为社会的一个组成部分而存在的中观体系,社会中的人总是生活在一种甚至几种相互交织的社区内。人类在创造历史的同时也创造了他们的社区生活。

二、城市社区

(一) 城市社区的概念、类型和特点

1. 城市社区的概念

在社会学中城市社区是指与农村社会和城镇社区相对应的一种社区类型,是指在特定的区域内,由从事各种非农业劳动的密集人口组成的社会。20 世纪 80 年代

以来,人们开始在现实生活中接触到"社区"概念。我国的街道办事处、居民委员会的辖区以及各种单位大院、居民小区等都被冠以"社区"的称呼。城市社区是城市中的社区,是指城市中的一定地域内发生各种社会关系和社会活动,有特定的生活方式,并且具有归属感的人群所组成的一个相对独立的社会实体。

城市社区的构成要素主要包括:①有一定的地理位置和范围;②有着众多的异质性居民,他们可能属于不同的民族,有着不同的语言、文化和生活方式,城市中的居民从事不同的职业,具有一定的社会分工;③有一定的经济活动,城市是商业活动的中心;④集居的居民有着某种共同的利益、兴趣和凝聚力;⑤人们相互交往、从事相互依存的社会活动,共同维持正常的社会秩序。

中国城市社区概念的提出比较晚。在传统的计划经济体制下,为了顺利地从社会提取资源,国家包揽了城市生活的各个方面,行政权力直达社会基层,社区的概念异常模糊或者说根本就不存在。随着社会体制改革的进行,原有体制被打破,单位制也逐步瓦解,特别是随着城市化的不断推进,城市社区成为接纳社会成员的永久性场所,社区在城市发展中的作用日益显现,社区建设与社区发展也最终被提上了政府管理的日程。我国的城市社区与西方根据自然环境和人文环境自然而然产生的社区是不同的,它是政府改革的产物,因而它在很大程度上是国家行政区划的结果。

与城市社区相对应的是农村社区。农村社区是指居民以从事农业生产为主要谋生手段的区域社会。它有别于城市社区的主要特点是:①人口密度低、同质性强、流动较少;②经济活动简单;③风俗习惯和生活方式等受传统势力影响较大;④组织结构简单,职业分工远不如城市复杂;⑤家庭在生活中起着重要作用,血缘关系浓厚,人际关系密切。农村社区是一个比自然村落、社队村组体制更具有弹性的制度平台。它围绕如何形成新型社会生活共同体而构建,注重通过整合资源、完善服务来提升人们的生活质量和凝聚力、认同感。故农村社区可界定为具有广阔地域、居民聚居程度不高、以村或镇为活动中心、以从事农业为主的社会区域共同体。

2. 城市社区的类型

从地域特征和管理角度来看,城市社区主要有三大类。

①法定社区,主要是指具有法定地位,其界限可明确标示在地图上的社区,尤其是指街道办事处、居民委员会两级辖区。这两级辖区的划分分别以《城市街道办事处组织条例》和《城市居民委员会组织法》为依据。

②自然社区,是指人们长期共同生产生活或按照自己的意愿选择而形成的聚集区,如各种住宅小区、居民小区和新村,以及城市化的村落等。

③功能社区,是指由于人们从事某些专门的活动而在一定地域上形成的聚集区。一所大学、一座军营、一个单位大院等都可以是一种功能社区。这种社区一般都具有自己独特的文化和生活方式,社区成员职业结构简单,同质性较高,对社区具有明显的归属感和认同感。

三种类型社区的界限有时是重合的,有时是交错的。由于社区之间的联系日益密切,各种活动越发频繁,人口流动日渐增强,社区的边界也变动不定。因而,对社区的管理也不断地发生变化。

3. 城市社区的特点

城市社区是相对于农村社区来说的,二者有着天然的普遍联系,但又有许多差异。城市社区的特点主要是:①人口高度集中,密度大;②生产力水平高,商品经济发达;③经济、政治活动集中,金融、信贷、商业贸易、科学技术、文化、信息、服务等系统综合功能强;④社会结构复杂,社会群体活跃;⑤人际关系由血缘关系和地缘关系转向业缘化,官僚制普遍推行;⑥社会服务机构齐全,家庭的经济、教育等功能明显削弱;⑦社会流动性大,个人地位和角色易变;⑧个人社会化程度高,个性得到较全面的发展;⑨社会控制主要依靠正式机构和法律;⑩生活方式多样,生活节奏快,紧张压迫感强;⑪社会问题呈"急性"状态,彼此因果制约性强。这些特点在不同的国家和地区有不同程度的表现。随着城市化的发展及城市与乡村差别的逐渐缩小,城市社区的特点将逐渐渗透到农村社区。

(二)国家统计上划分城乡的规定

我国分别于 1953 年、1964 年、1982 年、1990 年、2000 年、2010 年、2020 年共进行了七次全国人口普查,而这七次人口普查中关于城乡的划分标准也是逐渐变迁的。我们以国家统计局网站的最新规定来说明城乡划分标准。

统计上划分城乡的规定

(国务院于 2008 年 7 月 12 日国函[2008]60 号批复)

一、为了科学、真实地反映我国现阶段城乡人口、社会和经济发展情况,准确评价我国的城镇化水平,制定本规定。

二、本规定作为统计上划分城乡的依据,不改变现有的行政区划、隶属关系、管理权限和机构编制,以及土地规划、城乡规划等有关规定。

三、本规定以我国的行政区划为基础,以民政部门确认的居民委员会和村民委员会辖区为划分对象,以实际建设为划分依据,将我国的地域划分为城镇和乡村。

实际建设是指已建成或在建的公共设施、居住设施和其他设施。

四、城镇包括城区和镇区。城区是指在市辖区和不设区的市,区、市政府驻地的实际建设连接到的居民委员会和其他区域。镇区是指在城区以外的县人民政府驻地和其他镇,政府驻地的实际建设连接到的居民委员会和其他区域。

与政府驻地的实际建设不连接,且常住人口在 3000 人以上的独立的工矿区、开发区、科研单位、大专院校等特殊区域及农场、林场的场部驻地视为镇区。

五、乡村是指本规定划定的城镇以外的区域。

六、本规定由国家统计部门负责解释。

七、本规定自 2008 年 8 月 1 日起施行。

(资料来源:国家统计局)

国家统计局统计指标中也对市镇总人口和乡村总人口进行了界定,其定义有两种口径。

(1) 第一种口径(按行政建制)

市人口:市管辖区域(含市辖镇,不含市辖区县)内的全部人口。

镇人口:县辖镇(不含市辖镇)的全部人口。

县人口:县辖乡人口。

(2) 第二种口径(按常住人口划分)

市人口:设区的市的区人口和不设区的市所辖的街道人口。

镇人口:不设区的市所辖镇的居民委员会人口和县辖镇的居民委员会人口。

县人口:除上述两种人口以外的全部人口。

1952—1980 年数据为第一种口径的数据,1982 年以后的数据为第二种口径的数据。

第二节　城　市　化

一、城市化的含义与标准

(一) 城市化的含义

学术界对城市化的研究已有几十年的历史,但城市化的定义还是一个有争议的问题,缺乏一个统一完整的解释。人们研究的领域不同、角度不同,给城市化的界定也五花八门。大体上,城市化可以从人口学、经济学、地理学和社会学四个方面去理解。

人口学把城市化定义为农村人口转化为城镇人口的过程,其所说的城市化就是人口的城市化,指的是"人口向城市地区集中或农业人口变为非农业人口的过程"。

经济学从工业化的角度来定义城市化,即认为城市化就是农村经济转化为城市化大生产的过程。在现在看来,城市化是工业化的必然结果。一方面,工业化会加快农业生产的机械化水平,提高农业生产率,同时工业扩张为农村剩余劳动力提供了大量的就业机会;另一方面,农村的落后也会不利于城市地区的发展,从而影响整个国民经济的发展。而加快农村地区工业化大生产,对于农村区域经济和整个国民经济的发展都有积极意义。

地理学所研究的城市化是一个地区的人口在城镇和城市相对集中的过程。城市化也意味着城镇用地扩展,城市文化、城市生活方式和价值观在农村地域扩散。

社会学对城市化的研究,不仅从人口角度、经济角度、地域景观角度,而且从城市与社会的相互作用方面探讨人口集中、地域转化的深层社会原因。从社会学角度看,城市化就是一个国家或地区的人口由农村向城市转移、农村地区逐步演变成城市地区、城市人口不断增长的过程。在此过程中,城市基础设施和公共服务设施不断完善,同时城市文化和城市价值观念成为主体,并不断向农村扩散,此外农村中城市特质的增加也属于城市化。

城市化过程包括相互联系、相互作用的如下四个方面。

1. 人口集中

城市化首先表现为人口由农村向城市集中。人口城市化按两种方式进行,一种是人口集中场所的扩大,另一种是每个场所人口集中过程的强化。城市化作为一种人口集中的空间过程,包含两个方面的内容:一是农村人口向城市集中,导致城市人口数量增加,城市人口占总人口的比例不断上升;二是城市人口的自然增长与机械增长。人口集中作为城市化的表征,它的速度与比例从数量上反映了城市化的水平。

2. 产业转型

从经济地理的角度看,城市是第二、第三产业构成的特有经济空间,城市化是第二、第三产业生成、集聚和发展的过程。第二、第三产业的发展带来了人口的聚集,加强了生产的社会化和专业化,改变了地域景观,造就出城市性聚落的面貌。在城市内部(市区),经济区位的空间配置不断向更高效率的形态发展;在它的外围(郊区),农业区位或者被取代,或者向更集约化的方向发展。因此,产业转型从经济角度反映了城市化的水平。

3. 地域转化

城市化最直观的表现就是地域的变化。城市内高楼林立、工厂密布、人口稠密。我们可以轻而易举地从地域外貌上判断出城市与农村。城市化使地域景观出现了差异,使地域性质发生了变化。城市化是一个地域转化的过程。地域转化作为城市化过程的结果,它的速度和规模从形态、景观上反映了城市化的水平。

4. 生活方式变革

从社会发展的角度看,城市化的过程是新的生产方式和生活方式产生、聚集、扩散的过程。城市是先进的生产方式和生活方式的发源地。随着社会的发展,人们产生了向城市集聚的观念和行为。受城市内在拉力和农村外在推力的双重影响,人口不断地向城市集中,由此产生了新的社会结构、社会关系,产生了新的社会观念和社会行为,形成了与农村相对应的城市社会。同时,城市生活方式扩展到农村,导致农村生产方式和生活方式发生变革,社会生活向城市性状态转变。

综上所述,城市化是人口、社会经济关系、地域、生活方式由农村型向城市型转化的自然历史过程。这里特别强调的是,城市化是一个自然历史过程,有两个方面的意义。

首先,城市化是一个复杂的、动态的社会过程。有人认为,城市化是人口数量达到某些城市性指标的一种状态,也有人认为,城市化是地域景观达到某些城市性指标的状态。这就是说,城市化只是一种结果。如果城市化只是一种结果,那么,城市本身的发展、城市现代化以及城市内部一般地域向更繁华地域的转化就不能纳入城市化的范畴。城市化是一个过程。城市处于不断的运动与变化之中,城市化的过程本身就包含着这个过程所达到的全部结果。事实上,城市化是农村性状态向城市性状态转变的过程。城市本身的发展与现代化从属于农村性向城市性转化的总过程。这是因为,城市与农村在时间上和空间上是衔接的、渐变的、连续的,即使进入了城市性状态,城市也在不断地发展变化着。而且,城市是先进的生产方式和生活方式的发源地,先进的生产方式和生活方式总是从城市产生,然后逐渐向周围地域辐射、扩展和推移的。从这个意义上讲,城市化不仅是对城市状态的静态描述,也是对城市发展的动态考察。城市化是一个不断运动、变化的过程,城市本身的发展以及城市的现代化属于城市化的总过程,而且是城市化过程的扩展源。

其次,城市化是社会发展的必然趋势,且城市化有自身的规律。人们既不能阻挡城市的发展,也不能人为地使城市超越某个必经的发展阶段。认识城市发展的规律,就能避免或减少主观随意性,把握城市发展的本质,并在此基础上发挥人的主观能动性,更好地规划、建设城市。

（二）城市化的起点

城市化是一种历史现象,它必然有一个起点。城市化到底是从什么时候开始的呢？对此有两种观点,一种观点认为,自城市产生就开始了城市化运动,城市产生之日就是城市化开始之时;另一种观点认为,城市化是近现代城市的成长过程,城市化始于工业革命。我们认为,城市化作为一种社会历史现象,与城市的历史过程不是同一个概念。城市化是指城市在数量、规模、形态、内容和性质等方面发生急剧变化,导致人口集中、地域转化、产业转型、生产方式和生活方式变革的过程。这种变化是人类由农业社会进入工业社会时开始的。进入工业社会,城市才成为主要的、占统治地位的社会聚落形式。

在工业革命之前,城市虽然已经有四千多年的历史,但发展速度相当缓慢,到1800 年,全世界城市人口占总人口的比例只有 3％左右。产业革命冲破了自给自足的自然经济的桎梏,以集中的、现代化的大生产代替了以手工业为主要形式的分散的小商品生产,促进了社会生产力的高度发展,城市在数量、规模、布局、形态等方面发生了根本性的变化,得到了空前的发展。因此,城市化是以产业革命引起的世界城市数量和性质的根本性变化为开端,不断地向深度和广度推进的。

（三）城市化的指标与测度

城市化涉及的范围十分广泛,我们要了解城市化的进程和水平,就必须通过科学的方法进行测度。要对城市化进行测度,首先必须确定城市化的指标,建立相关的城市化指标体系。城市化的指标及测度方法主要有两种:一是主要指标法;二是复合指标法。

1. 主要指标法

主要指标法是选择对城市化表征意义最强又便于统计的个别指标来描述城市化的水平。这种指标有两个:一是人口比例指标;二是土地使用状况指标。

城市人口占总人口的比例是最常用的城市化测度指标。因为人口比例指标比土地利用指标在表达城市成长状态方面更典型、更深刻、更便于统计,城市人口占总人口的比例是说明城市化速度及水平的一个最基本、最主要的指标,世界上普遍使用人口比例指标来衡量城市化状况。城市人口占总人口的比例的计算公式如下:

$$城市化率 = \frac{城市人口}{总人口} \times 100\%$$

国际上一般认为,城市人口占全国或地区总人口的比重达到70%以上的为城市化高度发展状态;40%以上的为城市化中等发展状态;20%以下的则为城市化低水平状态。

土地利用指标是从土地性质和地域范围上测度城市化水平的一个指标。测度方法主要是统计一定时间内非城市用地(如农业、草原、山地、森林、海滩等)转变为城市用地(如工厂、商店、住宅等)的比率。城市化水平与这一比率成正比。这个指标在技术上统计比较困难,使用范围受到一定的限制。随着航空、卫星遥感技术的普及,土地利用指标的测度方法开始显示出广阔的应用空间。运用主要指标法测度城市化的速度和水平,简单明晰,通用性强,而且可以进行城市化水平的比较研究,因而成为最主要的城市化测度方法。

2. 复合指标法

复合指标法是选用与城市化有关的多种指标予以综合分析,以考察城市化的速度和水平的方法。指标一般包括人口比重、城市面积、工业产品率、年度财政收入比例、商业销售额、各类产业的人口结构、管理人口率等。通过对各项指标的综合分析,可以比较准确地测度城市化的速度与水平。

复合指标法是测度农村社区向城市社区演变的主要方法。复合指标法选取的指标多,因此更能够全面、准确地反映城市发展的各个方面,而且针对性强,与具体城市结合紧密,有利于进行深入的研究。但复合指标法主要针对具体的城市地域,通用性差,无法进行比较分析。

应用复合指标法测度城市化水平的方法很多,主要有城市成长力系数法、查英测量法、城市度法、城市魅力度法、城市民力度法等。下面我们介绍前两种主要的复合指标法。

(1) 城市成长力系数法

城市成长力系数法是日本采用的一种测度城市化水平的复合指标方法。城市成长力系数由10个分指标复合而成:①总人口;②地方财政年度支出额;③制造业从业人数;④商业从业人数;⑤工业产品生产额;⑥批发业销售额;⑦零售业销售额;

⑧住宅建筑面积；⑨储蓄额；⑩电话普及率。

选择两个时间标准，然后计算出某城市上述 10 个分指标在这两个时间标准之间的增减值，然后再以这 10 项分指标各自的全国平均值为 100，将各项分指标增减值换算成标准值，最后把这 10 项标准值进行算术平均，所得数值即为该城市的成长力系数。它可以反映一个地区的城市化水平。

（2）查英的城市化水平测度法

印度学者查英认为，确定区域的城市化水平的指标，可以归纳为四个方面：一是人口比例，即被评价区域的城市人口占所在区域总人口的百分比；二是人口密度，即城市中每单位面积的人口数；三是人口规模，即城市（建成区）的大小；四是城市之间的平均距离。城市化水平与前三项成正比，与第四项成反比。四个指标的总和反映区域城市化水平。

二、城市化的后果与对策

（一）城市化的积极意义

合理的城市化可以改善环境。例如，通过平整土地、修建水利设施、绿化环境等措施，使得环境向着有利于提高人们生活水平和促进社会发展的方向转变，降低人类活动对环境的压力。

城市作为区域发展的经济中心，能带动区域经济发展，而区域经济水平的提高又促进城市的发展；促使聚落形态、生产方式、生活方式、价值观等发生变化。

相对于自给自足的农耕文化，城市社会要求其中的成员参与明确细致的社会分工，服从并遵守严密高效的协调组织，以实现农业社会中无法实现的宏大目标。这种城市社会组织形式及其产物在向其成员——市民提供优于同时期农业从业人员所无法享受到的高质量生活（包括物质的和精神的）的同时，也要求其成员部分牺牲农耕社会中那种悠闲自得的自由。

城市化的积极意义如表 3-1 所示。

表 3-1　城市化的积极意义

项目	意义
人口转化	城市能够创造出比较多的就业机会，大量吸收乡村剩余人口。劳动力从第一产业向第二、第三产业逐渐转移
产业结构	城市化过程能够卓有成效地带动广大农村的发展，有利于改善地区产业结构
工业	城市化有助于提高工业生产的效率，工业化使城市化获得持续推进的动力
科技	科学技术的进步和信息化的推进，使现代化大城市成为主要的科技创新地和信息交流中心，进而提高区域的整体发展水平

续表

项　目	意　义
文化、思想观念	城市文化向乡村广泛地扩散和渗透,影响着乡村的生产生活方式,并提高乡村的对外开放程度。这有利于城市与乡村的交流,缩小城乡发展差距

(二) 城市病

在城市化发展阶段,如果人口的过度集聚超过了工业化和城市经济社会发展水平,就会发生某些发展中国家出现的"过度城市化"现象,产生了一系列被称为"城市病"的矛盾和问题,国际上特大型城市的"城市病"主要表现在以下几个方面。

1. 人口膨胀

特大型城市通常对人口具有强大的集聚作用,而人口的快速集聚也成为各大城市发展的重要动因之一。在人口快速集聚的过程中,一旦城市建设和管理跟不上迅速增长的需求,各类城市基础设施的供给滞后于城市人口的增长,就会引发一系列的矛盾,出现环境污染、就业困难、治安恶化等城市病。例如,19世纪末前后,英国城市人口急剧膨胀,造成住房短缺,贫民窟比比皆是;公共卫生设施奇缺,空气及水源污染严重,环境恶劣;就业竞争激烈,工人处境艰难;犯罪率居高不下等。又如拉美地区,在20世纪中叶进入工业化发展阶段后,城市人口迅速集聚,城市化水平(城市人口占总人口的比重)甚至超过发达国家,出现城市化速度大大超过工业化发展速度的"过度城市化"(或称为"超前城市化")现象。

2. 交通拥挤

交通问题一直是大城市的重要问题之一。迅速推进的城市化以及大城市人口的急剧膨胀使得城市交通需求与交通供给的矛盾日益突出,主要表现为交通拥挤以及由此带来的污染、安全等一系列问题。

世界上一些主要特大城市均面临着交通拥挤问题。在伦敦,由于市中心区域集中了政府机关、法院以及大量的企业、金融机构和娱乐场所,并有超过100万个就业岗位,每天在高峰时段有超过100万人和40 000辆机动车进出中心城区,造成该区域严重的交通拥挤,区域内平均车速只有14.3 km/h,这里成为全英国最为拥挤的区域。在巴黎,20世纪60年代,由于采取了"适应小汽车发展"的政策,结果私人小汽车与日俱增,导致市区交通严重堵塞,1973年环城快速路开通后不久就出现了持续性的拥挤。在曼谷,由于车速过慢,整个城市就像一个停车场,甚至出现过3个月内有900名孕妇因堵车被迫在轿车中分娩的情况。曼谷每年因交通延误造成的成本估计有2.72亿美元。

我国城市也面临着日益严峻的交通问题。国内600多个城市的道路总长不足20万公里,却容纳着全国50%的机动车,支撑着70%的社会经济运行,随着机动车大军的不断增大,我国将超过美国成为全球机动车最多的国家,交通问题日益严峻。

自 20 世纪 80 年代以来,我国特大城市市区机动车平均时速已由过去的 20 km/h 左右下降到了现在的 12 km/h 左右。在一些大城市中心地区,机动车平均时速已下降到 8~10 km/h。全国 31 座百万人口以上的特大城市,大部分交通流量负荷接近饱和,有的城市中心地区交通已接近半瘫痪状态。一些城市,特别是北京、上海等一些超大城市,尽管政府部门在拓宽道路和建立快速道路网络方面花了很大的力气,但始终未能根本解决城市交通拥挤的问题,不得不采取小汽车分单双号行驶的措施。因城市交通不畅,运输效率下降,每年造成的经济损失达数百亿元。

交通拥堵不仅会导致经济社会诸项功能的衰退,而且还将引发城市生存环境的持续恶化,成为阻碍发展的"城市顽疾"。交通拥挤主要有以下三个方面的影响。

第一,交通拥挤对社会生活最直接的影响是增加了居民的出行时间和成本。出行成本的增加不仅影响了工作效率,而且也会抑制人们的日常活动,城市活力大打折扣,居民的生活质量也随之下降。

第二,交通拥挤导致了事故的增多,事故增多又加剧了拥挤。据相关统计,欧洲每年因交通事故造成的经济损失达 500 亿美元之多。

第三,交通拥挤破坏了城市环境。在机动车迅速增长的过程中,交通对环境的污染也在不断增加,并且逐步成为城市环境质量恶化的主要污染源。根据伦敦 20 世纪 90 年代的检测报告,大气中 74% 的氮氧化物来自汽车尾气排放。交通拥挤导致车辆只能低速行驶,频繁停车和启动不仅增加了汽车的能源消耗,也增加了尾气排放量,增加了噪声。

据英国 SYSTRA 公司对发达国家大城市交通状况的分析,交通拥塞使经济增长付出的代价约占国内生产总值(GDP)的 2%,交通事故的代价约占 GDP 的 1.5~2%,交通噪音污染的代价约占 GDP 的 0.3%,汽车空气污染的代价约占 GDP 的,转移到其他地区的汽车空气污染的代价约占 GDP 的 1~10%。

3. 环境污染

近百年来,以全球变暖为主要特征,全球的气候与环境发生了重大的变化:水资源短缺、生态系统退化、土壤侵蚀加剧、生物多样性下降、臭氧层耗损、大气化学成分改变等。根据政府间气候变化委员会的预测,未来全球将以更快的速度持续变暖,未来 100 年还将升温 1.4~5.8 ℃,对全球环境带来更严重的影响,比如农作物将减产、病虫害发生频率和危害速度将明显增加、水资源短缺将恶化等。环境污染使得城市从传统公共健康问题(如水源性疾病、营养不良、医疗服务缺乏等)转向现代的健康危机,包括工业和交通造成的空气污染、噪声、精神压力导致的疾病等。目前环境污染主要包括以下类型。

①大气污染。目前大气污染中比较严重的就是二氧化硫的排放,同时各种粉尘、汽车尾气等都会污染环境。如北京等地多次出现的雾霾现象就是大气污染的后果。冬天东北地区主要以煤炭取暖,也导致严重的大气污染。

②水环境污染问题。中国七大水系的污染程度由重到轻依次是:辽河、海河、淮

河、黄河、松花江、珠江、长江,其中 42% 的水质超过 3 类标准(不能做饮用水源),全国有 36% 的城市河段为劣 5 类水质,丧失使用功能。大型淡水湖泊(水库)和城市湖泊水质普遍较差,75% 以上的湖泊富营养化加剧,主要由氮、磷污染引起。

③垃圾处理问题。垃圾处理主要涉及两方面的问题:一是全国工业固体废物的处理;二是全国城市生活垃圾的处理。此外,塑料包装袋也带来大量的污染,如到菜市场买菜时,塑料袋的使用非常频繁。在农村农用地膜的大量使用也带来了较为严重的环境污染问题。

4. 资源短缺

2002 年在南非召开的可持续发展世界高峰会议上,一致通过将水资源列为未来十年人类面临的严重挑战之一。联合国环境署同年在《全球环境展望》上指出,"目前全球一半的河流水量大幅度减少或被严重污染,世界上 80 多个国家或占全球 40% 的人口严重缺水。如果这一趋势得不到遏制,今后 30 年内,全球 55% 以上的人口将面临水荒"。在缺水型国家或地区中,大城市的水资源紧缺问题最为严重。随着人口的增加和经济的发展,我国许多城市都出现了严重的缺水现象,城市淡水资源严重不足已经很普遍,全国有 400 多个城市供水不足,110 多个城市严重缺水,占全国城市总数的 1/6。

此外,土地资源紧缺问题也是国际大城市在城市化进程中所必然出现的问题。由于土地存在供给的绝对刚性,在大量的人口和产业向中心城区集聚过程中,像东京、纽约、伦敦等大城市都出现了较为严重的土地紧张问题,土地对现代化大城市可持续发展的制约作用更加突出。开辟新的发展空间、拓展地域范围已成为各大城市实现可持续发展的必然要求。

5. 城市贫困

贫民窟问题是发展中国家的大中城市在加快城市化进程中所出现的特有现象,贫困人口多数集中于城市,而城市贫民又大部分住在贫民窟,如印度孟买、巴西圣保罗等。贫民窟带来的社会问题主要有:一方面,贫民窟居民大部分处于贫困线,享受不到作为公民所应享有的经济社会发展成果,居住、出行、卫生、教育条件极差,不仅影响当代人,也影响下一代人的发展。另一方面,生活水平的巨大差异造成国民感情隔阂,加之贫民窟游离于社区和正常社会管理之外,一些贫民窟为黑社会所控制,成为城市犯罪的窝点。1900 年纽约市近 400 万人里就有 150 万人居住在 4.3 万个贫民窟里,直到 21 世纪纽约还有哈莱姆贫民区的存在。目前,孟买 1600 万人中有 60% 居住在仅占城市土地面积十分之一的贫民区和路边的简陋建筑中,贫民窟已经成为这个著名的世界港口城市以及印度经济中心城市的最大特色。

贫民窟的出现在很大程度上是由外来人口的大量涌入以及本城市内人口的收入差距过大造成的。主要有以下几个原因。

一是土地占有严重不平等,造成大量无地农民。以巴西为例,巴西绝大部分土地一直为少数大地主所控制,大量无地农民向城市流动迁移,且这种流动是单向的,他们不可能再回流到农村。

二是城市化过程中就业机会严重不足。失业、就业不足、就业质量差,是造成城市贫困人口长期大量存在的重要原因。在城市化进程中,发展中国家往往把工业重点转向资本、技术密集的部门,造成劳动力大量进入第三产业中的传统服务业和非正规部门,而在非正规就业部门工作的人员的工资一般只相当正规部门人员工资的一半,没有签订劳动合同,没有社会保障,得不到法律保护。

三是城市规划、建房用地、基础设施、社区发展没有充分考虑低收入人群的要求。在城市贫民窟居住的人80%收入低于最低工资标准,他们很难在城市获得建房用地和住房,又不能退回农村,只能非法强占城市公有土地(如山头、城乡接合部的公地)和私人土地,搭建简陋住房,搞违章建筑。

四是公共政策不够完善。如国家教育开支向中高等教育过度倾斜,初等教育相对萎缩,在中等教育阶段重视普通教育和人文学科教育,而轻视中等职业技术教育和师范教育,不利于改善低收入阶层子女受教育和就业状况。

(三)应对城市病的对策

现阶段,城市人口规模不断膨胀,水、土地和能源等资源约束日益突出,生态环境脆弱等城市问题愈发突出。我们应对威胁城市发展的"城市病"予以足够重视。应及早采取多种方式完善城市系统,使得城市慢慢进入良性循环阶段,万万不能等到"城市病"积重难返之时才加以治理。实践证明,对"城市病"防范和治理动手越早,措施越有力,代价越小。

1. 以城市资源承载力作为城市发展的重要考量因素

城市资源环境承载力是一个带有全局性和前瞻性的战略问题,事关城市的长远发展。因此,加强城市规划,要坚持树立科学的可持续发展观,突出战略性。在城市发展当中应考虑"人口、资源、环境、发展"四位一体,城市的规模应充分考虑要与城市资源环境承载力相适应。

对于城市发展规模应从根本上建立和形成一个统筹考虑资源环境的发展模式,以承载力定发展,以承载力保发展。城市在各种经济社会发展规划中给予资源最优先的考虑。要改变传统的"以需定供"的思维,实现向"以供定需"的转变。要充分认识到,经济社会的发展不能无限制地向自然索取资源,否则将受到资源枯竭和环境恶化的严厉报复。在城市总体规划中,要依据对城市资源环境承载力的科学评估,突出市域空间资源的统筹利用,要体现控制建设用地性质、使用强度和空间环境要求,明确各类空间和界线的管制措施。

城市的资源环境承载力具有硬性约束的一面,比如水资源、土地资源等,本地的资源就这么多,要突破这种刚性,增加资源就需要付出很大的成本。因此,国家层面要建立基于资源承载力的空间布局规划,鼓励资源环境承载力比较好的区域多发展城市,鼓励资源环境承载力好的城市多承载人口与产业容量。

2. 结合实际,走集约与多元并举的城市化发展之路

城市化发展必须继续加大承载城市人口和加快经济发展,同时兼顾考虑城市资源环境承载力。城市化发展既要防止城市发展过度超前,即按照发达国家标准建立所谓的奢华的宜居城市,也要克服像印度或南美的一些国家,完全依赖大城市集聚的城市化,使得人口过度拥挤。应根据资源环境的现实,鼓励发展低碳产业,在提升城市资源环境承载力的基础上,发展节约型和紧凑型城市,走集约型城市化发展之路。

同时还必须具有全球视野,从国家的整体发展战略层面制定未来城市化发展的引导政策。在此基础上,应鼓励地方政府积极探索各具特色的城市化发展之路,多元化发展。

3. 树立治理意识,提高城市治理效率

城市资源环境承载力在一定时期是个刚性约束,而城市的公共服务承载能力具有城市发展"软约束"的一面,它不具有资源环境承载力的刚性。一定程度上可以通过提升公共服务水平、加大城市治理力度,来优化城市资源环境承载力内部结构,间接提升城市资源环境承载力。

应认识到城市发展的成功基础是适宜的治理,将公共治理思想深入到城市公共管理的各个环节中。改变城市治理中传统的官民,即治理者与被治理者的关系,改变城市治理只由政府一个角色承担的观念,提倡公民、营利部门、非营利组织等社会多角色参与的公民社会理念。

4. 增加公用事业的供给,增强城市公共服务能力

市政公用事业是城市的重要基础设施,是城市经济和社会发展的主要载体。公用事业既关系着城市千家万户,涉及百姓切身利益,也体现着城市的承载力水平,是一个城市的"生命线工程"。

目前,城市公共产品的提供滞后比较严重。在每年大约有 1500 万人进入城市的情况下,多数城市没有考虑大量城市流动人口的基本生活和发展的需要,各项公共服务滞后普遍。因此,当前最重要的是考虑提供良好的公共服务设施,提高城市对人口及经济社会活动的承载力。

加大城市基础设施投资力度,适度超前地建设城市道路、桥梁、排水、路灯等基础性工程,在污水处理和垃圾处理等基础设施上保持公用事业供给的增加,使城市的承载力得到增强。在加大公用事业建设投资的过程中,加强建设行业管理,提升服务质量。城乡建设部门要进一步优化行业管理,帮企业解决实际问题,进一步提升公用事业服务质量,为企业与市民提供更优质的生产生活服务,加强城市基础设施建设,提升承载力。

5. 注重产业结构的提升和布局优化,提高资源的利用效率

城市产业发展应考虑环境容量、总量控制等综合因素,从区域污染治理和可持续发展的角度,进行合理布局,适度限制量的扩张,通过建立节约型产业体系来提高

发展质量，设定严格的发展边界；关闭那些资源利用率低、破坏生态的小企业，腾出环境容量，用以支持那些技术先进、资源利用率高、环境损害小、有利于社会经济持续发展的产业。

应充分提高资源和能源的利用率，最大限度地减少废物排放，保护生态环境；实现资源的可持续利用，使社会生产从粗放型转变为集约型；将生产者和消费者纳入可持续发展的框架中，推动环保产业和其他新型产业的发展。

6. 运用市场化手段，提高治理效率

改变较多地使用行政命令手段来解决环境污染问题的观念，通过排污交易、征收生态税、财政补贴等经济激励性手段来解决环境问题，以降低治理成本和激励企业持续进行技术创新，达到提高环境治理的效率和灵活性的目的。市场化手段通常以环境税收、排污收费和押金返还这三种经济手段比较典型：一是环境税收，环境税是对有害环境的产品征收的费用；二是排污收费，排污收费是对向空气、水或土壤排放的污染物，或对产生的噪声征收的费用；三是押金返还，押金是对可能造成污染的产品的销售征收的附加费。当符合某些条件时，这笔费用就可退还。当前，注重利用经济激励手段来治理环境，除了进一步完善已有的排污收费（税）政策外，还要引进和推广排污权交易、押金退还等发达国家行之有效的经济手段，来强化环境治理的成效。

7. 环境治理和修复，提高环境承载容量

生态治理是人与自然和谐相处的动态过程，把环境污染防治、环境治理与生态保护建设相结合，通过生态治理，扩大环境容量，提高环境承载能力。加大对重点行业单位污染物（三废）排放的治理；加强对重点区域，如城市河流、水体等区域的污染治理；加强对城市生活垃圾的处理和分类管理。

积极引导和鼓励公众参与环境治理，改变传统的只有政府和企业的"二元"污染控制结构，形成政府、企业和社会公众的"三元"污染控制结构。

第三节　世界城市化的进程及特征

一、城市化的动力

生产力发展到一定水平之后，农业剩余开始产生，有一些人可以从事非农产业，分工开始出现，于是城市开始产生了，而城市化的真正开始则是始于工业革命之后。城市化的动力主要有以下六个方面。

①人口增长压力带来的社会分工的发展和社会生产力的提高是推动城市化的本质力量，因为城市的组织和运作方式比人口分散的乡村更有效率，能够养活更多的人口。

②农业发展是城市化的前提,农业剩余产品为城市化做了物质准备。城市发展的速度与规模,取决于其所在区域提供的商品粮与副食品的多少。不少学者对此有精辟的论述。科学家罗斯·芒罗认为,城市兴起、成长的主要原因是农业生产力提高而产生粮食剩余。沃伊廷斯基则指出,一个国家城市化的界限,一般是由该国家的农业生产力所决定的。著名经济学家库兹涅茨将农业对城市发展的贡献归结为四个方面:第一是产品的贡献,包括非农业人口所需要的食品和工业所需要的原料;第二是市场贡献,农业人口是本国工业品市场的重要组成部分;第三是要素贡献,这包括农业剩余资本向非农产业的转移,农业剩余劳动力向非农产业转移;第四是外汇贡献,农产品出口可以为工业的发展换回外汇。马克思也深刻指出,因为食物的生产是直接生产者的生存和一切生产的首要条件,所以在这种生产中使用的劳动,即经济学上最广义的农业劳动,必须有足够的生产率才能使农业出现剩余劳动,并使农业剩余产品成为可能。进一步说,社会上的一部分人用在农业上的全部劳动、必要劳动和剩余劳动必须足以为整个社会,从而也为非农业工人生产必需的食物,也就是使从事农业的人和从事工业的人有实现这种巨大分工的可能,也使生产食物的农民和生产原料的农民有实现分工的可能。马克思揭示了农业生产力发展引起的农业剩余对城市发展的影响。城市发展的历史告诉我们,世界城市化的进程取决于农业生产力的提高所能提供的商品粮的数量。

③农业剩余劳动力的转移为城市工业的发展提供劳动力。农村人口增长形成的土地与人口的矛盾带来的过剩人口、土地兼并和农业工业化都成为城市化发展的动力。农业生产力发展,粮食出现剩余是城市产生的必要条件,但城市的发展还依赖农村提供的剩余劳动力。农村必须为城市提供有劳动能力的剩余人口,农业剩余劳动力必须向城市第二、第三产业转移。这在城市化初期表现得非常突出。18世纪的英国,由于蒸汽动力的广泛运用,生产规模扩大,城市需要补充大批工人。同时,专业工人的增加,又需要大量的服务人员,这同样需要来自农业的剩余劳动力。于是大量失去土地的农民进城,为城市化提供了充足的劳动力,促进了英国城市的发展。城市吸引大批劳动力从第一产业转移到城镇第二、三产业是城市化的普遍规律。

④工业化与城市化互为因果。工业化是城市化的基础,以英国为例,工业革命与城市化同步发展,工业化迅速地改变了人们的生产方式、组织方式和生活方式,使生产不断增加,生产率日益提高。①工业成为城市经济增长的主导部门;②工业所提供的就业机会和高水平的工资,吸引了城市周围农村和小镇的农村人口和各阶层人士,农村人口迁移是城市成长的源泉;③城市的消费市场和劳动力市场促进了城市附近的工业集聚,从而吸引了更多的人口和资本。工业化的发展促进了城市的成长,而城市化又加速了工业化的集聚,形成了一个积极的循环过程。总之,工业化带来了城市发展机会,为城市人口提供了更多的就业机会,高水平的工资又会吸引大量的农村人口。服务行业的发展是城市化发展的必要条件,经济发展促进了人们收入水平的提高;消费者收入的提高增加了对服务业的需求;服务行业的发展增加了

对劳动力的吸纳能力,由此提高了城市化的程度。

发达国家的历史经验表明,城市化发展的前期,工业化领先于城市化,19世纪90年代欧洲城市化水平低于制造业的就业水平,到20世纪60年代,欧洲的城市化水平超过制造业就业水平的1倍。随着工业特别是制造业人口占社会总人口比重的提高,城市人口会按比例增长。霍利斯·钱纳里选择世界银行经济和社会数据库中近百个国家和地区的27个变量,描述了积累、资源配置和收入分配的10个基本因素,提出了城市化的"标准结构":当人均收入超过500美元时,城市人口在总人口中的比例占主导地位;当超过700美元时,工业雇用的劳动力超过初级生产部门;当收入水平超过2000美元时,这个过程宣告结束。就经验观察而言,城市人口达到总人口的75%时,就会趋于稳定。霍利斯·钱纳里的城市化发展指标明确提出了在一定的人均收入水平下,工业部门的劳动力人口会超过农业部门。

⑤科学技术是城市化得以延续的内在力量。第二次世界大战之后,技术的提高和建立在服务和信息行业基础上的经济增长改变了城市以制造业为主的经济格局。城市,尤其是国际大都市通过各种组织控制国际贸易、商业、金融和信息而不断生产财富,科学技术成为促进经济增长和城市化的内在动力。

⑥现代社会,教育在城市化发展中起着重要作用。在经济结构转型和产业结构升级的背景下,高等教育成为缓解低级劳动力市场过度拥挤和劳动力边际产品低下的主要手段,这将进一步促进城市化的发展,并推动农村人口向城市转移。

二、世界城市化的进程

(一) 城市化的阶段

城市化是提高城市在社会发展中的作用的历史性进程,这个进程是与人口在空间上的集中相联系的。受社会、经济、文化诸因素的影响,在不同的历史时期,城市化表现出不同的特征,呈现出明显的阶段性。在城市化初、中期阶段,大量人口、产业、资本涌向城市,导致人口规模增加、地域规模扩大,这时的城市化以集中为主要特征。当城市发展到成熟阶段时,城市化则表现出分散的特点,人口向城市集中的势头减弱,人口由城市向郊区,甚至远郊流动。

1. 集中型城市化阶段

集中是城市化初期阶段最为强烈的一种趋势。集中使城市人口增加、城市数目增加、城市规模扩大。它把农村变为城市,把小城市变为大城市。集中使城市成为区域政治、经济和文化中心,成为社会前进的基础。集中型城市化包括内部市区的城市化和外围市区的城市化。

(1) 内部市区的城市化

这里所说的内部市区与规划学上的建成区基本同义,包括城心地区(CBD)和中间市区。每一个城市都有城心，城市或者是单中心（单元结构），或者是多中心（多元结构）。这里所说的城心，不是指城市平面的几何中心，而是指城市商业服务集中、交通线路汇集、位置大体适中的城市中心区，即 CBD。

CBD 的全称是 Central Business District，在我国现有中央商务区、商务中心区或中央商业区三种译法。其概念最早产生于 1923 年的美国，当时定义为"商业会聚之处"。随后，CBD 的内容不断发展丰富，成为一个城市、一个区域乃至一个国家的经济发展中枢。

一般而言，CBD 应该具备以下要素特征：①是城市的功能核心，城市的经济、科技、文化、商业等高度集中；②交通便利，人流、车流、物流巨大；③白天人口密度最高，昼夜间人口数量变化最大；④位于城市的黄金地带，地价最高；⑤高楼林立，土地利用率最高，表现出城市的主要特征。这里既是城市自身的生长极，也是对农村产生吸引作用的磁力源。农村人口很大程度上受到城心繁华气氛的吸引，滋生了进城的欲望和要求。城心地区进行的城市化主要是向心型城市化。

中间市区指的是夹在城心与外围市区之间的环状区域。一般来说，中间市区在城市化过程中较为稳定，地域变动幅度小，变动速度和缓，是传递城市人流和能量的过渡地带。城市化在这个地区的主要表现形式是"填充"，即见缝插针地在空地上建起公寓、住宅、小型工厂等。近年来，一部分从城市中心迁出的业务部门正在流入中间市区，大城市的副城心也正在这里逐渐兴起。

（2）外围市区的城市化

外围市区主要是指靠近市区外围的环状区域。这里市区与郊区接壤，街区与田园交错，是城市化近域推进的主要区域。在这里可以清楚地看到城市在前进，农村在后退。如果说内部市区在向心型城市化的作用下，城市产生了立体的质的充实，那么，外围市区在离心外延型城市化的作用下，城市发生了平面的、量的扩大。这种平面的、量的扩大是城市化的基本表现，是引起城市外围地域发生质变的起点。

外围市区的城市化是通过内部市区的一些城市设施和职能部门的空间移位来完成的。首先，对外交通设施的伸展促进了外围市区的城市化。城市的对外交通是城市的命脉，城市对外交通决定着城市的发展。工业革命之前，水运是交通运输的基本手段，许多城市因此而聚集在河流沿岸和近河平原上。工业革命以后，铁路、公路运输取代了水运，城市多沿公路、铁路建设。在城市整体推进过程中，重要交通线路沿线将优先变成市区。

工业的扩展带动外围市区的发展是城市化的传统方式。由于市中心土地紧张，地价昂贵，加上工业对环境污染严重，所以工业被迫迁移到外围市区。外围市区地价便宜，工厂采光、通风、消音、除尘等环境问题容易解决。大量工厂选址于外围市区，带来了人口、资本的集中，促进了外围市区的繁荣。

外围市区的住宅建设是城市化推进过程中的重要因素。只有建成成片的住宅区，才会组成社区，引来其他城市服务设施。因此，在外围市区的城市化中，住宅的扩散担负着彻底改变地域性质的重要任务。文教、科研单位独立性强,区位自由度大,这些单位为了避开拥挤嘈杂的市区,寻求安静的环境,也迁到外围市区。文教、科研单位为了抵御工厂的侵入,常常聚集成片,形成文教区。在许多城市的外围市区都有文教区。

2. 分散型城市化阶段

城市本身就是集中的产物,集中是城市区别于农村最突出的特点。但是,城市高度集中的人口及其经济、社会活动,高度集中的物质财富和精神财富,在本质上又要求进一步扩大其社会和经济影响,将其经济、社会和文化的辐射力扩展到更广阔的地域环境中去。交通及通信技术的发展,必然促进城市人口及其活动的分散化,引起城市结构的重大改变。同时,高度的集中也给城市带来了"城市病"。为了克服城市病,解决城市问题,不少国家纷纷调整城市化策略,这些策略的实施客观上促使城市由集中走向分散。城市化的发展进入到以分散为特征的阶段。分散型城市化最明显的表现是郊区化、卫星城运动和逆城市化。

(1)郊区化

郊区化(suburbanization)是指人口、就业岗位和服务业从大城市中心向郊区迁移的分散化过程。所谓的郊区指中心城市行政边界以外的邻接地域,主要是城市化地区核心以外的城市边缘。郊区化包括三种外迁:一是人口外迁,主要是由城市中心的巨大人口压力,以及这一压力对生活环境的不利影响而引发的;二是工业外迁,主要原因在于市中心以外有大面积的价格低廉的土地,以及能更好地与铁路、港口、高速公路等交通设施相互配置;三是零售业外迁,这是由于人口和工业外迁后,市中心商业面对来自郊区商业的激烈竞争而被迫采取的措施。郊区化并不意味着大城市的衰落,只是城市由高密度集中向低密度扩张的转变。在这一转变中,建成区在扩张,城市人口在增长。

郊区化的本质就是郊区城市化,是城市化在地域上的扩展和郊区城市化程度的加强。第二次世界大战以后,特别是 20 世纪 60 年代以来,特大城市空间结构的变化以郊区的迅速发展为主线,以市中心的衰落、停滞或发展为标志,分为三种不同的类型。

①中心市区衰落,郊区发展迅速。这种情况出现在西欧、北欧、北美等地区的工业发达国家。如英国伦敦和美国纽约的市中心,有逐渐成为贫民、下层工人、少数民族集中地的趋势,而高级别墅纷纷建于郊外,形成了市区更新的特殊现象。

②中心市区停滞,郊区迅速发展。这主要表现在德国、日本等后期经济起飞的国家。其大城市在第二次世界大战中破坏严重,市中心发展比较滞缓,郊区发展迅速。

③中心市区与郊区同时发展。这主要表现在俄罗斯以及东欧的一些国家,以莫斯科、华沙等城市为代表。这些城市郊区建设的速度赶上了市区建设的速度,郊区和市区平行发展,两者差距日益缩小。

1980年人口调查表明,全部美国人口中有60%居住在郊区。美国12个大城市除洛杉矶外,市区人口在1950—1975年平均减少了9.6%,郊区人口平均增长了207%,市区人口的比重由61.3%下降为31.8%,而郊区人口则从38.7%上升到68.2%。

引发郊区化的根本原因是特大城市人口的爆炸性增长。20世纪以来,发达国家特大城市的人口出现了高速增长的趋势,如美国1900—1990年的90年内,纽约人口由344万增加到2180万,芝加哥由170万增加到890万,洛杉矶由10万增加到1370万。西欧、北美的其他工业国家特大城市也出现了类似的情况。特大城市人口急剧增长,超出了城市负荷,城市长期超载运营,出现了一系列城市问题,如环境恶化、居住紧张、就业困难等。与之相比,郊区既能满足人们居于大城市的心理要求,又可以享受良好的生活环境,于是,城市住宅开始向郊区迁移。汽车的广泛使用,高速公路、地下铁道的建设也为人们移居郊区提供了便利条件。随着郊区住宅的增加,就业重心向郊区移动,商业服务部门、工业生产部门随之外迁至郊区。

总之,特大城市以住宅郊区化为先导,引发了市区各类职能部门纷纷郊区化,使特大城市的经济状态、人口分布、产业结构发生巨大变化,特大城市的卫星城市也是在这个背景下产生的。

（2）卫星城

它是为分散中心城市(母城)的人口和工业而在特大城市的郊区或城乡交错带新建或扩建的具有相对独立性的城镇。

卫星城的设想最初源于英国的E.霍华德在1898年提出的田园城市。这种城市位于大城市郊区,建筑密度低,环境质量高。英国1903年在伦敦郊区建立了最早的田园城市莱奇沃斯。卫星城概念则是美国的C.C.泰勒于1915年提出的。第二次世界大战后,英国和美国的卫星城获得较大规模的发展。初期多为距离较近、规模较小的"卧城",以居住职能为主,位于交通干线上,一般离中心城市30～50千米,人口2万～6万人。随着功能的扩大,如工业企业、科研机构和大学的建立,卫星城的规模于20世纪50年代后期增加到8万～10万人;70年代中期又扩大到15万～25万人。卫星城与中心城市的距离也加大了,甚至达80～130千米。这种趋势在卫星城发展较早、数量较多的伦敦最为明显。其他如巴黎、东京和莫斯科等也呈现此种趋势。中国自20世纪50年代末期以来,也有一些大城市和特大城市建设了若干卫星城镇。

卫星城有独立的中小城镇,也有依附于母城的住宅区性质的中小城镇。有些学者将前者称为积极卫星城,将后者称为消极卫星城。卫星城的特点体现在几个方面:①位置。分布于特大城市周围,距离近的往往居住职能和依附性强,如卧城;距离远的往往工业职能和独立性强,人口数量多。卫星城与母城之间一般有绿地分隔,但有时两者因扩展而连接,形成城市群。②发生过程。借助于母城的力量发展,一种情况是在特大城市影响下使乡村自然变质,另一种情况是按照规划人为地建立卫星城。③职能。为母城承担部分职能,以工业、居住、文化教育为主。④地域结构。多数是在旧有小城镇基础上发展起来的,少数是在郊区空地和乡村地区建立起来的。对于卫星城可以根据其各种特点和指标划分出各种类型。

到目前为止,各国学者对卫星城的看法仍不一致。一种意见认为,卫星城可以疏散特大城市的人口、工业企业和事业单位,对于缓解中心城市的人口密集、用地紧张、交通拥挤、环境污染等问题和促进郊区化有积极作用;另一种意见则认为,卫星城的投资巨大,建设时间较长,对缓解中心城市上述问题的作用不明显,反而吸引了其他地区的人口和企业、事业单位,不如把这方面投资用来改造中心城市或建设新市区。

（3）逆城市化

逆城市化,即由于交通拥挤、犯罪增长、污染严重等城市问题的压力日渐增大,城市人口开始向郊区乃至农村流动,市区出现"空心化",以人口集中为主要特征的城市化由此发生逆转。城市郊区化村镇、开发区、工矿企业与城市、城乡相融连成一片,几乎是城区、郊区紧紧相连,不分彼此了。逆城市化是指人口由城市向农村地域的迁移。逆城市化是郊区化的发展。

逆城市化本身具有一定的规律性,一般要经历以下4个阶段:①萌芽阶段——首先搬入郊区的都是富有阶层;②形成阶段——大量中产阶级开始搬入新的郊外开发区居住,但仍要每天到市中心工作、购物和娱乐;③发展阶段——居住郊区化和工业郊区化;④成熟阶段——郊区的自立程度越来越高,由单一的居住功能变成具有各种城市功能的就业中心。郊区人口是都市区人口的一部分,郊区化的出现导致了多中心城市空间结构的形成和巨型城市群的兴起。

真正意义上的"逆城市化"是在1970年以后在发达国家发生的。发达国家的城市化经历快速发展之后进入分散型城市化的阶段,其主要特征是大城市人口停止增长甚至减少,人口和其他资源开始流向中小城市,特别是大城市周围的郊区小城镇。这种现象在20世纪70年代首先出现在美国,并被命名为逆城市化,然后在欧洲的发达国家出现。需要强调指出的是,逆城市化不意味着国家城市化水平的下降,它只导致城市发展新的区域再分配,它是人们对居住环境偏好变化、交通通信高度发达、生产地理格局变化等因素综合作用的结果。事实上,逆城市化正在推动城市化更广泛地蔓延。

逆城市化是城市化达到一定水平时必然出现的现象,是城市发展的趋势。导致逆城市化的因素很多,最主要的是城市的推力和农村的拉力。从城市的推力来看,世界经济关系的变化,引起发达国家经济结构的调整,传统的产业如钢铁、汽车、化学、建材等"夕阳工业"衰落,科学技术的进步和交通、通信的发达,使物质、能量、信息、人员的流动模式发生变化,导致经济活动的分散。人们有可能在比较分散的空间条件下,实现具有良好的经济效益、社会效益和环境效益的生产和劳动。城市的推力还表现在环境恶化、就业困难、生活费用上升等方面。随着人口郊区化,城市病也传播到了郊区,郊区人口为了逃避城市生活及环境的压力,进一步向外迁移。

农村的拉力也是促进逆城市化产生的重要原因。这首先表现在农村环境的天然优势,能够满足人们不断提高的环境要求。其次,农村经济的发展也是吸引人口的一个重要条件。随着农业生产商品化、集约化程度的提高,农业生产进入国民经济的整体循环,农业生产力水平大幅提高,农村居民的生活方式日趋城市化。这里农村已不再是传统意义上的农村,而是在保留农村自然环境特征的基础上,在生产方式、生活方式以及交往方式、思维方式、行为方式等方面均为城市文明所同化。

(4) 郊区化与逆城市化的区别

一般来说,郊区化是城市化过程中刚刚起步阶段的时候形成的产物,由于人口的急剧扩张,导致城市规模扩大,城市的郊区也纷纷成为城市景观的一部分。这一般称为郊区城市化。而逆城市化则是由于经济水平的提高,在城市化进程较高的时候,人口(高收入者较多)往往向郊区迁移。

二者的区别关键在于发生的原因不同。郊区城市化应是一个城市自然扩张良性发展的过程,是伴随经济发展而出现的现象。而逆城市化则强调城市内部环境的恶化。从西方发达国家来看,郊区化和逆城市化所产生和带来的积极作用是极为相似的。其一,郊区化在一定程度上缓解了大城市中心区的人口过度集中、住宅紧张和交通拥挤状况,改善了城市工作条件,促进了人地关系的进一步和谐;其二,注重区域社会经济发展的整体协调,通过制定和实施完善的区域规划,促使城市产业、部门在地域空间范围内的协调布局,有利于充分发挥城市在生产、流通、生活、消费等领域的整体功能;其三,改善了城市的环境质量。逆城市化使城市人口减少,城市负载的人口数量减少,从而改善了城市的环境质量。郊区化与逆城市化的区别如图3-1所示。

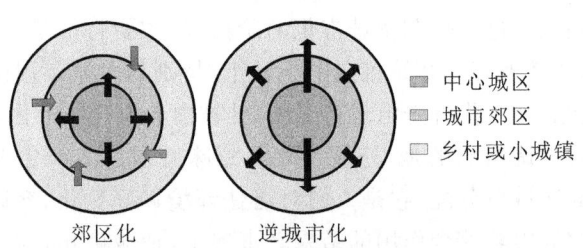

郊区化   逆城市化

□ 中心城区
□ 城市郊区
□ 乡村或小城镇

图 3-1　郊区化与逆城市化的区别

分散型城市化的直接后果是城市中心市区密集的人流和能量开始向外围疏散,城市区域内部的人口和生产布局趋于均衡,这对解决日趋严重的城市问题起到了积极的作用。但是分散型城市化并不是城市化过程的中断,也没有减缓城市化的速度,反而使城市的平面范围更加扩大,人口和资本更加集中。我们考察20世纪60年代以来的城市化进程就会发现,一个世界性的城市化新格局正在形成,以大城市为中心的人口点状集聚形态正在逐渐转变成以城市群和城市带为代表的面式集聚形态。郊区化使城市范围扩大,卫星城填补了城市之间的空隙,逆城市化促使乡村城市化,城市和农村的分界线日渐模糊,城市地域相互蔓延,甚至连接成片。当城镇在一个较大范围内彼此衔接时,便形成了一个巨大的城市群或城市带。

由此我们可以看到,分散型城市化并不是城市发展的倒退,而是城市发展的一种新形式。分散的结果是带来城市在更大范围内的集中。因此,分散型城市化实际上是一个分散与集中相统一的过程。

(二) 特殊的城市化过程

城市化是世界性的趋势,是任何国家都不可逾越的自然历史过程。每个国家都处在城市化过程中,都要或早或迟地进入现代城市社会。不同的国家由于国情不同,所面临的历史条件、国际环境和经济发展水平不同,它们各自的城市化道路是不同的。但这并不意味着城市化过程无规律可循。实际上,城市化是一个不以人的意志为转移的自然历史过程,它有自身运动的客观规律,人们不能违背这一规律,如果人为地阻止城市的发展或者不切实际地超越城市化的阶段,都要付出沉重代价。下面我们介绍城市化过程中出现的两种特殊情况,实际上就是违背城市化发展规律而出现的反常的城市化。

1. 反城市化

反城市化是国外学者根据中国在十一届三中全会以前执行的城市政策提出的专有名词。从世界范围来看,全世界都处于城市化的进程之中。1980 年,世界城市人口比重为 39%,其中发达国家为 69%,发展中国家为 34%。在中国,城市人口比重 1958 年为 15.4%,此后一直处于徘徊状态,到 1980 年仅为 13.6%,不仅远远低于发达国家城市化水平,而且大大低于发展中国家的平均水平。

中国自 20 世纪 50 年代中期以后,建立了城乡二元分割的社会结构,使得城市化长期处于停滞状态。在较长的一段时间里,实行的是"反城市化"战略。大批由农村招工进城的职工返乡;军人复员;知识青年上山下乡;开办各种形式的农场;进行"四清"运动;兴建三线工厂……于是出现了城市人口向农村的倒流。

反城市化政策的理论依据是:中国不应走西方式的城市化道路,而只能发展"工农结合、城乡结合"新型城市,走城市农村一体化发展的道路。有人主张在不发展大城市的前提下,把工厂分散到农村去,把农村劳动力组织起来,实行亦工亦农,以便提高农村的工业生产力。这些做法违反城市发展的客观规律,阻碍了城市化的正常发展。

2. 过度城市化

过度城市化又称超前城市化,是指城市化水平明显超过工业化和经济发展水平的城市化模式。城市化的速度大大超过工业化的速度,城市化主要依靠传统的第三产业来推动,甚至是无工业化的城市化,大量农村人口涌入少数大中城市,城市人口过度增长,城市建设的步伐赶不上人口城市化速度,城市不能为居民提供就业机会和必要的生活条件,农村人口迁移之后没有实现相应的职业转换,造成严重的"城市病"。

过度城市化形成的主要原因是二元经济结构下形成的农村推力和城市拉力的不平衡(主要是推力作用大于拉力作用),而政府又没有采取必要的宏观调控措施。相当数量的发展中国家基本上是这种城市化模式。如墨西哥的工业化与经济发展水平远远不及发达国家,但 1993 年其城市化水平已达 74%,明显高于同期瑞士的 60%、奥地利的 55%、芬兰的 62% 和意大利的 67%。

过度城市化的实质是发展中国家城市化的速度超过了工业化的速度。以巴西为例,20 世纪 70 年代中期,巴西制造业的就业者只占总就业人数的 20%,而城市人口已占总人口的 60%;截至 1998 年,巴西工业总产值在国内生产总值中的比重只占到 28.8%,而城市人口却已占到全国总人口数的 80.1%,就业人口中非农产业就业人口的比重上升较慢,而城市人口却高速增长,出现过度城市化和虚假城市化现象。

(三) 发达国家的城市化

18 世纪 60 年代产业革命的发生,使机器大生产取代了手工生产,而工业生产的集中促进了城市化的发展。进入 19 世纪以后,发达国家的城市化明显加快,村镇向城镇发展,小城镇向城市发展,城市人口迅速增长。在随后的几十年间,大多数发达国家已经过了城市化的初始阶段、高速发展阶段和成熟阶段。《1989 世界发展报告》显示,世界发达国家的城市化水平均在 80% 以上,其中英国为 92%、比利时为 97%、澳大利亚为 86%、荷兰为 88%、丹麦为 86%。《2000 年世界发展指标》显示,1995年,伦敦大约有 700 万人,而在 1998 年,英国城市人口占总人口的比重为 89%。在欧盟,有 78% 的人生活在城市里。

1. 英国的城市化

由于经济发展水平和工业化的发展过程长短不一,发达国家之间城市化发展时间不一致。欧洲国家尤其是英国,城市化开始最早,发展最广泛,从 1760 年开始到 1851 年,英国城市人口逐渐超过了总人口的 50%,而当时世界人口中,城市人口只占总人口的 6.5%。到 1921 年,英国城市化水平已达 77.2%。

2. 美国和加拿大的城市化

在西欧城市化进程发展了很长时间后,美国还是一个乡村国家。在 1860—1920年,美国城市化进程发展迅速,实现了高度城市化。1860 年,其城市人口不到 20%,而到 1920 年,其城市人口已超过了全国的一半。美国的东部地区,包括纽约、马萨诸塞和宾夕法尼亚等,工业化较早,是美国最早实现高度城市化的地区。美国 1790 年的第一次人口普查表明,当时 5% 的城市人口聚集在美国的东海岸。第二次世界大战期间,国防工业的快速增长,使西部城市得以迅速发展。20 世纪 80 年代城市增长率最高的地区在南部佛罗里达、得克萨斯和亚利桑那等州,东北地区城市化则减慢。20 与 21 世纪之交的美国城市人口增长 90% 发生在南部和西部,表明了其人口向美国南部、西部边陲地区流动的趋势,导致当时美国十大城市中有 6 个位于该地区。加拿大的城市化发展与美国类似,当美国的城市人口大规模集聚在东海岸和西海岸时,加拿大的城市人口则集聚在南部的边境地带。目前,世界银行《2000 年世界发展指标》显示,美国和加拿大的城市人口占总人口的比重都是 77%。

3. 日本的城市化

日本的城市化进程虽然比一些西方国家晚百余年,但由于日本城市经济的飞速发展,只用了数十年时间,就达到了西方发达国家的城市化水平。1920 年,日本城市人口只占总人口的 18%,但是,到第二次世界大战后的 1955 年,其城市人口比重已上升为 58%。《2000 年世界发展指标》显示,当时其城市人口比重为 79%。联合国社经资料与政策分析部人口司资料显示,1994 年东京总人口为 2650 万,在世界超大城市中保持领先的位置,并从 1970 年以来一直是世界上人口最多的城市。

4. 新西兰和澳大利亚的城市化

在大洋洲国家中,新西兰和澳大利亚两国总人口最多,它们基本反映了该地区的城市化状况。1994 年两国城市人口占总人口的比例为 80%。2000 年世界银行统计资料显示,澳大利亚城市人口比重为 85%。大洋洲地区的特点是没有一座城市总人口超过 500 万,总人口在 100 万~500 万的城市由 1950 年的 2 座增加到 2000 年的 6 座。

5. 发达国家的逆城市化

从 20 世纪 60 年代开始,在发达国家城市化进程中,出现了一种逆城市化的现象。其主要表现为大城市人口明显减少,人口由中心城市大量向郊区及更远的乡村地区迁移,更多的人口集居在大城市的边缘地带。很多的工业企业也纷纷离开城市,向中小城镇及乡村地区转移,中等城市人口迅速增加,城市化区域不断扩大。

逆城市化现象首先开始于北欧和西欧,随后在 20 世纪 70 年代至 80 年代许多发达国家都出现了这种现象,如丹麦、法国、德国、意大利、西班牙、英国、美国和日本等,其中在西欧和美国表现较为突出。20 世纪 60 年代,美国有 6 个人口在 100 万以上的大城市,人口减少 140 万;50 万~100 万人的大城市的数量从 20 个减至 16 个,人口也减少 220 万,占全美人口的比例从 12.2% 降到 9.7%。20 世纪 70 年代至 80 年代,美国许多城市包括布法罗、克利夫兰、底特律、新奥尔良、匹兹堡和圣路易斯等,总人口都呈下降趋势,其中有些城市在这期间平均人口增长率为负数。20 世纪 60 年代,英国伯明翰的人口减少 8%,伦敦人口减少 54 万。1970—1985 年,伯明翰、利兹、伦敦和曼彻斯特人口增长率为负数,其中伦敦人口负增长率超过 1%,共减少了 125.9 万人。1985—1995 年,上述城市总人口也基本没有增加。当时资料表明在西班牙、意大利和丹麦等其他国家,逆城市化现象同样存在。

(四) 发展中国家的城市化进程

1. 和发达国家城市化相比,发展中国家起步晚,历时短

由于多数发展中国家都曾为殖民地,18 世纪 60 年代的产业革命对其影响很小。第二次世界大战前,发展中国家城市化发展较为缓慢。有关资料表明,从 1800 年到

1930年,发展中国家的城市人口由3000万增加到1.35亿,而农村人口却由6.7亿增加到11.67亿。自1950年起,发展中国家城市化进程不断加快。有关资料表明,1950—1985年,城市人口比重也由17.3%增加到31.7%,而且仍以相当高的速度发展。

在亚洲,和发达国家一样,发展中国家的城市化进程也呈现出很大的地区差异。以我国为例,新中国成立后的几十年,由于种种原因城市化进程一直非常缓慢。1978年,我国结束计划经济时代,实行改革开放,城市化步伐随之加快。1978年,我国还只有不到18%的人居住在城市,1995年上升到29%。第六次人口普查数据显示,居住在城镇的人为665 575 306人,占总人口的49.68%。2011年成为我国城市化发展史上具有里程碑意义的一年,我国城镇人口数千年来首次超过农业人口,占总人口的比重达到50%以上,标志着我国开始进入以城市社会为主的新成长阶段。

由于改革开放40多年来经济的快速增长,中国城市数量迅速增长,与此同时城市规模不断扩大,北京、上海、深圳和广州等大城市的人口数量不断增加,基础设施不断完善。中小城市进入发展最快的时期,到21世纪中期,我国城市将会达到800个左右。《2000年世界发展指标》显示,当时其他国家如印度的城市人口比重大约是28%、越南是20%、菲律宾是57%、马来西亚是56%、土耳其是61%、中亚地区是66%,韩国由于其城市经济的飞速发展,已达到了80%的城市化水平。

在拉丁美洲,和亚洲一样,近二三年来都保持了相当高的城市人口增长速度。目前资料显示,在玻利维亚,大约只有61%的人生活在城市里,而阿根廷是89%,乌拉圭和委内瑞拉达到91%。中美洲国家的城市人口处在45%~60%,其城市化程度明显低于南美洲国家。拉丁美洲和加勒比地区有75%的人生活在城市里。

和世界上其他区域相比,非洲的城市化进程要慢了许多。1856年,非洲有9个人口在2万人以上的城市,3个人口在6万人以上的城市。这些城市大多分布在近海的地方。1990年,非洲城市人口只占25%。而且非洲内部不同地区城市化水平差距十分明显。以1995年城市化水平为例,东非城市人口比重为21%,中非为33.2%,北非为45.9%,南非为48.1%,西非为36.6%。非洲较大的城市有开罗,其人口为1100万,其次是阿尔及尔270万、开普敦240万。非洲国家共同的特点是都只拥有一个以出口为主的、面向国际市场的有百万人口的大城市。和亚洲、南美洲相比,其城市人口增长率具有更高的水平。

2. 大城市人口增长速度特别快

在过去的三四十年间,有些发展中国家的大城市平均人口增长率超过4%。1950年,世界上只有纽约和伦敦两个城市的总人口达到800万以上,而到1970年,达到这一规模的城市增加到11个,其中就有5个属于发展中国家。

1994年,全球共有22个总人口超过800万的大城市,其中16个在发展中国家。2000年世界上人口数量排名前20的城市中,发达国家仅占9个,而发展中国家占11个。整体来看,发展中国家大城市人口增长速度较快。例如,在1960—1980年,曼谷人口从 213 万增至 515 万。在这 20 年中,伊朗人口在 50 万以上的城市由 1 个增至 6 个,印度由 11 个增至 36 个。在人口在 100 万以上的大城市中,发展中国家从 1950 年的 24 个增至 1985 年的 147 个,而发达国家仅由 51 个增至 126 个,前者的发展速度明显高于后者。

根据联合国统计,目前,世界人口的 20% 集中在世界各国的 78 个人口在 400 万以上的大城市,而这 78 个大城市中有一多半在发展中国家。根据联合国的预测,从 1950 年到 2030 年,发达国家的城市人口将由 4.46 亿增加到 10.15 亿,而发展中国家的城市人口将由 3.04 亿增加到 40.2 亿,二者分别增加 2.28 倍和 13.49 倍。因此发展中国家城市人口增加速度较快,远远超过了发达国家的城市化速度,随着进一步的发展,在世界范围内,城市化水平的地区差异将不断缩小。

从世界范围看,1800 年,世界城市人口只占 3%,发展到 1900 年,也只占 14%。而经过 100 年(1900—2000 年)的时间,城市人口达到了 55%,人类历史上第一次出现了城市人口超过了农村人口的情况。1950 年,世界上人口在 10 万以上的城市有 484 个,1970 年增至 844 个。人口在 100 万以上的大城市在 1950—1970 年由 71 个增至 157 个,1980 年增至 234 个,根据美国《全球 2000 年报告》,发展中地区有 400 个城市突破了 100 万人口大关,而且发展中国家城市化增长的势头有增无减,持续而迅猛,而发达国家大多已经高度城市化。而今人类进入 21 世纪,世界城市化进程仍然保持这种态势,所以很多人说,世界进入了一个城市化时代,21 世纪的世界是城市化的世界。

三、世界城市化的特征

城市化是一个世界性的潮流,是社会历史发展的必然趋势。当代世界的城市化进程呈现以下特征。

(1) 城市化进程加快

1990 年世界城市化水平为 13.6%,1950 年为 29.2%,1980 年为 39.6%,1998 年则上升到 46.1%,城市化发展速率非常快。实际上,世界城市化进程加快主要是由发展中国家城市化进程加快引起的。到 1980 年,发达国家的城市化率已超过 70%,发达国家进入城市化发展的后期阶段,城市化的表现形式是生活质量的提高和城市现代化,对世界城市化速度的推进作用已不明显。与之相反,发展中国家由于城市化水平较低,正处于加速发展阶段,1980 年以后城市化的发展速度较 1950—1980 年要快 20% 左右。

(2) 大城市迅速发展,出现了规模巨大的城市群

1800 年全世界只有伦敦一个大城市达到 100 万人口规模;1850 年有 3 个人口达 100 万的城市,占城市总人口的 6%;1990 年人口达 100 万的城市增加到 16 个,占城市总人口的 13.9%;1950 年达到 150 个,占城市总人口的 23.6%;1980 年达到 234 个,占城市总人口的 40%,全世界平均每 8 人中有 1 个住在大城市。从 1900 年到

1980 年,世界大城市人口增长速度等于总人口增长速度的 3 倍,等于城市人口增长速度的 1.5 倍。

随着新技术的广泛应用,基础设施网络的逐步完善,大城市规模不断扩大,大城市间出现了新的城镇,城市之间的距离日益缩小。在世界上的一些地区,出现了规模巨大的城市群,如美国东北部大西洋沿岸城市群、五大湖沿岸城市群,欧洲西北部城市群,日本太平洋沿岸城市群,中国长江三角洲城市群、京津唐城市群、珠江三角洲城市群等。

(3) 城市化发展的区域差异明显

在发达国家,城市化伴随着工业化进行,已有 100～200 年的历史。目前城市化水平已很高,一般在 70% 以上,如美国、英国的城市化水平分别达到 78.5%(1998)和 89.4%(1998)。发达国家乡村地区也逐步城市化,乡村居民在生产方式与生活方式上已接近城市居民,因此发达国家的城市化进程已逐渐放慢或趋于稳定。而在发展中国家,乡村人口多,工业化水平低,城市化水平较低,城市化的区域差异较大。但是,发展中国家城市化进程的速度是发达国家的两倍。

(4) 发达国家出现"逆城市化"倾向

20 世纪 60 年代以来,发达国家的城市化出现了一个新现象,即农村和小城镇人口增加速度超过大城市,出现人口由大城市向中小城市、乡村扩散的新现象。这种现象称为"逆城市化"。"逆城市化"现象的出现,一方面是由于有人厌恶城市环境,追求较宽裕的活动空间和新鲜的空气;另一方面是由于交通信息发达,有人要求由城市迁往乡村。"逆城市化"实际上是一种更高形式的城市化,是城市化发展的一个阶段。

随着世界经济的不断发展,世界城市化将表现出以下趋势:①发展中国家城市化进程加速;②经济全球化和区域集团化形成全球城市多极结构;③大城市连绵区是全球最具发展潜力与活力的地区;④首位城市将主宰世界经济;⑤国际性城市内部社会极化现象突出;⑥全球开始掀起建设生态城市浪潮;⑦世界城市网络体系逐步形成。

第四节　中国的城市化

中国的城市化已有多年的历史,经历了一个由起步到发展的过程。我们以世界城市化为背景,对中国城市化的进程、特征进行分析,力图总结出一条符合中国国情、具有中国特色的城市化道路。

一、中国城市化的进程

从 1949 年中华人民共和国成立至今,中国城市化已有 70 多年的历史。纵观中国城市化的进程,大致可以分为五个阶段。

（一）城市化起步阶段（1949—1957 年）

1949 年,中国仅有城市 120 个,城镇人口 5765 万,城市化率仅为 10.64%。随着"党的工作重心由农村转向城市",国民经济恢复发展,"一五"计划顺利实现,多项重大城市工业发展项目的确立及当时推行的城市对农村开放政策,成千上万的农村劳动者进入城市,投身于城市经济建设当中,城市人口剧增。至 1957 年末,中国的城市增至 176 个,城市化水平上升为 15.39%。1953—1957 年,国家政治稳定,经济稳步发展,全国 GDP 年均增长率为 6.7%。时值新中国成立初期,中国进行大规模的经济建设,大批劳动力进城,城市人口机械增长很快,约占城市人口增长总数的 56%。随着城市生活水平和医疗保健水平的提高,城市人口出生率上升,死亡率下降,城市人口自然增长加快,约占城市人口增长总数的 44%。

（二）爆发性的工业化引起的超高速城市化阶段（1958—1960 年）

在所谓"以钢为纲""全面跃进""全民大办工业"的影响下,农村劳动力爆发性地涌进城市,使城市超高速发展。三年内中国新设城市 33 个,城市人口以每年 9.53% 的增长率增长,由 1958 年的 15.4% 猛升到 19.7%。

（三）工业调整时期的第一次反城市化阶段（1961—1965 年）

为了扭转"大跃进"造成的困境,1961 年开始,国家被迫采取大力压缩城市人口的政策,精简职工,停建缓建大批项目,动员部分职工家属和知识青年务农,动员了 2000 多万城市人口返回农村,城市人口开始大幅减少。国家对工业进行调整,1962 年开始又陆续撤销了一批城市,把城市数量由 1961 年的 208 个压缩到 1965 年的 171 个,城市化率由 19.7% 下降到 16.8%。

（四）工业化停滞时期的第二次反城市化阶段（1966—1976 年）

1966 年开始的"文化大革命"造成了国民经济的长期徘徊不前,大批干部、专业技术人员、青年学生以至城市居民,在"不在城里吃闲饭"的口号下,被动员"上山下乡",接受贫下中农再教育,城市化进程则因此而受阻。其间累计约有 3000 万人被强制性地迁往农村,而城镇企事业单位又从农村大量招收职工,使得很多农村人口转而成为城市人口,其总数累计达 2000 余万人,进出相抵后,城镇人口净迁出约 500 余万人。在此期间,城市只增加了 25 个,城市化水平则在 17.3% 上下徘徊,这一时期城市人口增长全部是自然增长。

（五）主要由农村经济体制改革推动的城市化时期（1977—1984 年）

1977—1984 年是以农村经济体制改革为主要推动力的城市化发展阶段,也是城市化的恢复发展期,具有明显的"先进城后建城"特征。在此期间,大约有 2000 万"上山下乡"的知识青年和下放干部返城并就业;高考的全面恢复和迅速发展使得一批农村学生进入城市;城乡集市贸易的开放和迅速发展也使得大量农民进入城市和小城镇,出现了大量城镇暂住人口;乡镇企业的发展也促进了小城镇的发展,为城市维护和建设筹集到了一定量的资金。这一时期的经济体制改革,特别是农村经济体制的率先改革,促进了地区乃至整个国民经济的起飞,也大大推动了中国城市化的进程,结束了城市发展多年徘徊不前的局面,城市化率由1977年的17.55%提高到1985年的23.71%。

(六) 城市体制改革和乡镇企业双重推动的城市化时期(1985—1991年)

1985—1991年,城市体制改革进一步深化,城市经济以发展新城镇为主,特别是在沿海地区出现了大量新兴的小城镇,同步带动的则是乡镇企业的进一步加速发展,从而推动了中国的城市化进程。这一时期,城市化率由1985年的23.71%提高到1991年的26.94%。

(七) 城市化全面推进阶段(1992至今)

1992年以来,城市化全面推进,以城市建设、小城镇发展和普遍建立经济开发区为主要动力,大中型中心城市规模扩张、城市建设加速、城市经济活跃,为城市化的加速发展提供了巨大的空间。伴随着工业化进程的加速,我国城镇化经历了一个起点低、速度快的发展过程。2013年,城镇常住人口7.3亿人,城镇化率53.7%,城市数量658个,建制镇20 113个。京津冀、长江三角洲、珠江三角洲三大城市群,以2.8%的国土面积集聚了18%的人口,创造了36%的国内生产总值,成为带动我国经济快速增长和参与国际经济合作与竞争的主要平台。《中华人民共和国2020年国民经济和社会发展统计公报》指出:2020年年末常住人口城镇化率超过60%。十九大报告提出"以城市群为主体构建大中小城市和小城镇协调发展的城镇格局",这为未来稳步推进城市化奠定了良好的基础。

二、中国城市化的基本特征

(一) 多种模式的城市化发展道路

中国城市化的发展方针是"要坚持实行严格控制大城市规模,合理发展中等城市和小城市的方式",这成为具有本土化特点的城市化道路。著名社会学家费孝通先生认为,发展中小城市的城市化道路有三种发展模式。一是苏南模式。它以大城市为依托,以社队企业为基础,实行社区所有制的小城市发展模式。二是温州模式。它是自发型城镇化模式,以家庭作坊为基础逐渐发展出联合企业,实现城市规模的不断扩大的发展模式。温州是沿海地区的侨乡,人口密集,人多地少,人口压力促进了家庭作坊式的经营走向"联合",形成合作性质的集体所有制,由此实现了城市化。三是珠江模式。它以香港为中心形成了若干层次的同心环形地带。第一环是深圳和珠海经济特区,第二环是广州附近的东莞、中山、顺德(现已改为区)、南海(现已改为区)等县市。在香港把许多劳动密集型的工厂或车间向珠江三角洲转移过程中,实现了珠江三角洲的地区的人口城市化。

(二) 政府发动的城市化

中国城市化的突出特点是城市化及其基础工业化是由政府发动的。这使得城市化的动力主要是政治性和社会性的,而非经济性的。这主要表现在以下三个方面。

①城镇的建立和发展受政府支配,形成了政治中心和经济中心两位一体的城镇网络。中央政府以直辖市为依托,省政府重点发展省会城市,县政府重点发展县城,乡政府把企业集中在乡政府所在地。这样形成政治中心与经济中心高度合一的城市体系。这种城市体系的优点是可以通过非经济力量将分散的、有限的生产要素予以集中,形成集聚经济效益。但缺点是容易造成政府对经济的行政干预。

②由于政府是城市化的主体,政府能够通过各种强有力的措施限制农村人口流往城市。政府通过户口、就业、商品粮、住房等管制措施严格限制农村人口进入城市,其结果是造成了事实上的"城乡壁垒",造成了城镇居民的世袭制。整个社会形成一种二元社会的体系:一方面是世袭的城市居民身份,另一方面则是无法改变的农民角色。这种二元社会体系不利于城市与农村的发展,不利于建立协调的城乡关系。

③这种由政府发动的城市化可以使政府采取强有力的方式从农村中积累城市化、工业化所需的建设资金。发达国家可以通过殖民掠夺和发动战争的方式进行原始积累,也可以通过利用外资的方式进行原始积累,还可以通过农业剩余劳动力转化的方式进行原始积累,获得工业化初始阶段的资金。中国城市化初级阶段的资金主要来源于农业,但积累的方式不是通过个人储蓄,不是通过税收,而主要是通过工农业产品的"剪刀差"进行的隐性积累。

中国城市化动力的非经济性,导致城市发展过程中走过一些弯路。在指导思想上只算政治账,不算经济账;在城市化过程中,不按经济规律办事。政府既可以根据某种目标进行爆发式的城市化,使城市人口数量剧增,如"一五"期间城市的飞速发展;也可以采取措施让城市化迅速减速,如中国城市化过程中出现的两次反城市化运动。中国政府通过一系列的行政措施来影响和改变城市化的进程和速度,这些措施包括:改变设市和设镇的标准,实行不同的工业化方式,精简城市居民,动员城市居民到农村等。

(三) 城市结构失衡

一方面是大城市和特大城市迅速发展,中小城市发展相对缓慢,功能不足;另一方面沿海城市发展迅速,内地城市尤其是中西部城市发展缓慢。这两种结构性失调阻碍了城市化进程。

首先,城市数量太少。第六次人口普查数据显示,中国总人口数达 13.7 亿,设市建制的城市只有 654 个,平均每 209 万人才有一座城市。中国城市数量不仅与人口总数相比显得少,而且城市的绝对数也较少。日本在 1980 年时,每 38 万人就拥有一座城市,印度在 1981 年每 82 万人就拥有一座城市,而中国在 1986 年以前,每 300 万人以上才拥有一座城市,有时甚至每 500 万人才拥有一座城市。这个比例对于中国这样一个处于城市化初期阶段的人口大国来说,显然是不协调的。

其次,城市规模结构"头重脚轻"。一方面大城市比重过高。1949 年,中国人口在百万以上的城市只有 5 个,到 2000 年,按非农人口计算的人口在百万以上的特大城市有 40 个。另一方面,中国小城市发展不足。1988 年,按非农人口计算,中国小城市人口占城市总人口的比重为 27%,而美国的这一比例为 62%,法国为 60%,日本为 36%。中国小城市人口的增长速度太慢,这与世界城市发展的一般趋势相反。

再次,中国城市地域分布不平衡,具有东密西疏的特点,与中国人口的地区分布成正相关关系。根据胡焕庸先生的方法,从黑龙江的漠河到云南省的腾冲画一条直线,直线以东的土地面积占全国总面积的 48%,而人口占全国总人口的 95%。按市区非农人口计算,此线以东的城市人口占全国城市总人口的 90% 左右,囊括了除兰州以外超过百万人口的大城市和特大城市。按地区计算,此线以东每平方千米约有城市人口 25 人,此线以西每平方千米约有城市人口 3 人,东部是西部的 8 倍多,这表明东部的城市发展水平远高于西部,城市及城市人口的分布具有东密西疏的特点。几十年来,中国政府加速开发西部和内地地区,但并没有从根本上改变城市分布的不平衡。在长江三角洲、珠江三角洲、辽中平原和京津唐地区,城市密集,经济发达。而在西部地区,城市发展的基础薄弱,城市发展的绝对水平不高,城市经济效益较低。

最后,从城市的功能结构看,中国城市化具有明显的"工业型城市化"的特点,加之中国长期形成的"变消费城市为工业城市"的指导思想,使中国城市功能偏重于工业,城市多为工矿城市,商业城市、金融城市、旅游城市、科技城市、教育城市发展严重不足。

(四)城市化发展进程中的城乡二元对立

户籍制度长期影响城市化进程。城镇人口占总人口比重增长很不稳定,既有激增时期,又有骤减时期,波动十分明显。特别是户籍制度成为农民城市化的重要制约力量,一方面,大量的农民工为城市发展做出贡献;另一方面,他们又无法享受到城市化发展带来的好处,形成制度不平等。这种状况导致人口流动的主体是经济活动型,其重要的结构特征是成年化和高度的就业倾向。农民工年龄高度集中在 15～29 岁的年龄段。同时,他们的生存状况是边缘化的。

首先表现为城乡双重居民身份体制。中国的城市居民与农村居民,实际上是地位、权利不平等的两个社会阶层。改革开放之前,中国城市的生产、消费都是通过国家计划进行直接和间接的分配。生产资料采用计划调拨的方式,基本消费资料采取定量供应的方式。政府通过行政强制手段从农民手中低价购进农副产品,然后低价卖给城市居民;或者高价购买农副产品,通过财政补贴的方式低价卖给城市居民。城乡居民的消费水平呈现不断拉大的趋势。新中国成立 70 多年来,中国城乡居民的消费水平差距始终没有低于 2.3 倍,有的年份竟高达 3.5 倍。如 1999 年,城市居民人均可用于消费的收入为 6796 元,比上年实际增长 9.31%,农村居民人均可用于消费的收入为 1927 元,实际增长仅为 1.69%。

其次表现为城乡双重交换体制。改革开放以前,中国城乡之间是一种不平等的商品交换体制,是依据非经济的强制手段建立起来,并通过工农业产品"剪刀差"的途径来实现的。据调查,1979 年以前,农民通过"剪刀差"为国家提供的资金每年在 300 亿元以上,相当于国家每年基本建设投资总额。中国在 1953—1985 年 30 多年间,国家工业化的投资主要是通过"剪刀差"获取的,是"剪刀差"奠定了中国工业现代化的初步基础。但这也极大挫伤了农民的积极性,使城市化的外部推力不足,阻碍了城市化的正常进程。

（五）经济发展成为城市化发展的主要动力

城市化的发展动力主要是经济发展。一是注入式城市发展模式,即依靠外部资金的直接投入,如国家或外商的直接投资,如深圳市等;二是自发式的城市发展模式,即依靠地区自身的力量,通过经济发展建立起来的城市,如温州市;三是混合式的城市发展模式,既有自身经济发展,又有相当规模的外部生产要素的投入,如洛阳市。

（六）人口城市化有效地控制了中国人口增长

有研究表明,在同样的农村、城市生育率与死亡率假设条件下,有人口城市化方案的人口可比无人口城市化方案的人口在 21 世纪中期减少 1.3 亿以上。同时,当生育水平较高,特别是农村生育水平较高时,人口城市化对控制人口增长的影响更大。

三、中国城市化的原则

中国应该确立什么样的城市化政策?如何才能走出一条具有中国特色的城市化道路?我们认为,中国的城市化应该贯彻以下原则。

（一）经济效益、社会效益和生态效益相统一的原则

毫无疑问,大城市的经济效益远高于中小城市,但中小城市的生态效益以及在解决农村剩余劳动力、安排就业等方面的社会效益优于大城市。在未来城市化过程

中,要兼顾经济效益、社会效益和生态效益。中国应根据城市发展的不同阶段,制定有针对性的城市化战略。一般来说,在近期(城市化水平在 20%以内)以经济效益为主,兼顾社会效益和生态效益;在中期(城市化水平为 35%～50%)以社会效益为主,经济效益次之,兼顾生态效益。在远期(城市化水平达 50%～80%)要以生态效益为主,兼顾社会效益和经济效益。从总体上讲,城市化的效益是同步增长的,但在不同的阶段可以有不同的侧重点。

(二)政府发动型机制和民间发动型机制相结合的原则

在传统的体制下,中国城市化的主体是政府。政府负责市政建设、住宅建设,以及提供城市化所需的全部资金。这种单一化的投资主体严重阻碍了城市的发展。随着改革的深入,需要动员社会各方面力量参与城市建设,形成包括政府、企业、个人的多元化的城市建设主体。

(三)内涵城市化与外延城市化相结合的原则

内涵城市化指的是通过在现有城市中加强科技投入,进行技术改造,提高城市经济效益和社会效益;外延城市化指的是扩大城市规模和建设新的城市,增加城市人口占总人口的比例,扩散城市生产方式和生活方式。在中国未来城市化过程中,应走内涵城市化与外延城市化相结合的道路,即现有城市特别是大城市要以内涵发展为主,发挥城市的中心作用,提高城市效益;而农村城市化则以外延城市化为主,通过扩大小城市规模,设立新的城市,带动农村向城市过渡。

(四)人口城市化、农村工业化和农村生活方式城市化相统一的原则

城市化不仅要使一部分农村人口向城市流动,续而变成城市人口,而且还要大力发展乡村工业,实现农村工业化。农民通过从事工业生产,变成工人,完成职业转换,并在此基础上实现由农村居民向城市居民的角色转换。要大力发展农村的文化教育、科学、卫生、体育、交通、通信事业,促进农村第三产业的发展,提高农民的生活水平和生活质量。

(五)"据点"式发展和"网络"式发展相结合的原则

中国城市化一直采用"据点"式发展方式。到 2000 年,中国已有 663 个城市。"网络"式发展指的是通过发达的交通和通信形成城市群和城市带,组建城市化地区,建立高效率的城市网络。它可以大幅加强城市之间、城乡之间的联系,提高地域分工的合理性,形成城市化的新格局,提高城市的综合效益,加速城市文明的扩散。

四、中国城市化发展道路的代表观点

如何正确选择中国的城市化道路模式,走具有中国特色的城市化道路,是学术

界关注的重要问题。1980年城市发展方针提出以后,围绕着城市发展方针,学术界展开了激烈的争论。争论的核心之一就是中国城市化战略问题,具体地说,就是重点发展何种规模的城市,才是中国城市化道路的最佳选择。归纳起来,关于中国城市化战略的争论,其主要观点有以下几种。

(一) 小城镇发展论

这种观点认为发展小城镇是现阶段促进中国城市化进程的一条现实而有效的途径。

中国原有的城市无力接纳数以亿计而亟待转移的农村剩余劳动力和乡村人口,而中国的国情、国力又难以再建大量的新城市以容纳从农村转移出来的人口。福利补贴、粮食补贴等已成为国家的沉重负担,城市住房、交通、供水、就业等问题也已相当紧张。因此,只能在原有乡村集镇的基础上发展小城镇。这样就可以离土不离乡,进厂不进城,将大量的农村剩余劳动力就地消化。发展小城镇还可以有效地防止"城市病"的发生。建立和完善合理的城市体系要求小城镇有较大发展。

小城镇发展论的主要目标是解决中国农村剩余劳动力就地向非农产业转移的途径和方式问题。持此类观点者还认为:"积极发展小城市和大力发展小城镇,成为具有中国特色的人口城市化的方向";"小城镇是我国城市化的战略重点";"发展小城镇是我国实现农村现代化的捷径";"积极发展小城镇是具有中国特色的城市化道路的标志";"'离土不离乡,进厂不进城',这是我国在改革中创造的一个奇迹"。

在这种思想的影响下,加上政府的大力支持,在1978年以前发展停滞的小城镇在20世纪80年代以后逐步复苏、活跃、发展起来,到目前已经呈现出"遍地开花"的局面。学术界一方面看到了这种现象的必然性和积极作用,另一方面也有不少人充分注意到其人为因素和消极后果,指出小城镇的发展缺乏重点,遍地开花,占地过多,对环境污染严重,不仅没有避免"城市病",还造成了比"城市病"危害更大的"农村病"。"离土不离乡,进厂不进城"的城镇化模式是一种不彻底的劳动力转移方式,不仅阻碍了城市化发展,也约束了农业商品化的进程。"把这种模式当作中国农村工业化、城市化的最佳目标模式和终极格局,则是错误的。"客观地说,小城镇只是中国城市化发展战略中的一个方面,仅仅通过小城镇的数量扩张并不能从根本上解决中国的城市化问题。

(二) 大城市发展论

这种观点认为中国城市化道路应以发展大城市为重点,将有限的资金主要用于建设和发展大城市,形成以大城市为中心的城市群和城市带,以此推进中国城市化进程。其理由是:①从世界城市化的历程来看,大城市超前发展是工业革命以后世界各国的普遍规律,在城市化的初期和中期发展大城市是世界的共同趋势;②从经济、社会、环境和基础设施建设等各个方面来分析,大城市的规模效益都高于中、小城市;③社会主义市场经济和中国资金缺乏、土地资源紧缺的国情都需要中国发展大城市;④"城市病"与城市规模大小之间并无必然联系。

只要中国经济进一步发展,人口由农业向非农产业的转移就不可避免。虽然其中的一些转移可以通过发展乡村非农产业予以解决,但这最多只能延缓人口向城市的迁移。这种延缓,在城市建设体制没有深刻变革、城市对迁移者缺乏足够准备的时候,无疑是有价值的。但延缓本身绝不是答案。历史终将显示:由于城市尤其是大城市在组织广泛的非农经济活动方面具有无可比拟的规模经济和聚集经济优势,城市作为现代经济增长中心的出现,有其充分的理由。人口必将向大城市迁移,这是不可阻挡的历史潮流。

(三) 大城市发展论中的大都市圈理论

自法国学者戈特曼 1957 年提出"大都市圈(带)"概念以来,大都市圈已成为衡量一个国家或地区社会经济发展水平的重要标志。戈特曼认为,大都市圈形成的基本条件和标准有五个:①区域内有比较密集的城市;②有相当多的大城市形成各自的都市区,核心城市与都市区外围地区有密切的社会经济联系;③有联系方便的交通走廊把核心城市连接起来,各都市区之间没有间隔,并且联系密切;④必须达到相当大的总规模,人口在 2500 万以上;⑤属于国家的核心区域,具有国际交往枢纽的作用。

尽管国内被冠以"大都市圈(带)"概念的地区很多,但按照戈特曼提出的标准,中国目前称得上"大都市圈(带)"的地区只有三个。它们分别是京津唐、长三角和珠三角。无疑京津唐、长三角和珠三角三大都市圈(带)的发展,将对中国城市化战略的实现和对其他大都市圈(带)的形成,都有着深远影响。京津唐、长三角、珠三角三大都市圈的由来、现状及发展趋势都引起人们关注。可以预测,未来国内区域竞争将是都市圈(带)之间重量级的较量,中国最大的三个都市圈(带)将引领中国经济发展的主方向,并成为辐射带动相关区域经济社会发展的龙头。

国内学者王建 1996 年提出了"九大都市圈"的城市化模式。他认为,美国式的"大分工的区域布局与中小城市为主的城市化道路"不适合我国的实情,但日本由于平原少而采用的"都市圈式的经济布局方式以及大中型城市为主的城市化道路"值得借鉴。

另外一些学者提出的"仿电子集成块城市"理论主张,主要发展能把长三角、珠三角、环渤海、辽中南、济青烟等城市带串成一条线的东南沿海 10 亿人口的一级特大都市圈,同时兼顾发展中西部的较小都市圈。

城市化战略是中国社会经济发展的重要战略之一。大城市、特大城市还将继续发展,无疑,京津唐、长三角和珠三角三大都市圈的发展,将对中国城市化战略的实现和对其他大都市圈的形成,产生深远影响。

（四）中等城市发展论

这种观点试图调和前两种观点，认为中等城市兼有大城市和小城镇的优点，并易于克服二者的弊端。中等城市一方面可以减轻"城市病"，使城市建设和生活质量得到改善；另一方面解决了小城镇过于分散的问题，提高了空间聚集效益，从而也提高了城市化的水平和质量。中等城市发展论从中国的实际情况分析入手，提出中等城市的经济效益与社会效益能够获得较好的统一。中国拥有 20 万～50 万人口的中等城市有 100 多个，它们的经济效益明显优于小城市，与大城市相比也不逊色，有些甚至超过大城市。中等城市在 1980 年每百元固定资产提供的工业产值和利润高于拥有 50 万～200 万人口的大城市，1982 年每个职工平均工业产值（80 年不变价）也高于拥有 50 万～200 万人口的大城市。因此，中国的城市化应当以条件较好的县城、小城市和建制镇为基础依托，逐步建设上千个新的中等城市。在少数条件具备的地方，扩建一批有百万人口的大城市，同时仍保留、改造、建设一部分小集镇，而大量的过去公社所在地则使之逐步恢复成田园。

从经济的角度来看，并不一定城市规模越大效益越好，一旦城市规模超过适度的范围，逆规模经济效益将迅速增长，导致企业的边际成本超过边际效益，即产生负效益。小城市不应成为中国城市发展的战略重点，因为小城市的经济效益明显低于全国平均水平。此外，小城市的土地利用率低，治理污染的成本高。但是中等城市的发展应根据中国的国情及城市自身的特点来建设。20 万～50 万人口是城市的最佳效益规模。从城市体系来看，中等城市具有承"大"启"小"的地位与作用，发展中等城市既有利于促进大城市的发展，又有利于推动小城市的发展。从经济效益、社会效益和环境效益的统一来看，中等城市在人口、空间、经济这三大要素的结合上矛盾最小，比大城市和小城市都更易于做到各种效益的完满结合。从中国的行政区划及地理位置看，中等城市具有分布广且较均衡、合理的特点。中国中等城市大多是省、地级行政中心，同时又是区域经济、文化的中心，发展中等城市十分有利于中国生产力布局的平衡。从产业结构来看，农业社会是以农村为中心的结构模式，近代工业社会是以大城市为中心的结构模式，而新科技文明时代的信息社会则是以新型中等城市为中心的结构模式。中国在城市发展战略上应考虑国际新趋势。新型中等城市以新科技为主要产业部门，代表社会发展的方向。发展新型中等城市可以促进全国产业结构合理化，从而推动中国城市化与现代化的发展。

（五）大中小城市并举的多元发展论

这种观点认为，中国的城市化应当把世界城市化的共性与中国的特色结合起来，走既符合中国国情又遵循世界城市发展规律的城市化道路，在规模上应是大、中、小城市并举，在地域上应是东、中、西部多元发展。中国城市化道路的选择，必须转变战略思路，即由过去基本上是以发展小城市为主，转向以大中城市为主导、大中小城市全面发展的思路。具体来讲就是:挖掘大城市的潜力,扩大和建设中等城市,择优和适度发展小城市,进而加速中国的城市化进程。其理由如下。

①过度小城镇化产生的"农村病"比世界城市化进程中出现的"城市病"更可怕。"城市病"是一种社会经济"发展病",完全可以通过社会经济的自身发展而得到治理。相反,由城市化滞后而产生的"农村病",即农村中出现的乡镇工业分散、小城镇建设无序化和离农人口"两栖化"等现象,则是一种"停滞病"。这种病不仅比一般的"城市病"更难治,而且还会引发更严重的"城市病"。因此,我们完全没有必要因噎废食,因害怕"城市病"而不敢发展特大城市,不敢发展大、中城市。

②全面发展大中小城市是把社会效益、经济效益和生态效益三者结合的最佳选择。选择以发展小城镇为重点作为中国城市化的道路,是一条违背世界各国城市化普遍规律、城市化成本最高、社会效益和生态效益欠佳的道路。

③以大、中城市为主导的城市化是充分利用大、中城市原有基础并挖掘其潜力的正确途径。以小城镇为重点的城市化道路忽视了利用原有大、中城市的基础和潜力。中国的城市化应当从实际出发,以原有大、中城市为基础和出发点,充分挖掘其潜力,这是中国城市化成本最低的道路。

④发展大、中城市,打开城门,是顺应农民迫切要求城市化的积极的根本举措。中国亿万农民在经济上和政治上都有渴望城市化并创造条件进入大、中城市的迫切要求,这种要求是符合历史发展规律和市场经济对资源的优化配置的,同时,这种要求不是通过建设一些水平低的"离土不离乡"的小城镇便能满足的。亿万农民所追求和向往的是现代的、文明的城市,即水平较高的大、中城市,城市化的实现,必须满足体现农民根本利益的这些要求。

从区域经济发展的角度来看,中国国土辽阔,人口众多,地域差别很大,生产力水平和经济发展不平稳,城市发展的基础也有很大的不同。因此,城市化应充分体现区域特色,靠区域城市化来实现城市化总体战略目标。

五、中国新型城镇化发展规划

《国家新型城镇化规划(2014—2020年)》对我国的新型城镇化进行了明确的规划。其中协调区域发展以及处理好大中小城市发展的关系具有重要的指导意义。

(一)优化城镇化布局和形态

第一,优化提升东部地区城市群。东部地区城市群主要分布在优化开发区域,面临水土资源和生态环境压力加大、要素成本快速上升、国际市场竞争加剧等制约,必须加快经济转型升级、空间结构优化、资源永续利用和环境质量提升。京津冀、长江三角洲和珠江三角洲城市群是我国经济最具活力、开放程度最高、创新能力最强、吸纳外来人口最多的地区,要以建设世界级城市群为目标,继续在制度创新、科技进步、产业升级、绿色发展等方面走在全国前列,加快形成国际竞争新优势,在更高层次参与国际合作和竞争,发挥其对全国经济社会发展的重要支撑和引领作用。科学定位各城市功能,增强城市群内中小城市和小城镇的人口经济集聚能力,引导人口和产业由特大城市主城区向周边和其他城镇疏散转移。依托河流、湖泊、山峦等自然地理格局建设区域生态网络。东部地区其他城市群,要根据区域主体功能定位,在优化结构、提高效益、降低消耗、保护环境的基础上,壮大先进装备制造业、战略性新兴产业和现代服务业,推进海洋经济发展。充分发挥区位优势,全面提高开放水平,集聚创新要素,增强创新能力,提升国际竞争力。统筹区域、城乡基础设施网络和信息网络建设,深化城市间分工协作和功能互补,加快一体化发展。

第二,培育发展中西部地区城市群。中西部城镇体系比较健全、城镇经济比较发达、中心城市辐射带动作用明显的重点开发区域,要在严格保护生态环境的基础上,引导有市场、有效益的劳动密集型产业优先向中西部转移,吸纳东部返乡和就近转移的农民工,加快产业集群发展和人口集聚,培育发展若干新的城市群,在优化全国城镇化战略格局中发挥更加重要的作用。加快培育成渝、中原、长江中游、哈长等城市群,使之成为推动国土空间均衡开发、引领区域经济发展的重要增长极。加大对内对外开放力度,有序承接国际及沿海地区产业转移,依托优势资源发展特色产业,加快新型工业化进程,壮大现代产业体系,完善基础设施网络,健全功能完备、布局合理的城镇体系,强化城市分工合作,提升中心城市辐射带动能力,形成经济充满活力、生活品质优良、生态环境优美的新型城市群。依托陆桥通道上的城市群和节点城市,构建丝绸之路经济带,推动形成与中亚乃至整个欧亚大陆的区域大合作。中部地区是我国重要粮食主产区,西部地区是我国水源保护区和生态涵养区。培育发展中西部地区城市群,必须严格保护耕地特别是基本农田,严格保护水资源,严格控制城市边界无序扩张,严格控制污染物排放,切实加强生态保护和环境治理,彻底改变粗放低效的发展模式,确保流域生态安全和粮食生产安全。

第三,建立城市群发展协调机制。统筹制定实施城市群规划,明确城市群发展目标、空间结构和开发方向,明确各城市的功能定位和分工,统筹交通基础设施和信息网络布局,加快推进城市群一体化进程。加强城市群规划与城镇体系规划、土地利用规划、生态环境规划等的衔接,依法开展规划环境影响评价。中央政府负责跨省级行政区的城市群规划编制和组织实施,省级政府负责本行政区内的城市群规划编制和组织实施。建立完善跨区域城市发展协调机制。以城市群为主要平台,推动跨区域城市间产业分工、基础设施、环境治理等协调联动。重点探索建立城市群管理协调模式,创新城市群要素市场管理机制,破除行政壁垒和垄断,促进生产要素自由流动和优化配置。建立城市群成本共担和利益共享机制,加快城市公共交通"一卡通"服务平台建设,推进跨区域互联互通,促进基础设施和公共服务设施共建共享,促进创新资源高效配置和开放共享,推动区域环境联防联控联治,实现城市群一体化发展。

(二) 促进各类城市协调发展

优化城镇规模结构,增强中心城市辐射带动功能,加快发展中小城市,有重点地发展小城镇,促进大中小城市和小城镇协调发展。

第一,增强中心城市辐射带动功能。直辖市、省会城市、计划单列市和重要节点城市等中心城市,是我国城镇化发展的重要支撑。沿海中心城市要加快产业转型升级,提高参与全球产业分工的层次,延伸面向腹地的产业和服务链,加快提升国际化程度和国际竞争力。内陆中心城市要加大开发开放力度,健全以先进制造业、战略性新兴产业、现代服务业为主的产业体系,提升要素集聚、科技创新、高端服务能力,发挥规模效应和带动效应。区域重要节点城市要完善城市功能,壮大经济实力,加强协作对接,实现集约发展、联动发展、互补发展。特大城市要适当疏散经济功能和其他功能,推进劳动密集型加工业向外转移,加强与周边城镇基础设施连接和公共服务共享,推进中心城区功能向1小时交通圈地区扩散,培育形成通勤高效、一体发展的都市圈。

第二,加快发展中小城市。把加快发展中小城市作为优化城镇规模结构的主攻方向,加强产业和公共服务资源布局引导,提升质量,增加数量。鼓励引导产业项目在资源环境承载力强、发展潜力大的中小城市和县城布局,依托优势资源发展特色产业,夯实产业基础。加强市政基础设施和公共服务设施建设,教育医疗等公共资源配置要向中小城市和县城倾斜,引导高等学校和职业院校在中小城市布局、优质教育和医疗机构在中小城市设立分支机构,增强集聚要素的吸引力。完善设市标准,严格审批程序,对具备行政区划调整条件的县可有序改市,把有条件的县城和重点镇发展成为中小城市。培育壮大陆路边境口岸城镇,完善边境贸易、金融服务、交通枢纽等功能,建设国际贸易物流节点和加工基地。

第三,有重点地发展小城镇。按照控制数量、提高质量、节约用地、体现特色的要求,推动小城镇发展与疏解大城市中心城区功能相结合、与特色产业发展相结合、与服务"三农"相结合。大城市周边的重点镇,要加强与城市发展的统筹规划与功能配套,逐步发展成为卫星城。具有特色资源、区位优势的小城镇,要通过规划引导、市场运作,培育成为文化旅游、商贸物流、资源加工、交通枢纽等专业特色镇。远离中心城市的小城镇和林场、农场等,要完善基础设施和公共服务,发展成为服务农村、带动周边的综合性小城镇。对吸纳人口多、经济实力强的镇,可赋予同人口和经济规模相适应的管理权。

参考书目

[1] 向德平.城市社会学[M].北京:高等教育出版社,2005.

[2] 许英.城市社会学[M].济南:齐鲁书社,2002.

［3］　张钟汝,等.城市社会学[M].上海:上海大学出版社,2001.

［4］　吴晓,魏羽力.城市规划社会学[M].南京:东南大学出版社,2010.

［5］　顾朝林,刘佳燕,等.城市社会学[M].2 版.北京:清华大学出版社,2021.

［6］　蔡禾.城市社会学:理论与视野[M].广州:中山大学出版社,2003.

［7］　王颖.城市社会学[M].上海:上海三联书店,2005.

［8］　佟新.人口社会学[M].4 版.北京:北京大学出版社,2010.

［9］　王德起,谭善勇.城市管理学[M].北京:中国建筑工业出版社,2009.

［10］　周一星.城市地理学[M].北京:商务印书馆,1999.

［11］　夏建中.城市社会学[M].北京:中国人民大学出版社,2018.

［12］　约翰·J.马休尼斯,文森特·N.帕里罗.城市社会学:城市与城市生活[M].6 版.北京:中国人民大学出版社,2016.

［13］　国家新型城镇化规划(2014—2020 年)[M].北京:人民出版社,2014.

［14］　R.E.帕克,E.N.伯吉斯,R.D.麦肯齐.城市社会学[M].北京:华夏出版社,2000.

思考题

1. 结合现实生活,思考城市社区与农村社区的不同。
2. 结合实例,思考城市化的动力。
3. 思考郊区化与逆城市化的区别。
4. 结合实际,思考反城市化这一现象。
5. 世界城市化的特征有哪些?
6. 中国城市化的基本特征有哪些?
7. 对于中国城市化发展道路有哪几种观点?

推荐阅读书目

［1］　顾朝林,刘佳燕,等.城市社会学[M].2 版.北京:清华大学出版社,2021.
［2］　周一星.城市地理学[M].北京:商务印书馆,1999.

第四章 城市社会结构

对社会结构的分析是理解一切社会现象的出发点。社会结构作为社会学研究的重要议题和基本范畴，目的在于对纷繁复杂的社会现象进行基于观察的理论概括，从而使得人们对社会内在规律及其外在呈现形态形成更为深刻、有序的认识。我们知道，城市作为人类文明呈现最为密集的场所，其社会特征的表现更加令城市观察者、研究者眼花缭乱，而社会结构正好为我们认识、分析城市社会提供了最好的切入点。从静态的角度讲，社会结构分析能够使我们清晰地认识城市社会的内在特征；从动态的角度讲，社会结构的变化能够方便我们从本质上把握城市社会的变动状况和趋势。本章在明晰社会结构概念的基础上，对城市社会的主要社会结构（如人口、家庭、经济、社会组织以及社会阶层等）进行介绍和分析。

第一节 社会结构的内涵

一、结构的含义及其在不同学科中的应用

要理解社会结构的内涵，有必要阐述"结构"的来源、含义及其在不同学科中的

应用过程。"结构"(structure)一词源自拉丁文 struere，原本是建造的意思。后缀-ure 在英语构词法中主要用来形成名词，原指某种行动或者过程，或指某过程的结果或后果。因此，结构(structure)在主要含义上类同于"building"，可指建造某物的行动，也可指某建造过程的最终产品，其核心意义与"constructing/forming"等词有关。

"结构"一词在不同学科中的应用，反映出人类学科知识发展的进程。早期，结构主要在建筑学领域来使用，特指某建筑物构成元素之间的内部安排、成分或组织，教堂、大厦及居住房屋等实体建筑因其各部分以特别方式组合起来从而拥有自己独有的特征；物理学、工程学迅猛发展后，结构开始在新的科学领域得以利用，如物理学中阐述的拉伸结构、压缩结构，结构思想从建筑学向物理学、工程学领域延伸；随着生物学的兴起，结构被借用到生物学领域，用来指那些组成一个有机体彼此连接或相互独立的各个部分的组合体，如将生物体看作一个由各种器官和其他组成元素组织起来的复杂联合体；同期，结构也被用于地质学，用来描述组成地壳和地表的岩层模式；结构还被用于化学，用来描述分子、原子的排列形式。

显然，"结构"最初作为专业科学术语存在，在各研究领域中用来描述任何复杂、有组织整体的各组成部分如何被组织成为一个特殊的模式或形式。[①] 可见，结构的核心思想是指组成系统的各元素的模式或安排，亦即某系统整体与部分、部分与部分之间的关系。

二、社会学早期对社会结构的表述

结构观念进入社会学，始于自然主义和实证主义开始尝试社会分析的社会学初创时期，当时社会结构概念的建构基本上依赖于对生物学的移植和嫁接。孔德、斯宾塞、涂尔干等社会学创始人的相关论述都直接反映了这种自然科学取向的认识方式。

孔德(August Comte，1798—1857)开启了社会学实证主义传统，被称为社会学之父。他认为社会是一种有规律的结构，与生物有机体有极大的相似性，是一个由各种要素组成的整体。这种整体结构同组成它的部分之间具有和谐性，而这种和谐的根基在于人性。孔德认为，人类自然拥有博爱的倾向，扩充这种倾向就可以引导人类迈向秩序和谐的境地，而人类博爱倾向的孕育和发展之地，首先是家庭，其为"社会真正的要素或社会的细胞"；然后是阶级或种族，其为"社会的组织"；最后是城市和社区，其为"社会的器官"。可见，孔德已经在一些观念事实上引出了一个结构解释视角，尝试用整体与部分的关系，用人性、博爱与秩序的联系来串接社会结构的概念。

---

① 关于"结构"原意及在不同学科分析框架中的应用，见杰西·洛佩兹、约翰·斯科特，《社会结构》，吉林人民出版社，2007。

斯宾塞(Herbert Spencer,1820—1903)社会理论的总体思路也是用当时生物学的最新学说来解释社会现象,因此又被称为社会达尔文主义。按照斯宾塞的观点,社会被看作一个独立存在的实体,与组成社会的个人具有不同的特性,这种个性使得社会整体与生命有机体表现出一致性,从而将社会看作一个类似于但又有别于生命有机体的超有机体。斯宾塞因此运用生物学系统结构的知识来分析社会,认为社会处在不断的生长和发展之中,规模和范围的不断扩大使得社会有机体的结构日益复杂。他认为,任何生物有机体都有营养、循环和神经系统,负责摄取能源、分配能源和调节行为。社会也是如此,首先具有生产组织,向社会提供必要的产品,相当于生物体的营养系统;其次是商业、交通、通信和银行组织,它们是社会的调节系统,负责把产品、信息输送到社会的各个部门,相当于生物体的循环系统;最后是以国家为主的社会政治组织,类似于生物体的神经系统。依此观点,斯宾塞将社会成员分为三类:从事生产的农民、工人;承担分配职能的商人、银行家;负责社会调节的工业资产阶级和政府、僧侣。生物有机体的均衡靠器官、功能系统的相互配合,社会也要靠各阶级之间的合作,各种社会成员都要安分守己,各司其职。斯宾塞更为具体地提出了宏观结构的总体规模、复杂性和差异性等问题,并在区分结构与功能的基础上引入功能需求的概念,使得人们可以从显性可见的功能去把握社会结构。

涂尔干将社会看成一个不可化约的实体,并强调社会整体的优先位置。他指出社会事实并非个体意愿所能左右,社会整体对个人具有外在制约性,人们的内在思想结构反映着社会结构的秩序,并在这种反映过程中加强和再现了外在的社会秩序。涂尔干在关于社会分工著名研究中,将社会结构分为两种不同类型:一种为以低度分工为基础、以强烈的集体意识为纽带结成的社会关系整合形式,即机械团结;另一种为以高度分工和广泛的相互依赖为基础构成的社会关系整合形式,即有机团结。在这种分析中,涂尔干显然又把社会结构看作社会关系的组合形式,并认为对社会结构的分析是理解一切社会现象的出发点。

可以看出,孔德、斯宾塞、涂尔干等对社会结构的经典论述,是自然主义和实证主义在社会领域的应用,该时期社会结构概念的建构基本依赖于生物学的移植与嫁接。因此,社会学初创时期的社会结构概念可以借助自然科学取向的认识方式来加以理解,对社会整体结构的理解如对生物体结构或化学分子晶体的解释,即社会或社会结构是多元成员的组合体。

三、当代社会学对社会结构的理解

随着社会学学科的不断发展,社会理论家对社会结构理论的建构和解释也越来越复杂多样。西方社会学中致力于社会结构问题研究的流派主要有结构功能主义、微观结构主义和宏观结构主义等。

结构功能主义是第二次世界大战后社会学的主导理论。帕森斯(Talcott

Parsons,1902—1979)是结构功能主义的集大成者。帕森斯的结构功能分析模型从功能分化的角度出发,将社会结构概念发展成一种庞大的旨在解释一切人类行动的系统理论。"社会结构"是结构功能主义的中心概念之一。结构功能主义把社会看作各个行动者相互作用的体系,主张对这一体系进行两个角度的研究,即分析社会体系结构的静态角度和分析社会体系功能的过程角度。他们认为,社会结构最为基本的分析单位是行动者所处的地位和承担的角色,并将社会结构看作各个地位、角色之间稳定的关系。承担角色、参与互动的行动者认同共同的价值规范体系,是社会结构得以建立和维系的前提。社会结构实质上是指制约着特定类型角色互动的抽象的规范模式,在某种程度上与社会制度意义等同。结构功能主义还将社会体系维持生存所必须满足的功能要求作为确定结构要素的依据,而这些满足某项功能要求的特定部分则被看作该社会体系的亚功能体系,即组成社会整体的部分,整个社会体系就是依靠若干功能性亚体系相互依存、互为条件的关系维持其存在的。

微观结构主义对社会结构的理解,综合了符号互动论、现象学及民俗学方法论的一些观点,对社会结构的形成基础即微观互动过程给予了极大的关注。依照微观结构主义的观点,社会结构不是社会均衡的基础,对社会过程不起决定性影响。相反,社会结构是易变的,具有思维抽象的性质,是受参与互动的行动者以及特定的互动情景影响的变量,是行动者依照以往经验建立的、用以把握互动情景的认识论工具。基于此观点,微观结构主义致力于揭示行动者对互动情景的主观理解,以及这种理解对进一步互动所产生的影响。

宏观结构主义继承了早期社会学的有关理论传统,如马克思、斯宾塞、涂尔干、齐美尔等人的观点。在对社会结构概念的理解上,它反对结构功能主义用社会文化定义社会结构的做法,认为社会结构具有客观性质,独立于文化范畴;同时,它也不主张像微观结构主义那样在人际互动的微观层面来阐释社会结构的概念。宏观结构主义的理论目标在于说明决定社会宏观结构的基本因素,确定社会的宏观结构状态,解释社会宏观结构对基本社会过程(如群体之间的交往、社会整合和社会冲突)的影响。宏观结构主义用社会成员在宏观社会地位间的分布来定义社会结构,在刻画这种分布状态时经常使用的概念有:人口规模、社会地位及其分化、社会地位之间的异质性和不平等性,各地位群体之间的关联程度、群体内与群体之间的交往率、社会流动和社会整合等。

四、马克思主义的社会结构概念

当然,对社会结构的理解还有多种范式,如发端于马克思并经后世学者不断发展的社会冲突论对社会结构也有着自己的建构和理解。在马克思的结构式思路中,更为强调源于物质的生活关系层次,亦即人们在自给的生活和社会生产关系中发生的、不以人的意志为转移的生产关系。马克思将结构看作关系总和,经济结构是生产关系的总和,社会整体结构是人们物质和精神生活关系的总和,并将社会结构视为矛盾关系体,社会结构是经济基础和上层建筑构成的矛盾关系体,经济结构是生产力和生产关系构成的矛盾关系体,而社会结构变化的动力就来源于社会内部的矛盾运动。马克思关于社会结构的理解还有广义和狭义两种层面:广义上讲,社会结构是指社会各个基本活动领域(包括政治领域、经济领域、文化领域和社会生活领域)之间相互联系的一般状态,是对整体社会体系的基本特征和本质属性的静态概括,是相对于社会变迁和社会过程而言的;狭义上讲,社会结构是指由社会分化产生的各主要的社会地位群体之间相互联系的基本状态,这类地位群体主要有阶级、阶层、种族、职业群体、宗教团体等。在马克思主义看来,在阶级社会中阶级结构是理解其他群体地位和作用的基础,阶级关系决定着整体社会和各个社会群体的发展方向。[①]

此外,中国学者结合马克思主义社会学传统以及西方社会学观点,也提出了自己对社会结构的看法和界定,如陆学艺认为"所谓社会结构,就是指一个国家或者地区的占有一定资源、机会的社会成员的组成方式和关系格局"。他还认为单单将社会结构界定在一个国家或地区内部诸要素之间的构成方式与状况,不能充分反映出构成社会结构的要素和机制,而这种要素和机制正是人们认识和分析社会结构不可缺少的重要维度。因此,将社会结构界定在社会资源在社会成员中的配置,以及社会成员获得社会资源的机会。[②] 正是基于这种界定,陆学艺等人将社会结构划分成多个子结构,除了作为基础要素的人口结构之外,还有体现社会整合方式的家庭结构和社会组织结构,体现空间分布的城乡结构和区域结构,体现生存活动方式的就业结构、收入分配结构和消费结构,以及体现社会地位格局的社会阶层结构。

五、本书界定的社会结构概念

本书认为社会结构是社会体系各组成部分或诸要素之间比较持久、稳定的相互联系模式。社会结构最重要的组成部分是社会地位、社会角色、社会群体和社会制度,其载体是个人、群体、组织、阶层、社区。因此,城市社会结构即城市社会构成要素的研究,也主要是对城市居民、城市社会组织、城市社区、城市社会分层与社会流动的研究。按照经济、社会、文化的标准,也可将城市社会结构要素作横向分类,如人口结构、家庭结构、城市经济结构和城市文化结构等。我们应当从不同方面对城市社会进行研究,对城市社会各构成要素的具体存在方式或状态加以了解,这样才

---

① 以上关于早期社会学对社会结构的经典论述、当代西方社会学对社会结构的理解以及马克思主义的社会结构概念,均可以详细地参见:周怡,"社会结构:由'形构'到'解构'——结构功能主义、结构主义、后结构主义理论之走向",《社会学研究》,2000,第3期;林克雷,"社会结构"词条,《中国大百科全书·社会学》,中国大百科全书出版社,1991,p308-309。

② 见陆学艺,《当代中国社会结构》,社会科学文献出版社,2010,p11。

能揭示构成城市社会的基本结构要素,以及各要素之间的相互联系和相互作用。

第二节　城市的人口、家庭和经济结构

一、城市人口结构

　　人口是指生活在特定区域的居民的总和,是社会生活的主体。城市人口是城市社会生活的主体因素,沃思在其城市社会学文章《作为一种生活方式的城市性》中,就将人口的数量、密度以及异质性等作为区分乡村城市连续统的重要依据。因此,对城市人口的数量、密度、质量、结构、空间分布等特征的考察,能够深化我们对城市社会系统的认识。其中,城市人口结构更是认识城市人口问题的根本性因素。

(一)人口结构的含义及划分依据

　　人口结构,也称作人口构成,是一个国家或者地区的总人口中,各种自然的和社会的人口特征的分布状况。城市人口结构则具体指在一定时期内城市人口各种自然的、社会的人口特征的分布状况。广义上讲,人口结构主要包括人口的自然结构、社会结构和空间结构三个层面。人口的自然结构是按人口的自然特征将人口划分为各个组成部分而形成的人口结构,如人口的性别结构和年龄结构;人口的社会结构是按照一定的社会特征将人口划分为各个组成部分而形成的人口结构,如人口的民族结构、婚姻家庭结构、教育程度结构、在业人口的行业结构、职业结构和阶级阶层结构等;人口的空间结构主要是指人口在一个既定区域内的分散与集中程度,如人口的地区分布结构和人口的城乡结构。人口结构是社会发展的基础和条件,对社会发展起着制约或促进的作用,因此对城市人口结构特征的描述、解释及对其潜在问题的分析是研究各种城市社会学问题的重要基础。

　　显然,人口结构的划分标准具有相对性,城市研究者可以按照特定的研究需要选择不同的人口划分标准。划分标准可以是人口统计学方面的,如城市研究者要对城市年轻人进行研究,就取年龄作为标准;如果要对单身者、同居者或者单亲家庭进行研究,就取家庭结构作为标准;划分标准也可为社会职业,如产业工人、农民工,或以更为具体的职业种类为依据,如对城市中的建筑师、城市规划师等职业群体进行调查;划分标准也可为地域或人种来源,如美国城市的少数族裔、北京的浙江村研究等;划分标准也可为城市居民的住所性质,如别墅住户、保障房住户、租房户等;划分标准也可为两个或若干个独立标准交叉而成,如农民出身的熟练工人等。但是不管采用何种标准,都涉及根据所选取的标准界定一组具有相对地位一致性的人员,不言而喻,如此界定的群体可以在其他的方面表现出极大的不一致性。

出于章节设计,本节主要将人口结构界定在自然结构(年龄、性别)的这一狭义层面来进行介绍。

(二) 人口年龄结构

年龄是以年为计量单位的人生尺度,表明某人从出生到现时为止的生存时间。按照年龄可以将个人生命过程划分成不同阶段,如婴幼儿期、青少年期、中年期、老年期等,由于不同的生命阶段个人的生理、心理特点不同,使不同年龄阶段的社会成员处在不同的社会地位,面临着不同的人生任务,所以年龄是重要的先赋社会地位。人口统计一般以实足年龄(周岁)为统计标准。

(1) 人口年龄结构的定义

所谓人口年龄结构(age structure),是一定时点、一定地区各年龄组人口在全体人口中所占的比重,通常用百分比表示。人口年龄结构是最为基本的社会结构,是社会结构的一部分。其计算方法在人口统计学中有三种:①逐龄计算,即以 1 岁作为年龄组距,分别计算各年龄组人口数量及其在总人口中的比重;②以 5 岁作为年龄组距,并以此划分人口年龄组来计算人口年龄结构,如现行通用的 0～4 岁、5～9 岁、10～14 岁,依次类推;③根据分析需要,单独从总人口中划分出特殊年龄组来分析人口年龄结构,如 0～6 岁为学龄前儿童组、15～64 岁为劳动力年龄人口、15～49 岁(女性)为生育年龄人口、65 岁及以上为老年人口等。

(2) 人口年龄结构的衡量指标

划分人口年龄结构类型的指标主要有老年人口系数、少年儿童人口系数、老少比、年龄中位数、总抚养系数等,下面将分别加以说明。

①老年人口系数,即老年人口在总人口中所占的比例。随着人口预期寿命的不断提高,大多数国家都将 65 岁作为老年人的起点年龄,因此老年人口系数一般指 65 岁及以上老年人口在总人口中所占的百分比,通常用百分比表示。该指标说明每 100 人中有多少老年人口,其计算公式如下:

$$老年人口系数 = \frac{65\ 岁及以上人口数}{总人口数} \times 100\%$$

②少年儿童人口系数,是指 14 岁及以下的少年儿童人口在总人口中所占的比例,通常用百分比表示。该指标说明每 100 人中有多少少年儿童人口,其计算公式如下:

$$少年儿童人口系数 = \frac{0\sim14\ 岁人口数}{总人口数} \times 100\%$$

③老少比(老化指数),是指人口中老年人口数与少年儿童人口数的比例,通常用百分比表示。其计算公式如下:

$$老少比 = \frac{65\ 岁及以上人口数}{0\sim14\ 岁人口数} \times 100\%$$

④年龄中位数,又称为中位年龄或中数年龄,指将全体人口按年龄大小的自然

顺序排列时居于中间位置的人的年龄数值。年龄中位数是一种位置的平均数,它将总人口分成两半,一半在中位数以上,一半在中位数以下,反映了人口年龄的分布状况和集中趋势。

⑤总抚养系数,是指用百分数表示的非劳动适龄人口数(消费人口数)与劳动适龄人口数之比,非劳动适龄人口(消费人口数)在人口统计学中主要指 14 岁及以下的少年儿童人口数和 65 岁及以上的老年人口数。该指标说明每 100 名劳动适龄人口大致要负担多少名非劳动适龄人口,用于从人口角度反映人口与经济发展的基本关系。其计算公式如下:

$$总抚养系数 = \frac{0\sim14\ 岁人口数 + 65\ 岁及以上人口数}{15\sim64\ 岁人口数} \times 100\%$$

根据各种指标,人口年龄结构类型可以划分为年轻型人口、成年型人口和老年型人口。年轻型人口是指 0~14 岁少年儿童人口系数 40% 以上、老年人口系数 5% 以下、老少比 15% 以下、年龄中位数 20 岁以下的社会;老年型人口是指老年人口系数达到 10% 以上、0~14 岁少年儿童人口系数 30% 以下、老少比 30% 以上、年龄中位数 30 岁以上的社会;成年型人口则介于两者之间。如 2019 年全国人口变动情况调查样本数据中,北京市城镇样本人口为 16 666 人,其中,65 岁及以上的人口数为 1909 人,0~14 岁及以上的人口数为 1737 人,15~64 岁人口数为 13 020 人,因此根据样本数据推算北京市 2019 年老年人口系数为 11.45%,少年儿童人口系数为 10.42%,老少比约为 109.9%,总抚养系数为 28%。[①] 从这组数据看来,北京市已为典型的老年型人口,这对北京市的社会经济发展将会产生深远的结构性影响。

(3) 人口年龄结构的分析意义

人口年龄结构从本质上揭示了人口作为生产者和消费者(即"手"与"口")的内在矛盾。根据年龄地位差异,人处在少年儿童期、老年期基本上不具备生产能力,仅能作为社会消费者存在,需要消费社会中具备劳动能力的劳动适龄人口创造的社会财富。因此,对城市人口年龄结构的分析,有助于城市研究者深化对城市人口的研究,具体表现如下。

①比较劳动适龄人口和就业人口,可以看出城市就业情况和劳动潜力,有助于确定城市劳动岗位的需要量。

②分析劳动后备军的数量和被抚养人口的比例,对于估算人口规模具有重要的作用。

③可以掌握学龄前及学龄儿童和老年人群的数量和趋向,并以此制定城市幼儿园、托儿所、中小学、养老机构、医疗卫生机构等各种社会服务设施的数量。

④因为人口具有自我再生产的性质,对城市人口年龄结构的分析,尤其是对城市育龄妇女所占比重的分析,对城市人口的自然增长速度、人口再生产模式、人口规

---

① 见中华人民共和国国家统计局编,《中国统计年鉴 2020》,中国统计局出版社,2020,p42。具体数据均为 2019 年全国人口变动情况调查样本数据。

模都会产生直接影响,是推断人口自然增长的重要依据。

(三) 人口性别结构

性别是重要的先赋社会地位,男女两性因为生理、心理差异以及社会文化对其要求不同呈现出巨大的地位差异。

(1) 人口性别结构的含义及其衡量指标

人口性别结构(sex structure),是指一定时点、一定地区男性和女性在总人口中的比重及其相互关系,是最基本的人口结构,也是社会结构的重要部分。人口性别结构通常有两种表示方法,其一为性别结构比,即分别计算男性和女性占人口总数的百分比;其二为性别比,即计算男性人数对女性人数的百分比,也可以是同一年龄组内每100名女性所对应的男性数。

采用性别比表示人口的性别结构是比较常用的方法,衡量人口性别结构的主要指标有分年龄性别比、出生性别比,以及将人口年龄结构和性别结构结合起来表示的"人口金字塔",即人口年龄与性别结构图,我们分别说明如下。

①分年龄性别比,是指某地某年总人口中男性人口与该地该年总人口中女性人口的比例,通常用百分比表示。该指标是人口统计学经常使用的性别比,其计算公式如下:

$$分年龄性别比 = \frac{该年该地总人口中的男性人口数}{该年该地总人口中的女性人口数} \times 100\%$$

②出生性别比,又称婴儿性别比,是指在某一时期内每100名出生女婴所对应的出生男婴数。根据大面积统计,出生性别比的理论值应该是22:21,不同时期、不同国家地区的出生性别比大致相对稳定,并十分近似地在101~107范围内。但是受国内传统文化因素的影响,加之胎期性别检查技术的出现、试管婴儿等新的生育方式层出不穷等推动因素,选择性生育成为可能,使得中国广大地区出生的男婴数要高于女婴数,出生性别比偏高。其计算公式如下:

$$出生性别比 = \frac{该年该地出生的男婴数}{该年该地出生的女婴数} \times 100\%$$

③人口金字塔,是以条形图的形式直观地表现人口的年龄结构、性别结构的组合图形,全称为人口年龄与性别结构图。它以纵轴表示年龄,横轴表示人口数量或比重,横轴的左、右分别表示男性、女性人口,年龄组最小的放在底层,然后逐一将相邻各年龄组向上叠加。

(2) 城市人口性别结构的影响因素

城市人口的性别结构受诸多因素的影响,如生物因素、人口再生产模式以及社会经济文化因素、人口迁移以及特殊的城市建设规划等。

①生物因素是人口性别结构形成的基础。生物因素不仅取决于出生性别比,还由于女性相对具有比男性更强的抵抗疾病侵袭的能力,人口死亡率出现两性差异,女性死亡率总体低于男性,使得65岁及以上的老年人口性别比开始逐渐下降。

②人口再生产模式对人口性别比起决定作用。人口性别比差异主要是伴随着不同的人口再生产模式以及不同的年龄结构形成的,如人口自然增长率高、人口年龄结构年轻化的地区,其人口性别比也较高,反之则较低。

③社会经济文化因素对人口性别结构起制约作用。从文化因素上看,传统农业社会存在着性别差异论,强调男性特权,国内农村地区高出生性别比便反映出此种传统价值观念的影响。从政治因素看,性别不平等使得男女社会地位存在显著差异,女性更难获得良好的医疗权、保障权,也对性别比产生重要的影响。然而,战争因素对男性人口的大量损耗,也在某种程度上调节性别比,如苏联第二次世界大战后男性人口的骤减、越南经过数次战争后男女人口比例的失调。从经济因素看,经济因素主要通过改善医疗条件、福利水平对人口性别结构产生影响,如发达国家人口出生率低,年轻人口少、老年人口多,女性人口因为预期寿命高于男性而使得总人口中女性人口居多,致使这些国家性别比偏低。

④人口的国内国际迁移。迁移人口一般都具有某种群体特质,如年龄相对较小、男性居多,所以会对某地区的人口性别结构产生一定的影响。目前许多国外城市人口迅猛增长,性别比偏高就是因为大量的国外移民,尤其是留学学生的迁入造成的;国内许多经济发达的大中型城市也存在着同样的情况。①

⑤特殊的城市建设规划。特殊的城市建设规划也会影响城市的人口性别比,如传统的军事要塞,苏联、中国计划经济时期的一些重工业、资源型城市,军事、重工业需要大量年轻力壮的男性劳力,而女性在这些城市又找不到相应的工作机会,致使男女性别比例失调,如我国包头、马鞍山、株洲等钢铁冶金城市,大同煤矿、阳泉、平顶山、焦作、枣庄等煤炭工业城市。② 对于这种特殊类型的城市规划,则需要城市设计人员考虑城市产业的平衡,如包头市在计划经济时代相应发展对女工需求较为旺盛的纺织产业来平衡性别结构。

(四) 城市人口结构的特点、变化趋势及其影响

城市人口结构受到诸如城市经济、社会发展等因素的影响,又对经济、社会的发展产生反作用力,因此对城市人口结构特点及其变化趋势的把握具有重要的现实意义。从世界范围看,城市人口结构主要在低出生率、低死亡率、低自然增长率的现代人口再生产模式下发生变化,并呈现出以下特点:如城市人口在世界人口中所占的比重逐渐上升,其主要动因为社会经济水平的提高以及农村地区人口向城市的大规模迁移;经济条件的改善、医疗卫生技术的提高,使得人口老龄化水平逐渐提高,进

---

① 以上四点,具体见董银兰编,《人口学概论》,科学出版社,2004,p191-193。

② 如马鞍山市 1978 年,男性占城市总人口 58.54％、女性占 41.46％,职工比例更是严重失调,男职工与女职工的比为 3∶1;又如大同煤矿,1979 年男性占总人口 61.9％,女性仅占 38.1％。具体论述见邓力群等编,1988,《当代中国的人口》,中国社会科学出版社,p115-119"重工业城市和煤矿城市人口的性别比"一章。当然,这种性别结构严重失调随着市场经济转型已经明显改善。

入老龄化的国家地区逐年增多,老龄化问题日益显现;由于世界政治经济的不平衡,各地人口结构呈现出巨大差异,导致其所面临的问题也大为不同,如发达国家主要面临老龄化问题,经济欠发达地区主要面临贫困、劳动就业、经济发展等问题。

自改革开放以来,我国城市生活条件逐渐改善,人口结构从过去的高出生率、高死亡率、高自然增长率转变为低出生率、低死亡率、低自然增长率,人口再生产模式初具现代化国家的人口特征。此外,我国城市化水平也随着经济发展逐渐提高,第六次人口普查数据显示,2010年城镇人口占全国人口的50.32%,半数人口已经居住在城市,比2000年激增13.46%,我国已经进入城市化飞速发展的高潮期。我国城市人口结构特征的变化及影响均在此背景下发生,尤其是改革开放四十多年来,人口结构本身不仅发生了深刻变化,而且也成为其他结构性变化的重要原因。下面对以下几点加以介绍。

(1) 大城市人口规模过大问题突出

随着经济发展,我国大中城市,尤其东部沿海地区的大城市人口规模持续扩大,大城市的人口规模问题日益凸显。以北京市为例,第六次全国人口普查数据显示,该市常住人口数为19 612 368人,占全国合计常住人口比重的1.46%。人口总数比2000年增加了600万人,平均每年以60万人的速度递增,年均增长约3.8%。[①] 北京人口比重占全国人口比重不到1.5%,但增加的人口却占到全国人口的10%,增速是全国的数倍,该市正处在人口增长高峰期。人口规模过大使得城市人口与城市资源约束条件之间的结构性矛盾进一步突出,具体表现为:①包括空气污染、水环境污染、固体废弃物污染、噪声污染等在内的城市环境污染,城市环境的恶化使得各种类型的城市病高发;②城市交通等公共基础设施严重供给不足,如北京出现严重的交通拥堵现象,不得不靠"摇号购买"来限制汽车拥有量;③城市教育事业和医疗卫生事业等社会服务压力巨大,由于我国城乡二元户籍政策的影响,城市社会管理规划均按照户籍人口数加以考虑,如中小学发展、学校设施建设、学位数额设计、师资力量配备、医院数、病床数、医生从业人数等均按照户籍人口规划,人口规模的迅速扩大,尤其是外来人口的大量进入,致使教育、医疗卫生资源短缺,出现"入园难""就学难""看病难"等社会现象;④人口过多致使土地等商品资源短缺,大量人口集中使得土地资源紧张,造成旺盛的住房需求,在某种程度上推高了房地产价格;⑤人口规模过大增加了城市的不稳定因素,犯罪问题逐渐增多。总的来看,面对城市人口的爆炸式增长,城市规划、管理部门显然考虑不足,如2017年北京市规划与国土资源管理委员会发布的《北京城市总体规划(2016—2035年)》明确指出,北京城市人口规模将长期稳定控制在2300万人左右,而2019年末人口数量为2154万人,因此城市规划、管理者要结合实际情况做好城市规划编制,提高大城市的管理水平,做到有序城市化。

---

① 书中注明第六次全国人口普查数据的相关材料,均出自国家统计局发布的2010年人口普查的有关数据公报,下同。

（2）城市人口自然增长率较低，流动人口是城市人口扩张的主因

与世界各城市的发展历程相似，经济发展水平愈高，城市居民的生育意愿愈低。我国城市人口比重的迅速提升，城市人口本身的自然增长贡献率较低，流动人口是城市人口扩张的主因。第六次全国人口普查数据公报显示，四个地区的人口占全国人口比重上升最快，分别为广东省上升0.96%，上海市上升0.4%，北京市、浙江省均上升0.37%，而上述地区分别对应于我国的珠三角城市带、长三角城市带、环渤海城市带，表明近十年来大中城市所占的人口比重逐渐上升。而四个省市的人口占全国人口比重下降最快，分别是四川省下降0.58%，重庆、安徽、河南均下降0.29%。这组数据表明经济相对欠发达的中西部劳务输出省为东部沿海经济发达的城市带地区贡献了大量人口。与此相对应的是，第六次全国人口普查数据显示，我国居住地与户口登记地所在乡镇街道不一致且离开户口登记地半年以上的人口为26 139万人，比2000年增长了81.03%，充分说明流动人口在城市人口扩张中的作用。流动人口对城市人口结构产生重大的影响，一方面流动人口为城市创造大量物质财富，另一方面也给城市带来巨大的资源、环境和社会管理压力。

（3）城市人口老龄化问题严重并逐渐发展

我国城市人口老龄化问题由诸多因素联合引发。首先，经济长期持续稳定发展、人民生活水平显著提高、医疗卫生条件持续提高为人口老龄化创造了决定性条件。数据显示人口平均预期寿命显著提高，1981年为67.8岁，2015年为76.3岁，这一数据在城市范围内还要更高。显然，城市老年人的寿命越来越长，老年人口绝对量逐渐累加。其次，城市人口的低自然增长率导致年轻人口所占比例持续下降，尤其是计划生育政策更是加快了城市老龄化速度，致使城市出现"儿孙少、宠物多"的社会局面。城市老龄化社会的过早到来，需要引起城市规划及管理者的高度重视，既要充分看到计划生育政策带来的负面影响，又要积极制定相关制度、措施，积极应对老龄化社会的到来。

（4）城市人口素质显著提高

随着全国免费义务教育普及、高等教育扩招等教育政策的推行，城市人口素质显著提高。数据显示，全国6岁以上国民平均受教育年限从1982年的5.2年提高到2017年的9.2年，接受大专以上教育人口由1982年的0.6%提高到2017年的8.7%，这种提升在城市地区尤为明显。[①]

（5）城市劳动就业人口仍在持续增加

虽然城市保持较低的自然增长率，老年人口所占的比重也在逐年上升，但是城市劳动就业人口仍在持续增加，致使城市劳动就业压力巨大。数据显示，就业人口

---

① 　见中华人民共和国国家统计局编《中国统计年鉴》，这里按照未上过学对应的教育年限为0年、小学对应的教育年限为6年、初中对的教育年限为9年、高中对应的教育年限为12年、大学专科的教育年限为15年、大学本科为16年、研究生为20年进行计算，公式如下：平均受教育年限＝（未上过学人口数×0＋小学人口数×6＋初中人口数×9＋高中人口数×12＋大学专科人口数×15＋大学本科人口数×16＋研究生人口数×20）/6岁及以上人口数。

在总人口中所占的比重由 1978 年的 41.7％扩大到 2019 年的 55.3％,增加了 13.6 个百分点,而随着国家产业变化,农业所能涵养的劳动力人口在逐渐下降,大多数劳动力就业人口都转向城市寻找就业机会,这使得城市劳动就业人口持续增加。

二、城市家庭结构

家庭是社会的细胞、社会的基本构成单位,是"以一定的婚姻关系、血缘关系或者收养关系组合起来的社会生活基本单位,在通常情况下,婚姻构成最初的家庭关系,这就是夫妻之间、父母和子女之间的关系"①。按照社会学的经典定义,家庭属于初级社会群体,是成员间由面对面交往形成的、具有亲密成员关系的社会群体,反映了人们最简单、最基本的社会关系。一般认为,家庭具有生产、消费、生育、教育、赡养、抚育、休闲与感情满足等功能。可以说,现代城市最小的社会生活细胞仍是家庭组织,绝大多数的城市居民都过着家庭生活,因此家庭在城市社会生活和城市社会政策的制定中具有重要的意义,如住宅的建造,商业布局和网点的设置,托儿所、幼儿园以及各种学校的举办,各种城市设施都要优先考虑家庭存在。

(一)家庭结构的含义

家庭结构主要是指家庭组成方式,即家庭是由哪一种及哪几种家庭关系组成。家庭结构与家庭关系密不可分,家庭关系则主要指家庭成员之间的关系,如夫妻关系、父母和子女之间的关系、兄弟姐妹之间的关系、婆媳关系和妯娌关系,一定的家庭结构意味着不同家庭关系组合。家庭结构包括两个基本方面:①家庭人口要素,即家庭内部有多少成员,家庭规模大小状况如何,一般可用平均每个家庭的人口数来反映整个社会家庭规模;②家庭关系模式要素,即家庭主要由哪一种或哪几种家庭关系组成,从而决定家庭成员之间的联系方式并形成稳定的关系模式,如由一对夫妻及其未婚子女组成的核心家庭,只有一对夫妻且从未生育子女的丁克家庭等。

(二)家庭结构的主要类型

家庭结构有不同的分类方法,最为通行的是以家庭的代际层次和亲属关系进行划分。我们选择目前家庭社会学领域较为全面的一种家庭类型划分②,具体介绍如下。

①单身家庭 1(未婚):是指有一个家庭成员,且该家庭成员从未结过婚的家庭。

① 见上海社会科学院社会学研究,《社会学简明辞典》,甘肃人民出版社,1984,p392。当然,关于家庭的定义及本质还存在着多种争议,具体讨论可见杨善华,《家庭社会学》,高等教育出版社,2006,p3-4。

② 见沈崇麟、杨善华、李东山,《世纪之交的城乡家庭》,中国社会科学出版社,1999,p22-23;杨善华,《家庭社会学》,高等教育出版社,2006,p5-7。

②单身家庭 2(离婚无子女):指只有一个家庭成员,该成员已经离婚,离婚前未生育过子女或离婚后无子女同住的家庭。

○＝

③夫妻家庭 1(未生育):指从未生育子女,只有夫妇二人的家庭。这种家庭类型也称为丁克家庭(DINK,Double Income No Kids)。

△＝○

④夫妻家庭 2(空巢):指子女成年之后,因各种原因离开而只有夫妇二人的家庭,或者因子女未成年即死亡而目前只有夫妻二人的家庭。

△＝○

⑤核心家庭:由父母及其未婚子女组成的家庭;夫妇中一方死亡但有未婚子女的家庭,应归为核心家庭。

⑥主干家庭 1(完整):由两代或者两代以上组成,每代人中间至多有一对夫妻,中间无断代且夫妻均健在的家庭。

⑦主干家庭 2(残缺):由两代或者两代以上组成,每代人中至多有一对夫妻,中间无断代,但夫妻并非均健在的家庭。

⑧主干家庭 3(非直系):主干家庭 1、2 两种主干家庭之外的主干家庭。

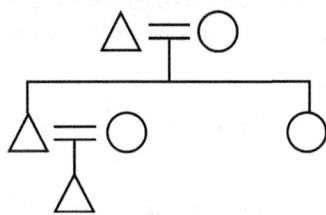

⑨联合家庭:指家庭中任何一代含有两对以上夫妻的家庭。

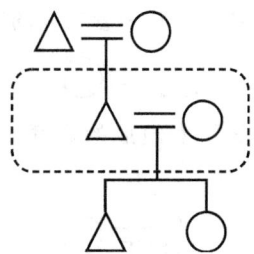

⑩隔代家庭:由三代以上家庭组成,中间一代因为某种原因缺损,如由祖孙组成的家庭。

⑪ 其他家庭:上述十种类型家庭以外的家庭。

（三）我国城市家庭社会结构的变迁及趋势

家庭结构作为社会结构的一个基础组成部分,必然会在社会经济变革的过程中发生巨大变化,而家庭结构的变化又会反过来影响社会结构的再造。从世界范围看,工业化、城市化是世界城市家庭结构变迁的重要动因,家庭类型的核心化、家庭规模小型化、家庭功能转移外化、家庭关系平等化、家庭类型多元化、家庭稳定性减弱等逐渐显现。

我国具有长久的家本位传统,全面认识中国城市家庭近几十年来的变迁对认识中国社会的变迁有重要的意义。然而,要认识中国城市家庭的变迁及趋势,需要将其放置在中国城市自改革开放以来的重大社会变迁的历史背景之下。市场经济改革要建立一种与社会主义市场经济相适应的家庭制度,与传统家庭制度相比较,这种家庭制度更加强调把家庭与社会生活分开,把家庭看作个人私生活的场所,更加注重追求个人幸福和个人情感的满足,从而淡化传统的"家本位"观念。中国城市经济体制改革导致的社会变迁改变了家庭收入水平和收入格局,改变了家庭成员的职业以及与此相连的家庭成员的社会地位,改变了家庭成员的价值观念,进而改变城市家庭和婚姻的各个方面,如家庭的诸项功能、家庭的结构和关系等。① 现将改革开放以来我国家庭结构方面出现的变化及未来趋势概括介绍如下。

（1）家庭规模逐渐小型化

家庭规模逐渐小型化,主要体现在家庭户均人口规模下降趋势明显,1982年家

---

① 见沈崇麟、杨善华、李东山,《世纪之交的城乡家庭》,中国社会科学出版社,1999,调查报告部分。

庭户均人数为 4.41 人,2010 年为 3.10 人,2019 年为 2.60 人,下降趋势持续且明显。家庭规模小型化的原因,首先是城市住房条件的改善使得多样化的居住意愿得以满足,原来住房紧张时期的大家庭拆分为核心家庭、夫妇家庭、单身家庭等小型化的家庭结构;其次,城市居民对家庭生活的多元理解,致使单身家庭、单亲家庭、丁克家庭、同居家庭、空巢家庭等小型家庭增多,离婚率和外来单身务工人员的增加,都对家庭小型化趋势产生影响。据估计,随着家庭成员个人本位倾向增强、家庭凝聚力下降、家庭稳定性减弱、家庭离婚率提高等,家庭小型化趋势将得以持续。

（2）家庭类型日益核心化

现代化理论认为,家庭结构的发展和变迁与经济发展水平和生产方式密切相关,工业化和城市化直接导致了家庭结构的核心化,即核心家庭在家庭结构类型中占据主体地位。现代工业社会需要自由劳动力,而结构独立的核心家庭所具有的流动性正好满足了这一要求。此外,现代社会个人职业成就更依赖于自身能力,这一切都导致传统扩大家庭的解体、核心家庭主体地位的确立。就中国城市家庭的具体情况而言,计划生育政策控制了家庭规模,三口之家的增长速度最快、幅度最大,三口之家中尤以"一对夫妻、二代人、三口之家"的核心家庭占据绝大多数,这也可以从第六次全国人口普查家庭户均人口数(3.10 人)看出。核心家庭的增加,使中国的家庭结构模式发生了深刻变化,城市中"四二一"的家庭结构模式得以确立,即祖辈四人、父辈二人、子辈一人。因此,从养老角度看,独生子女一代将面临严重的家庭养老负担,一个独生子女将要赡养父辈二人、祖辈四人,整个社会的总抚养系数将会增大,需要城市管理者及早做出制度设计。

（3）家庭类型逐渐多元化

家庭结构与经济社会发展水平相联系,并随着家庭功能、家庭生命周期、家庭成员之间关系的演变而动态变化。当今随人们的婚恋价值观念日益多元化和城乡人口流动加速,中国城市家庭呈现出多样化趋势,出现了丁克家庭、空巢家庭和单身家庭、单亲家庭、隔代家庭、同居家庭、漂泊家庭(如近年来出现的外漂父母,即老年父母随着子女过漂泊的城市生活)等多种家庭类型。

（4）空巢家庭增加迅猛

现阶段,老年人口的空巢化和独居化已形成难以逆转的发展趋势。可以预见,随着现代化进程的持续,中国的空巢老人和独居老人规模还将继续攀升。在第六次人口普查中,单独一人居住的老人户数为 1444.0 万户,占老年人总数的 16.4%,与配偶同住的老年人则占到老年人口总数的 47.9%。无论在城市还是农村,三、四代"同堂而居"的家庭都已不多见,二代户和一代户已成为当下主流的家庭类型,其中37.6%的家庭内只有一代人,这一代人存在相当一部分的老年人。[1]

---

① 见国家卫生计生委家庭司编,《中国家庭发展报告 2015》,中国人口出版社,2015。

（5）家庭成员关系逐渐平等化

中国传统家庭的主要家庭关系为父子关系，是一种纵向关系。这种家庭关系存在着严重不平等，如子代与父代之间的不平等、夫妇之间的不平等等。新中国成立以来，尤其是市场经济体制确立以后，主导的家庭关系逐渐由夫妻关系取代，家庭关系逐渐平等化，主要表现在夫妻关系和家庭成员之间的关系日趋平等。

（6）家庭功能的转变

结构决定功能，家庭结构的变迁必然会导致家庭功能的变迁。从总体上看，家庭所具有的功能逐渐外移，如家庭教育功能转向学校等社会组织。就中国城市而言，改革开放以来家庭结构最为显著的变化就是功能的重塑。首先，表现在家庭经济功能的强化，家庭成为富有效率的经济生产组织。城市继农村实行家庭联产承包责任制后也允许以家庭为单位的个体、私营经济出现，家庭的生产功能得到恢复，城市市民的生产热情得以激发，并使城市就业问题迎刃而解，城市经济得到迅速发展。其次，城市家庭情感满足的功能大大强化，并逐渐成为维系家庭的主要纽带。再次，城市家庭的消费功能也会随着城市居民收入的增加而加强，并逐渐进入以追求格调、情趣和质量为消费目的的崭新时代。最后，因为家庭结构的变化，家庭具有的养老功能将会逐渐面临挑战，新的家庭结构主导类型对家庭养老提出了严峻的挑战。

以上是对近几十年来城市家庭结构变迁的概貌式描述，但是进入 21 世纪以来，情况又有新的变化。我们看到，随着独生子女家庭进入第二代乃至第三代，受到家务劳动、婴幼儿照顾及老人照料等因素的影响，三代同堂的直系家庭数量有所回升，在家庭结构总量中所占的比例有所提高。如 2004 年进行的一项针对 25～40 岁的"独生父母"（已婚且子女在 3～6 岁）的调查显示，有 50.5% 的被访者生活在三代户家庭中，41.8% 的被访者的孩子由祖辈照料①。在个体独立意识和中国传统观念的双重影响下，直系家庭的居住形态和生活方式，有可能会以"合中有分"的新型住宅样式或者"一户两制"生活方式（同一住宅楼或者同一单元内分门进出，分别拥有卫生间和厨房）来实现，以达到既可相互独立又能彼此照料的目的，这就需要城市规划和管理者在制度上适应这种家庭结构的变迁，在城市规划、住房设计、社区规划、城市住房政策制定等方面给予考虑。同样，具有华人社会家庭传统的新加坡的做法值得借鉴。20 世纪七八十年代新加坡家庭构成逐渐核心化，越来越多的青年人婚后与其父母分开居住，而新加坡政府认为这种趋势是年轻一代违背亚洲传统家庭习俗、对其父辈关心减少的标志，它不利于社会的稳定和发展。新加坡政府为促进家庭凝聚力，坚持已婚家庭比未婚单身者更加需要住房、公共住房也不鼓励老年人或年轻单身者独立居住的原则，出台了具体的购屋计划，如联合选购计划，一对已婚夫妇和父母申请同一地区的公房，就可以和父母一同选购邻近的公房，公房供应量的 5% 将

---

① 见陈建强、包蕾萍，"独生父母现象及其对未来中国社会的影响"，载《2004 上海社会报告书》，上海社会科学院出版社，2004，p299。

专门拨给此类申请者；多代同堂购屋计划，只要申请与父母一同居住的已婚子女将获得优先分配权，公房供应量的另 5％将专门拨给此类申请者。[①]

三、城市经济结构

城市的诞生和崛起，从根本上说是经济发展的结果。从城市发展史上看，军事政治动力推动的城市虽然不少，但是东西方的绝大多数城市的出现和兴盛主要仍是商业贸易等经济活动的需要，比如伦敦、上海、香港等。相对农村而言，城市是经济活跃之地，是人类高效利用资源、创造财富的充分体现，城市与经济之间呈现出密切的关系。对城市经济结构的考察，可以使我们清晰地理解经济生活这一城市社会生活的重要内容。

（一）经济结构的概念

人类的衣、食、住、行构成人类最为基本的需求，为了满足这些需求而必须进行的基本活动称为经济生产活动。简单说，经济就是指人类生产、分配、交换和消费财富和资源的活动，这些经济活动中的基本环节相互依存并依循一定的制度，从而构成一个完整的系统。经济结构的概念就是将社会经济看作整体系统，按照一定标准划分出经济系统的各组成部分，并探究其比例、构成及相互联系、相互作用的内在形式和状况。经济结构反映出一个国家或地区经济系统在总体上由哪些部门构成，具有哪些层次、要素和特点，并反映各部门、各层次、各要素之间是如何相互关联地构成一个有机整体，以及经济系统内部及整体运动和变化的形式、规律以及内在动力。

城市是一个有机、开放、复杂的经济系统。城市经济结构是指城市经济系统的各种经济要素之间相互依存、相互制约的组合状态及其数量比例关系。城市经济结构是城市其他功能存在与发展的基础，它可以反映出城市社会的性质、城市的现代化水平、城市设施的社会化程度、社会结构的协调合理程度。不同的城市经济结构对于城市土地、资金和劳动力生产要素需求各不相同，从而影响到城市空间结构布局，因此城市经济结构是制定城市发展与调整规划定额的重要依据，检验城市规划是否合理也要将是否有利于城市经济结构优化作为重要的参照系之一。

（二）经济结构的具体衡量

经济结构也可以按照不同的标准进行划分，因此具有多种经济结构分类。如经济结构可以按其组成要素进行逐层分解，形成不同的分类。按照经济生产活动的基

---

① 见王德勇，"新加坡的住房政策及对我国的启示"，载刘德龙等编，《当代中国：科学发展、共创和谐》，山东人民出版社，2008，p1884-1885。

本环节,可以将经济结构分为生产结构、分配结构、流通结构和消费结构。[①] 也可按照生产力和生产关系对城市经济结构进行分类,属于生产力结构的有产业结构、产品结构、技术结构和城市经济组织结构;属于生产关系结构的有城市所有制结构、投资结构等。[②] 当然,城市经济结构还有其他多种分类。

1. 城市产业结构的概念

在城市经济结构的多种分类中,城市产业结构是城市经济结构中最基本的结构关系。因此,本书对城市经济结构的考察主要在城市产业结构这一主要维度上进行。城市产业结构是指城市中各类产业部门之间的构成及其相互关系,现代经济的发展已经使得产业部门突破了物质生产领域,涵盖了全部经济活动的方方面面,因此,产业结构成为一个国家和地区,或一个城市经济结构中最基本、最具代表性的结构关系,对城市产业结构的分析也能较为全面地揭示出城市经济结构的现状和发展趋势。产业结构的分类方法也很多,分析和研究产业结构的角度和目的不同,产业分类的方法也会不一样,具体的分类方法有农重轻分类(即将城市产业分为农业、轻工业和重工业)、市场辐射范围分类法(即按城市产业是否满足本地需要分为输出产业和非输出产业)、产业地位分类法(即按各产业部门在城市产业系统中的地位和作用分为主导产业、配套产业和基础产业)、要素密集程度分类法(即按不同产业部门在生产过程中对劳动力、资金和技术等要素的依赖程度差异分为劳动密集型产业、资金密集型产业和技术密集型产业)及三次产业分类法等[③]。

2. 三次产业分类法

在产业结构分类中,三次产业分类法又是国际上最为通行也最能全面划分产业结构的权威方法。三次产业的概念首先由新西兰经济学家费希尔(A. G. D. Fisher)在 1935 年提出。费希尔认为,人类生产活动按照主要劳动对象可以按顺序分为三个阶段,即初级阶段,生产活动以农业和畜牧业为主;第二阶段,以工业大规模地迅速发展为主;第三阶段,各种服务性行业迅速增加并逐渐占据经济活动的主要部分。与这三阶段主要经济活动相对应,费希尔将各类产业分为第一产业、第二产业和第三产业三个层次,即从自然界直接取得产品的为第一产业,包括农业、畜牧业、渔业、林业和采矿业等;对自然物质进行加工或再加工的称为第二产业,包括冶金、化工、机械和电力、建材等;第三产业为服务行业,主要包括商业、运输、城市公共设施的管理和个人生活服务等。费希尔的三次产业划分得到经济理论家的普遍认可,并从不同角度得到了发展和完善,目前已成为世界上绝大多数国家通用的分类方法,但是

---

① 从经济活动的基本环节对经济结构进行分类及其论述,见卢卫、雷鸣,《现代经济预测》,天津社会科学学院出版社,2004,p195-198。

② 从生产力和生产关系对城市经济结构进行分类及其论述,见谢文蕙、邓卫,《城市经济学(第二版)》,清华大学出版社,2008,p99-103。

③ 关于城市产业结构的多种分类方法,见牛凤瑞,《城市学概论》,中国社会科学出版社,2008,p203-208。

各个国家各次产业所包含的部门和行业略有差别。如联合国制定的经济活动国际标准产业分类如表 4-1 所示。

表 4-1 联合国制定的经济结构国际标准分类[①]

产业分类	部门分类
第一产业	农业、牧业、林业、渔业、矿山采掘业
第二产业	加工制造业、建筑业
第三产业	电力工业,供气和给水工业,批发和零售商业,饭店和旅馆,运输、保管和邮电业,金融、保险、不动产业和企业劳务,公用服务业、社会服务业和个人服务业,不能明确划分的其他各类活动

我国在 1985 年开始参照国际标准,采用三次产业的划分来核算国民经济生产总值。2017 年,国家质量监督检验检疫总局与国家标准化管理委员会共同发布重新修订的国家标准《国民经济行业分类》(GB/T 4754—2017),进一步明确了中国三次产业的划分标准。我国目前产业结构分类如表 4-2 所示。

表 4-2 我国的三次产业分类[②]

领域	产业			行业
物质生产领域	第一产业			农业(包括种植业、林业、牧业和渔业)
	第二产业			工业(包括采掘业,制造业,电力、煤气及生产和供应业)、建筑业
非物质生产领域	第三产业	服务部门	流通部门	交通运输业、仓储及邮电通信业,批发和零售商业,餐饮业
			为生产和生活服务部门	金融、保险业,地质勘查业,水利管理业,房地产业,社会服务业,农林牧渔服务业,交通运输辅助业,综合技术服务业
			为提高科学文化水平和居民素质服务部门	教育、文化艺术和广播电影电视业,科学研究业,卫生、体育和社会福利业
			为公共需要服务部门	国家机关、政党机关和社会团体,其他行业(军队和警察等)

---

① 见黎诣远,《西方经济学(第二版)》,高等教育出版社,2005,p354。

② 表格在 2002 版本基础上结合 2017 年修订内容加以整理,原表格见黎诣远、李明志,《微观经济分析(第二版)》,清华大学出版社,2003,p148。

3. 城市产业结构的发展规律

城市产业结构与经济发展之间存在密切联系,经济的增长或停滞、增长速度的快慢、增长趋势的强弱,不仅直接取决于产业结构现状是否合理,还受制于产业结构的未来变动。因此,对产业结构进行深入分析,是城市社会研究的一项重要课题。对城市产业结构的具体衡量,一般可以分为产业产值占国内生产总值的比重和产业就业人口占总就业人口的比重两种方式。城市产业结构会随着社会分工发展、科学技术不断进步和劳动生产率不断提高而发生变化,从而使得城市产业结构在产值规模和就业人口数量上表现出不同的发展阶段和模式,并呈现出如下一些规律。

从各产业产值占国内生产总值的比重来看,城市产业结构表现出以下阶段。当第一产业比重大于 10% 时,表明该城市还停留在工业化的初始阶段;当第一产业比重小于 10%,且第二产业比重高于第三产业比重时,表明该城市处于工业化的加速阶段;当第一产业比重小于 5%,且第二产业比重与第三产业比重大致相当时,表明该城市处于工业化的加速阶段;当第一产业比重进一步下降,且第三产业比重超过第二产业比重并达到 70% 以上时,表明该城市已进入后工业化阶段。[①] 此外,城市产业结构的演变与城市规模的扩大有着大致对应的关系:小城镇以第一产业为主,中等城市以第二产业为主,大城市和特大城市以第三产业为主。产业分化和结构升级与城市规模的对应过程是分工、集聚协调发展的过程。[②]

还可根据与社会经济发展阶段相适应的人口分布状况和特征,将人口产业结构划分为传统型、发展型和现代型。①传统型的人口产业结构,主要特征是从事物质生产的经济活动人口在 85% 以上,非物质生产领域人口在 15% 以下;产业部门中农业人口占绝对优势,且文化素质较低,文盲人口多,劳动生产率低;三次产业分布:第一产业占 50% 以上,第二产业占 25% 左右,第三产业很不发达,在 25% 以下。②发展型的人口产业结构,主要特征是从事物质生产的经济活动人口占 65%~85%,非物质生产领域人口占 15%~35%,第二产业有较快发展,占 26%~40%,劳动生产率有较大提高,人口文化素质有所提高,第三产业有所发展,占 26%~49%。③现代型的人口产业结构,主要特征是从事物质生产的经济活动人口在 15% 以下,非物质生产领域人口在 85% 以上,整个社会劳动生产率大幅度提高,人口文化素质大大提高;第一产业人口比重大幅度下降,在 15% 以下,第二产业相对稳定在 35% 左右,第三产业经济活动人口急剧上升,占就业人口比重达 50% 以上。[③] 可见人口产业结构分布的一般趋势是随着物质资料生产的发展,经济活动人口中的一部分逐渐从物质生产

---

① 见谢文蕙、邓卫,《城市经济学》,清华大学出版社,1996。

② 见方磊、刘虹、丁金宏,"论城市发展与产业分工——兼谈中国城市化方针",《地理学与国土研究》,1998,第 1 期。

③ 见董银兰等编,《人口学概论》,科学出版社,2004,p196-197。

领域转移到非物质生产领域；第一产业经济活动人口向第二产业和第三产业转移，从而形成不同类型的人口产业结构，首先由第一产业向第二产业转移，当人均收入提高到一定水平之后，开始向第三产业转移。

（三）我国城市经济结构的特点和发展趋势

我国是传统农业大国，中华人民共和国成立以后国家非常重视工业尤其是重工业的发展，导致改革开放前的中国大多数城市经济在结构上具有高度的同质性，具体表现为工业比重过高，内部结构失调，即在片面强调工业化思想的指导下，城市工业单兵突进，导致比重过高，而且内部结构失调，如三耗工业多、节能工业少，传统工业多、新兴工业少，加工工业多、基础工业少。

改革开放以来，我国城市经济迅猛发展，经济发展水平逐渐提高，现代化和城市化等内在变革因素逐渐推动我国城市尤其是大中型城市经济结构发生显著变化，并表现出下列特点。

（1）城市产业发展以第二三产业为主，产业结构主要表现为"二三一"模式

城市产业结构能够充分反映城市经济发展所处的阶段和水平。2019 年的国家统计数据显示，我国城市经济在保持快速发展的同时，实现了产业升级优化，第二三产业继续领跑城市经济发展，以现代服务业为主的第三产业步伐加快，成为重要的经济增长点。分产业看，2019 年国内生产总值第二产业实现增加值 21 330.1 亿元，增长 5.8%，第三产业实现增加值 534 233.1 亿元，增长 9.1%，三次产业比例由上年的 6.5：36.5：49.0，调整为 7.0：38.6：53.4。同时从 2019 年各地级以上城市产业就业人口来说，北京市三次产业从业人口分别为 2.66 万人、135.56 万人和 681.08 万人；天津市三次产业人口分别为 0.50 万人、101.17 万人和 158.31 万人；上海三次产业从业人口分别为 3.10 万人、196.26 万人和 441.31 万人；重庆市三次产业从业人口分别为 0.87 万人、178.93 万人和 211.40 万人。[①] 可见，城市第二三产业吸纳城市就业的能力越来越明显。但无论是从产业产值还是从产业就业人口来看，我国现阶段多数城市仍然处在"二三一"产业结构模式，即处在发展型的产业结构阶段。

（2）我国城市的产业经济结构仍有待优化

如上所述，我国大多数城市的产业结构仍处在发展型的产业结构阶段。如表4-3所示，2007 年各地区的产业结构呈现出较大差别，尤其第二三产业比重相差较大，我国城市最为密集的长三角、珠三角城市带的第二产业分别以 55.4%、51.2% 的比重略高于第三产业的 42.2%、46.6%，呈现出"二三一"的结构，而香港、澳门（2006 年数据）、台湾的第三产业分别以 87.9%、85%、71.1% 的比重远远领先于第二产业的

---

① 见国家统计局城市社会经济调查司编，《中国城市统计年鉴 2019》，中国统计出版社，2019，p167。

8.5%、18%、27.5%,呈现出明显的"三二一"结构,具体数据见表 4-3。[①] 而在现代型城市中,服务业在经济结构中所占的比重越来越高,大多数都市型城市服务业的比重和重要性已经超过制造业对经济发展的贡献,在城市经济发展中占据极其重要的位置,这就需要我们采取相应的城市经济政策推动包括服务业在内的城市第三产业的良性发展,使得城市经济结构持续优化,达到最优结构。

表 4-3 中国各地区产业结构比较

地 区	第一产业			第二产业			第三产业		
	2005 年	2006 年	2007 年	2005 年	2006 年	2007 年	2005 年	2006 年	2007 年
长三角	4.1	3.7	3.4	55.0	55.0	54.4	40.9	41.3	42.2
珠三角	2.8	2.4	2.2	50.9	51.7	51.2	46.3	45.9	46.6
香 港	5.5	5.0	5.8	8.6	7.9	8.5	86.0	88.0	87.9
澳 门				14.0	18.0		88.0	85.0	
台 湾	1.7	1.6	1.5	27.0	26.8	27.5	71.3	71.5	71.1
其他地区	12.5	11.7	11.7	47.5	48.9	49.2	40.0	39.4	39.1

(3)信息化和全球化对城市经济结构提出了新的挑战

一方面,当前世界城市经济的发展又呈现出新的趋势,即传统的按照三次产业演进的产业升级规律适用性减弱,城市产业发展重心由服务业向信息业转化,由制造业向创造业升级;另一方面,全球化和无边界的经济活动将某城市与其他世界任何一地的经济发展联系在一起。信息化和全球化城市经济发展新趋势对正处在发展型的城市经济结构提出了新的挑战,如何在新的城市经济发展条件下协调地发展城市经济、改善城市经济结构并最终服务城市居民,成为城市经济结构重塑再造的崭新课题。

第三节　城市社会组织

社会组织在现代社会中具有重要地位,一个人从出生,到求学、工作、养老、死亡都会与特定的组织相联系。德鲁克曾言,现代社会成员要像在传统农业社会学会耕种一样来学会在社会组织中生活。现代城市作为人类文明最为集中之处,就像一台规模庞大且结构复杂的社会机器,无论是城市内部构造还是城市功能优化,均体现出高度组织化的特点;以一定社会关系连接起来的城市居民,在一定意义上也是在

[①] 国家统计局城市社会经济调查司编,《中国城市统计年鉴 2008》,中国统计出版社,2008,p41。

组织范畴内生存的组织人。可见城市作为重要的社会组织形态,对人类社会的发展及文明的推进具有显著的意义。城市社会组织作为人们为了合理有效地达到特定目标而建立起来的一种相对稳定和制度化的社会关系模式和结构,在现代城市社会发展中发挥越来越重要的作用。[①] 本节将从社会学角度出发,介绍社会组织的内涵、外延及其结构与功能等重要内容。

一、社会组织的含义

组织(organization)从词源学上来看是从"器官"(organ)引申而来,早期社会学家斯宾塞借助生物学观点将组织的概念引入社会科学,提出"社会有机体"的概念,从而将组织看成组合成社会的有机部分。只要观察社会,我们就会发现人类社会在许多方面均以群体组织的生活方式展开,如氏族、家庭、企业等。但是,社会学对社会组织有相对明确的界定。社会组织,即为实现特定目标而组合起来的社会群体,它只是指人类社会组织形式的一部分,是人们为了特定目标而建立起来的稳定的合作形式,如企业、政府、学校、医院、社会团体等。

社会组织是人类社会公共生活的产物,是人们为了实现特定目标而建立起来的。考察人类发展历史,我们可以看到具有特定目标的社会组织在特定历史时期发展起来。如原始社会末期,氏族或部落之间频繁的战争促使军队这种社会组织形式产生;原始社会末期私有制及阶级分化形成,阶级统治和公共管理的需要促使国家这种组织形式出现;中世纪欧洲城市手工业获得发展,促使一些城市出现行会这种封建社会中特有的经济组织;工业革命以来大机器工业的发展,聚集大机器和劳动力的工厂企业开始出现等。当然,所有这些具有特定目标的组织的出现均离不开特定的物质技术和管理观念更新的支持。我们也看到,在从以自给自足的自然经济为基础的传统农业社会向机器大工业为基础的现代社会转变过程中,一个重要的社会特征就是大量的社会组织取代了传统的各种初级社会群体及村社等地缘单位。社会组织这种崭新的社会结构单位的特殊性在于,它既体现人类共同生活的存在方式,又是人类为实现自身某种目的的物质工具,具有较强的工具性。

二、社会组织的构成要素

社会组织是作为一个系统存在的。社会组织是一个社会技术系统,包含结构与技术体系、社会心理和管理体系;社会组织也是一个开放系统,能够同外界环境进行信息交流并从中获得自身改革与发展的动力;社会组织还是一个整合系统,建立在其内部各

---

① 见潘允康,《在人与区位的互动与结合中整合城市社会:建设和谐城市的民生视角》,天津社会科学院出版社,2008,p332。

个子系统相互依存的基础之上。作为系统的社会组织通常具备以下构成要素。

(1) 通过一定手续加入的成员

任何社会组织作为人类社会的结群形式显然需要一定数量的成员,这是建立社会组织的基本条件。与家庭等初级社会群体相比,社会组织往往成员规模大,并且需要履行一定的手续才能加入,如企业单位的招聘、党团组织的考察和学校的考试等。

(2) 特定的组织目标

明确的特定目标是界定社会组织的重要标准,它是促使社会组织成员结合在一起的首要基础,也是组织内部进行合理分工、合作的基础。明确的特定目标使社会组织更具协调能力,能够在上下层次之间、平行层次之间进行有机协调,使得组织内部全体成员为该特定目标尽心尽力。

(3) 正式的规范章程

社会组织的章程是关于本组织的性质、目标、任务、结构、组织原则、组织的权利和义务及组织活动规则的具体规定。规范性的章程是指比较正式的规定,在现代社会组织中这种章程一般是成文和成体系的,如现代政党、社会团体都具有组织章程。规范性的章程由社会组织构成的复杂性决定,不同来源的、追求个人利益和整体利益的人的共同活动,必然要求明确的规范,这种规范就像社会组织中的法律,指导和维系着组织的运行。

(4) 权威的领导体系

社会组织内部应该具有一套制度化的权力体系。从纵向上看,这个权力体系使得组织成员之间的关系成为支配与服从之间的关系、领导与被领导的关系;从横向上看,这个权力体系是组织成员之间形成分工负责相互配合的关系。

(5) 一定的物质基础

任何社会组织的运转都需要拥有一定的物质设备基础,如资金、设备、活动场所等。不同的社会组织对物质基础的需求也是不同的。

三、有关组织的社会学理论

现代社会是组织化的社会,社会组织在现代社会生活中占据着极其重要的地位,是社会学非常关注的研究领域,因此产生了许多有关社会组织的理论,如科学管理理论、科层制理论、人际关系理论等。这些理论对于我们认识和解释城市社会组织的外在表现、内在规律及其在城市社会生活中的功能有重要意义。下面将主要介绍韦伯的科层制理论和福柯的组织理论。

(一) 韦伯的科层制理论

马克斯·韦伯(Max Weber,1864—1920),是对社会学产生重大影响的早期社会学家,也是较早对社会组织给予理论关注的社会学家之一。为了研究科层制组织扩大的起源和本质,韦伯根据纯粹理想型构建出社会组织内部职位分层、权力分等、分科设层、各司其职的组织结构模式和管理模式,即所谓的科层制(bureaucracy,或译为官僚制)。韦伯认为一个纯粹的科层制组织应该具有下列特征。

(1) 明确的权威等级

科层制组织权力分层,包括上对下的任务下达和下对上的负责制。每一层级都要向下分配任务,下级则要完成上级分配的任务。

(2) 明确的劳动分工

每个组织成员都要完成特定的工作,并且这些工作都要与组织目标相协调。职责明确的工作都被分配给受过专门训练的人员。

(3) 成文的规章制度

为了寻求高效,科层制组织强调成文的规章制度。一般说来,组织机构存在的时间越长,其书面规章制度就越多。某些科层制组织的规章制度甚至涵盖了所有能够想到的方面。

(4) 公文传达和记录

一个科层制组织中发生的众多事件都要记录在案。在某些组织中,工作人员要花大量的时间来派送备案、收发电子邮件。有时,工作人员需要以书面报告的形式详细记录其活动。

(5) 非人格化的管理

与占据职位的个人比起来,职位本身才是最重要的。组织成员是为组织工作,而不是为某些可能被随时替换的组织领导工作。由于每项特殊的职务都有许多其他人可以完成,因此每名员工都是可以随时替换的。

显然,韦伯的这种理论建构很大程度上基于其对现代社会理性化发展趋势的感知,他的科层制理论建立在合理性基础上,强调科层结构中人与人之间、组织与组织之间都应该以理性作为标准,并以此为基础强调了组织等级结构以及专业技术的重要性,从而表现出很高的效率性和合理性。科层制为现代社会普遍实行的组织管理制度,具有诸多优点,如它可以提高管理人员的素质和水平;可以克服家长制、终身制的弊端;可以克服旧社会体制中人伦关系大于组织原则的弊端;可以提高组织决策者的责任心和决策成功率等。但是许多社会学家也对科层制的负功能提出了批评,如官僚主义人格出现、繁文缛节导致组织效率低下、事本主义带来的人情味欠缺和对外界变化反应不灵敏等。

(二) 福柯的组织理论

米歇尔·福柯(Michel Foucault,1926—1984)是法国著名思想家,后现代主义的开启者,他的组织理论主要体现在对社会组织中权力技术的讨论。大多数现代组织都在特别设计的物理环境中活动,福柯将权力同空间结合起来,突破了以往权力理论局限于政治经济领域的简单化倾向,以话语的政治解剖学为依据实现了权力从宏观走向微观,从而建构了被福柯称为"微观物理学"的理论。在福柯的理论视阈中,权力进入现代社会的微观领域,并以空间为载体充斥在社会各处,人们被囚禁在权力之网中而无法摆脱。权力作为规训性的力量,在空间中施展威力,要把每个人都塑造成循规蹈矩的良民。所谓的权力就是体现对人的控制和支配,规训性的权力机制就是通过规范化的训练来支配、控制人的行为,甚至造就人的行为,这种支配和控制不像传统社会那样借助于暴力、酷刑使人服从,而是通过日常化的纪律、检查、训练来达到支配、控制的目的,行使权力和功能,通过规范化的训练将人变成权力操纵的对象和工具。福柯认为这种权力机制是一种精心计算的、持久的运作机制,社会在这种有效的技巧控制下,权力以时间空间栅格化的方式将统治秩序贯彻在社会微观领域。其中,真正使得规训的性质和作用发生根本性改变的是边沁所提出的全景敞视监狱的构想,即一个像圆环一样的建筑,中央有座塔楼,塔楼上有很大的窗子,面对圆环的内侧,外围的建筑被划分成一间间的囚室,囚室有面对塔楼的窗户,塔楼通过窗户可以有效地监视囚室的各种活动,这是一种全景敞视的结构。关闭在小囚室里的人只能被看而什么也看不见,塔楼内的人则可以清楚地观察小囚室中的人却不会被看到,如图4-1所示。这种关键性的机制产生了重要的后果,即在这种监狱体系中,权力技术精致化,通过注视性的权力机制保证权力功能的发挥,监控者通过注视使被监控者处于权力控制中。久而久之,被监控者在这种注视目光的压力下逐渐自觉地变成为自己的监视者,如此便实现了自我监禁,权力只需花费最小的代价便可以得到具体而微的有效实施。福柯的理论不仅揭示了现代社会及现代社会组织权力运转的本质,也为我们从组织的建筑风格和空间特征上来分析组织的社会构成和权力体系提供了典型的案例。

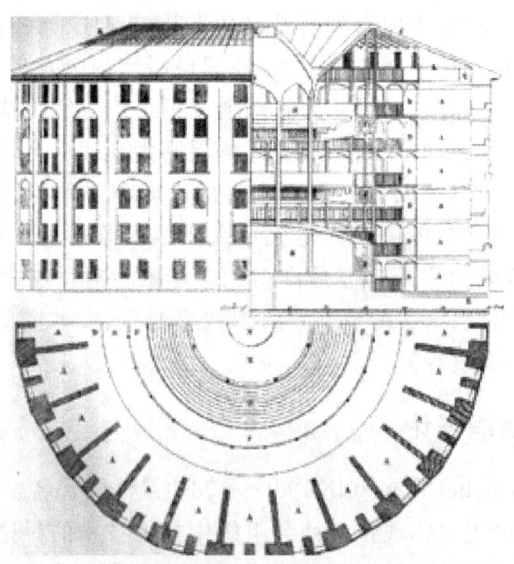

图 4-1　边沁设想的全景圆形监狱

四、城市社会组织的分类

城市社会组织具有多样性。我国目前城市社会组织主要依据社会组织所在领域及其结构功能进行分类,如将城市社会组织划分为经济组织、政治组织、文化组织、社会组织等几大类。

(一) 经济组织

经济组织是指社会中一切从事生产与服务等经济活动的社会组织,包括生产机构、商业机构、服务机构等。人类的衣、食、住、行是人类最基本、最重要的需求,人类为了满足这些物质需要必须进行最基本的经济生产活动。经济生产活动中生产、分配、交换、消费等环节相互依存并遵循一定的经济制度。为了实施、促进、维护这种经济制度,处在生产关系中的人们根据经济活动的目标,彼此结成各种经济群体,如生产班组、车间、工厂、公司等,即为经济组织。显然,维持人类生存的物质资料生产是人类社会生活的最基本内容,因此承担着物质资料生产的经济组织是人类历史上古老的社会组织之一。只是在传统社会,经济组织多和人们的日常生活相互融合,并且只有生产型的经济组织,而少见商业或服务型的经济组织。随着现代社会发展,经济组织内部的功能分化趋细,执行不同经济目标的多种经济组织有机地结合在一起,形成社会经济生活的完整基础。一般来说,经济发展水平越高,社会分工越精细,经济组织也愈复杂,而现代化的城市,是生产、分配、交换、消费的中心,有不同层次的经济组织和组织体系,在整个社会组织中占有极为重要的地位。

(二) 政治组织

政治组织是指在人们的政治生活领域里形成的社会组织,如各种政党组织和政权组织。政治组织在功能和目标上是要处理社会各种不同阶级、阶层和其他利益集团之间的相互关系。政治组织包括政权组织与政党组织,如在我国,政党组织主要就是中国共产党和八个民主党派,政权组织主要包括各级人民代表大会、人民政府、人民法院、人民检察院、人民军队等。此外,我国还有一些政治性的群众团体,如工会、共青团、妇联等。就城市而言,每个城市在国家政治体系中,均为地方一级政权,具备地方政府和政治组织。依照有关法律规定,城市具有一套组织法规及法律权力,并有施政的措施和章程,各职能部门也有一套模式或系统,包括公务员体制和市民行为规则,构成城市的制度。为了实施这种制度,便有与这套政治制度有关的机构或团体,如市政府、市人民代表大会和人大常委会,政党和人民团体,市、区、街道和群众自治基层组织的居委会,各级职能部门等。

(三) 文化组织

文化组织指从事传播人类文化成果、科学研究、保障社会成员文明健康生活等广泛内容的多层次、多种类的社会组织，包括社会各级各类的文艺组织、教育组织、卫生组织、科技组织、宗教组织、医疗卫生组织、体育组织和大众传媒组织等。文化组织具有三方面的功能：一是传播、弘扬人类的文化成果；二是宣传各种社会思想观念；三是满足人们精神生活方面的需要。一般而言，城市规模越大，城市文化组织也越健全和复杂，以教育组织为例，现代国家的教育组织在城市里比较发达，高等教育组织更是集中在城市；又以娱乐组织为例，娱乐组织绝大多数集中在城市，而且其组织影响范围、功能繁简等也和城市规模成正比；从宗教组织来看，宗教在各国城市都有其寺院、教堂，有些城市甚至几乎为某种宗教所垄断而被冠以宗教城市的称呼，如天主教的梵蒂冈、伊斯兰教的麦加等。事实上，城市对人们具有巨大吸引力的重要原因之一，就是城市有着各种五花八门、引人入胜的文化机构，可以满足人们丰富多样的精神需求。并且，就文化组织的丰富性而言，中等城市要优于小城镇，大城市又要优于中等城市。

（四）社会组织

又称"非政府组织""非营利组织"等，泛指在一个社会里不同社会阶层的公民自发成立的、在一定程度上具有非营利性、非政府性和社会性特征的各种社会组织形式及其网络形态。非营利性、非政府性和社会性是社会组织的基本属性，非营利性强调社会组织具有不同于企业等营利组织的特性，非政府性强调社会组织具有不同于党政机关的特性，社会性则强调社会组织在资源来源、提供服务和问责等方面的社会属性。作为一种组织形态，社会组织在人类历史上早就存在，但直到 20 世纪后半期才成为一种社会政治现象，并在社会生活中发挥着重要作用。国际著名社会组织有国际红十字协会、绿色国际组织、联合国儿童基金会、国际青少年基金会、乐施会、福特基金会、救助儿童会、无国界卫生组织等。我国城市社会组织的兴起与我国政府职能转变、经济社会转型过程密不可分，或者说它是"政府失灵"和"市场失灵"的产物，市场经济的发展改变了我国传统的"强国家-弱社会"的格局，要求从根本上转变政府职能，形成所谓"小政府-大社会"或"强国家-强社会"的格局，从而使过去由政府或单位承担的诸多社会事务由社会组织来承担。于是，在政府与企业之外，社会组织组成的第三部门获得迅速发展，以帮助化解相关经济、社会矛盾，动员社会力量参与扶贫济困、保护环境、社会服务、社区发展、法律援助及权益保障等社会公益活动。

五、城市社会组织的特点

社会组织的发育过程及其在社会生活中起着越来越大的作用，是社会分工和生产社会化的结果。城市社会组织的特点是在城乡连续统中与农村比较而言的，由于城市生产社会化程度显然较高，城市社会组织呈现出发育程度高、数量形式丰富多样的特点。具体而言,城市社会组织呈现出以下几个特点。

（1）组织类型多样

因为城市社会分工更加细化,所以城市社会组织的类型呈现出多样化特征,如本章第二节所述,城市社会组织可以划分为经济组织、政治组织、文化组织和社会组织等;文化组织还可细分为文艺组织、教育组织、卫生组织、科技组织、宗教组织等。可见城市社会组织类型完备、种类众多。

（2）组织结构复杂

农村社会组织往往因为人员较少、分工单一而结构简单。城市社会组织恰好与之相反,大多数城市社会组织表现出复杂而完善的社会结构体系。

（3）组织管理模式科层化

农村社会基本为熟人社会,血缘、地缘关系为农村社会组织的基本纽带,在各种正式组织内部,管理结构层次简单,不如城市社会组织复杂和完善,管理过程中感情色彩较为浓厚;城市组织则正好相反,多数采用科层制管理,社会组织内部具有目标专门化、正规化、分工明确、职责分明等特征,使得城市社会组织具有高效性,有利于组织目标顺利实现。

六、我国城市社会组织的变迁及发展趋势[①]

对于城市社会组织的变迁和发展趋势的论述,我们将主要依据国家-经济-社会三分法来归类我国的城市社会组织,这种归类方式能清晰地观察到城市社会组织的结构性因素,既不太过复杂也不太过简单,从而能使我们对城市社会组织发展变迁形成更为清晰的认识。具体到我国城市社会组织的现状,我们把所有属于执政党各级组织系统、国家各级立法系统、国家各级行政系统、国家各级政协系统、国家各级司法系统以及拥有国家编制和财政支持的各级事业单位组织都归入国家组织范畴,其共同特征是以国家公共权力为基础,并以国家名义向社会提供公共产品和公共服务;把在经济领域直接从事营利活动的各种所有制的工业、商业、服务业企业以及那些服务于市场的营利性中介组织（如律师事务所、会计师事务所）都归入市场组织的范畴,其共同特征就是基于市场追求利益最大化;把在社会领域所有的民间非营利志愿组织都归入社会组织的范畴,同时也把那些潜在具有社会组织性质但目前与国家权力关系密切的组织也归入其中（如工、妇、青、工商联及一些有官方背景的行业协会等）,绝大多数这类组织的主要特征就是基于志愿追求社会公益或成员共同利益。这种根据国家-经济-社会三分法的社会组织结构划分,能够使我们对现有城市社会组织形成清晰的结构认识。

---

① 本书该小节关于社会组织结构的具体界定及我国社会组织的变迁发展均引用了陆学艺主编,《当代中国社会结构》,社会科学文献出版社,2010,p323-384"组织结构"一章的研究结论。

(一) 改革开放前我国城市社会组织特点

新中国成立至改革开放以来,为配合国家实行的计划经济等政治经济体制的顺利实施,中国社会组织结构本质上是"国家化"的结构体系,国家对经济和社会实现总体上的控制,亦即把经济组织和社会组织都纳入国家的政治和行政体系之内,承担着国家分配的多种任务和职能。

城市国家组织掌握着巨大权力,对全国政治、经济、社会文化资源和人民生活机会形成全面控制,这种控制权力又向党组织集中,党直接领导一切,成为国家政权机器的中枢或替代,这种权力体制通过计划经济又将整个国民经济不同程度地纳入到政治领域中。如城市基层政权组织,新中国成立后在城市建立各种形式的权力机关,如街道人民政府、街公所、街道办事处,后又将街道一级政权统一规范为街道办事处,作为设区城市的区人民政府或者不设区城市政府的派出机构,又在街道下面建立居民委员会作为群众自治组织,但是居民委员会的经费完全出自国库,居委会实际上成为城市基层政权的延伸,承担基层政权交付的很多事务,并通过它将城市居民置于国家权力的控制之下。

城市经济组织功能目标严重复合化,即原本主要甚至单一追求自身经济利益和效率的市场组织,迅速演变为主要服从国家的政治、经济和社会的需要,成为国家政治、经济和社会职能的微观承载单位和执行机构。这些经济组织在国家政治经济体系中承担起大量的政治功能,出现了企业办社会现象。经济组织不再是单纯的经济主体,而是社会性的安置机构,是国家整合和控制社会的中介,成为具有经济生产、社会保障、社会福利和社会管理职能的"社区单位"或者微型社会,城市居民也在此过程中成为"单位人",单位不仅是城市居民的劳动组织和工作场所,也成为其生活条件的提供者,并决定了他们的职业、身份、消费能力、行为方式、价值观念和社会地位等。

城市社会组织则在城市政治组织总体控制和城市经济组织的功能替代下迅速萎缩直至某种程度上消失,如历次政治运动尤其是"文化大革命"中,绝大多数社会组织都被贴上了政治标签加以取缔或者停止活动。

(二) 改革开放后城市社会组织演变的趋势

改革开放以后,国家实行的政治经济体制改革对城市社会组织的结构和功能的变迁产生了决定性的影响,国家组织主导的单位制组织体系逐步瓦解,各种新型的经济组织和社会组织大量涌现,社会组织的结构关系模式开始向现代关系模式转型,中国城市社会组织进入了历史发展的新阶段。

城市国家组织从总体性控制地位向现代国家组织逐渐转型,主要表现为政府分权和政府职能转变,具体表现有:国家权力不再向党组织集中,逐渐放大中央和地方行政机关在国家事务中的地位和作用;中央政府在财政权、政事权和人事权三方面逐渐向地方政府分权,从而使得地方政府的创造性和积极性得到最大限度的调动;实施政府机构改革并推动政府职能转变,国家组织逐渐精简机构、调整布局、精减人员、减少财政负担,并努力促使政府机构职能向为市场和社会提供公共服务的方向定位。

城市经济组织逐渐脱离"单位办社会"的尴尬局面,开始向现代市场主体转变。国家不再对经济组织进行全面的计划统治,而是引入市场经济使之成为它们自我运行和组织的规则,并且把它们过度承担的社会职能剥离出去,使它们获得相对独立性,有着既相对于国家又相对于社会的独特组织目标,成为自负盈亏的市场主体。

城市社会组织是改革开放后得以复生的组织类型。改革开放以后,伴随国有企业的改革、市场经济的发育和单位体制的瓦解,在城市生活的方方面面出现了各种各样的行业协会、商会、联合会、联谊会等会员制组织,以及围绕着养老扶幼、环境保护、扶贫救困、残疾救助等各种社会问题成立的基金会及公益服务机构,它们在城市社会生活中起到越来越大的作用。

第四节 城市的社会分层及社会流动

社会分层是社会学研究的核心问题之一,由其衍生的社会阶层结构也是社会结构的内核。人类社会普遍存在着各种各样的不平等现象,社会成员之间存在着各种形式的差异,如经济上或富有或贫困、权力上或高或低、居住环境或优或劣,社会分层就是要研究这些社会上广泛存在的差异或者不平等现象。我们知道,城市社会人口众多且异质性高,因此城市社会表现出更大的差异性和不平等性,而城市社会分层与社会流动的论述实际上就是对城市社会阶级/阶层结构状况的分析研究,使得城市研究者能够从本质上清晰地把握城市社会的性质。

一、社会分层的概念

"分层"(stratification)原是地质学学科中使用的分析概念,是指一层一层相连的岩石经过累积而形成一定的地质结构。社会学家在研究人类社会时,发现人类各社会成员之间、各社会群体之间也广泛存在不平等,类似于地质结构中那种高低有序的层次累积的现象,因此社会学家借用地质学中分层的概念对人类社会加以分析,将社会中广泛存在的差异现象和不平等现象称为社会分层,从而具象地表征社会资源在人类社会中的分布状况。分层,通俗地理解就是按照一定的标准把社会上所有成员分成不同的群体,这些社会群体通常被认为是按照等级性排列的,即某个社会群体比另外一个社会群体等级更高,因为它拥有更多的资源,如更多的财富、更多的收入、更多的权力或者更高的社会地位等,"层"在社会学中主要是指社会群体。因此,社会分层是指社会成员、社会群体因社会资源占有不同而产生的层化或差异现象,尤其是指建立在法律法规基础之上的制度化的社会差异体系。社会学家通过这样一个角度来观察社会结构、描述资源分配形态和评估社会不平等程度,从而反映社会上各类物质性的和象征性的资源在不同的人当中的分布情况。

社会分层与社会分化具有重要的联系,理解社会分化能够帮助我们更好地理解社会分层。社会分化就是社会各个部分在形态、特点、结构诸方面逐渐发生变异,不断地系统化和专业化,从而具有不同功能和等级的过程,也指社会系统中原来承担多种功能的某一要素发展为多个承担单一功能的要素的过程。可见,社会分化属于动态变化过程,社会分层则是社会分化定型化的结果。当社会分化引起的社会阶层形成边界、阶层内部形成认同以及社会中个人或群体产生了被认可的区别时,社会分化这一动态过程就定型化为社会分层。一般说来,社会分化是衡量社会系统发展程度的重要标志,城市的社会分化程度相较于农村来说更加明显,因此城市的社会分层也更为复杂。

二、社会分层理论

社会分层实质上反映的是社会的不平等状况。不同的社会理论家对社会分层现象的起因、后果和合法性等都有着不同的理论解释。其中,影响最为广泛、深远的要数马克思的阶级理论和韦伯的"三位一体"的社会分层理论。

(一) 马克思的阶级理论

马克思进行阶级分析的初始目的是要解释社会不平等、社会运动、阶级冲突、社会变迁和政治过程,从而构建一种宏观的历史理论。他在划分阶级上最为显著的特点就是把阶级同生产资料的所有制联系起来,从生产过程而不是收入与分配领域,更不是从非经济领域来寻求阶级划分的根源与标准。马克思、恩格斯虽然没有对阶级形成专门的定义,但是我们从其论著的零星陈述中仍可串联出这样的观点,如他们在《共产主义原理》中指出无产阶级就是"完全出卖自己的劳动,而不是靠某一种资本的利润来获得生活资料的阶级",资产阶级就是"在所有文明国家里一切生活资料及生产资料所必需的原料和工具(机器,工厂)的独占者"[①]。总结而言,阶级是按照人们对生产资料的不同的占有关系来界定的。在前资本主义社会向资本主义过渡以及整个资本主义社会的发展过程中,阶级结构的变化趋势是形成两个相互冲突和对抗的基本阶级:资产阶级和无产阶级,即在资本主义社会中,少数的非生产者控制着生产资料,从大多数生产者身上榨取剩余价值。资产阶级对生产资料的占有也

---

① 见马克思、恩格斯,《马克思恩格斯选集》,人民出版社,1995,p230-231。

使得他们实现对国家权力的控制。在马克思看来,阶级关系既是剥削者和被剥削者的关系,也是压迫者与被压迫者之间的关系,从而决定了阶级关系的经济利益冲突和政治对抗性质。马克思的这种对阶级划分标准的选择,在很大程度上出于其对社会性质以及社会不平等问题的判断。由于马克思处在生产力迅猛发展、经济力量极速提升的工业社会早期,他极其自然地将生产运作的方式及社会群体和财产之间的关系(亦即生产关系)当作任何社会关系的最基本面,而工业革命早期带来的剧烈社会分化、激烈的社会矛盾,使他以一种冲突的视角来看待社会不平等现象,并认为社会资源分配的不平等只是能够满足社会中占据优势地位(即占有生产资料)的群体的需要,这种观点也最终推演出激进的革命主义态度。

(二)韦伯的社会分层理论

西方社会学较早提出社会分层理论的是马克斯·韦伯。韦伯的社会分层理论的核心就是划分社会阶层结构必须依据的三重标准,即财富——经济标准、威望——社会标准、权力——政治标准。这种社会阶层的多元划分标准也是西方现代社会分层理论的一个重要标准。在韦伯看来,经济标准就是财富,是指社会成员在经济市场中的生活机遇,就是个人用其经济收入来交换产品和劳务的能力,即满足自己物质需求的能力,其中包括使得自己受到良好教育以获得较好经济地位的能力。社会标准,主要是指个人在其自身所处的社会环境中所得到的声誉和尊敬。按照社会标准可把社会成员划分成不同的社会身份群体。社会身份群体即指由那些有着相同或相似生活方式,并从别人那里得到等量的身份尊敬的人所组成的群体。韦伯认为,由经济标准所形成的阶级和由社会标准所形成的身份群体之间虽然有着密切的联系,但是两者并不完全等同,主要表现为阶级是依据人们与商品的生产和获得的关系而划定的,而身份则是根据消费的原则来划定并以特定的生活方式为特征。政治标准就是权力,权力是指处在社会关系之中的行动者即便在遇到反对的情况下也有实现自己意志的可能性。在韦伯看来,权力不仅取决于对生产资料的所有关系,而且还取决于个人或者群体在科层制组织中的地位。可见,区别于马克思的阶级理论,韦伯认为经济、社会和政治三个层面在社会分层中彼此联系并具有相对自主性,不能简单归结于某个单一层面。

以马克思和韦伯为代表的早期社会学家所提出的社会分层经典论述,经后世社会理论家不断发展而形成诸多理论,但从本质上划分主要包括功能论和冲突论两种基本范式。功能论观点主要以功能主义学派和社会达尔文主义为代表,认为社会分层是必然且合理的,所有社会均会具有高低等级分化,有能力和对社会贡献更大的人,就应该获得更多的经济报酬和居于更高的社会地位,能力较小和对社会不太重要的人只能获得较少的经济报酬和居于较低的社会地位。只有这样,社会才能获得进步,经济才能获得发展。因此,不平等和社会分层具有积极的正向功能,是社会需要的。冲突论观点认为不平等和社会分层并不是社会所必需的,而是社会中的少数人通过各种手段控制和垄断资源并排斥其他社会成员所导致的结果。虽然绝大多数社会都存在着资源分配不平等,但并不是意味着这种现象是必然、合理的,人们可以采取各种方式来控制社会不平等的程度,减少社会不公正的现象,避免资源被少数人所垄断,这种社会才是协调和稳定的。

三、社会分层视野下的城市历史

城市历史在某种程度上与社会分层紧密相关,可以从社会分层的角度来考察城市的形成、发展和外在呈现形态。

一般认为,城市诞生于原始社会向奴隶社会过渡时期。考古学资料显示,最早的城市起源于中近东地区的乡村居民点,这些居民点逐渐扩大成规模更大的居民聚集区并形成区域权势中心,从而形成最初形态的城市。这些最早城市出现的内在社会动力,很大程度上为当时农业革命带来的生产力发展,导致剩余产品及私有制得以出现,这样使得一部分人从农业劳动中解放出来从事手工业或其他形式的劳动,还使部分人开始从事剩余产品的经营和管理,因此分化出劳动者和不劳动者两大社会集团,而大量从农业生产中解放出来的人聚集就促使了最初城市的形成,促进人类文明向一个更高的阶段推进。

工业革命是城市发展史上的另一重要时期。工业革命在生产方式上结束了原有城市中工场手工业的生产方式,代之以机器化工业大生产,集中化的生产方式使得城市在地域上出现了相对集中的倾向,城市规模迅速扩大。工业革命带来的阶级分化,即社会产生资产阶级和无产阶级两大对立阶级,也对城市的呈现形态产生了深刻的影响,可以说这一时期的城市发展反映了新兴资产阶级的内在要求。以这一时期的伦敦规划为例,1666年伦敦大火之后需要进行崭新的城市规划,其中建筑师克里斯托弗·雷恩(Sir Christopher Wren,1632—1723)的规划方案就典型地反映了资产阶级革命后期新兴阶级建立工商业城市的需求。新的城市规划方案设计的街道网络采用了古典主义形式,依据功能将城市各主要部分相互连接。规划采用几何形的街坊并设有许多广场,一个圆形广场位于郊外,八条大道以其为中心向外辐射;一个三角形广场位于两条岔道的交会处,广场主要建筑为圣保罗教堂;市中心为椭圆形广场,十条道路与之交会,广场正中为皇家交易所,广场周围为邮局、税务署、保险公司和造币厂等;中心广场引出一条笔直的大道通向泰晤士河沿岸的船坞,船坞处有半圆形广场,引出四条放射形道路直连市区。这种城市再建规划对市中心、船坞和交通的布局充分反映了资本主义工商业城市对外贸易的崭新特征,也在客观上表明社会的主人属于新兴的资产阶级而非国王和教会,代表了资产阶级的统治地位和经济利益。

但是,工业革命带来的社会变革及该时期主导的自由主义城市建设思潮也带来诸多城市社会问题。欧洲封建制度瓦解之后大量农民脱离传统土地和职业,逃亡到城市寻找生计糊口,为了获得少数工作机会而相互竞争,形成无产阶级。他们在恶劣环境中工作,获得微薄的收入,穿着破烂、忍饥挨饿,只能在城市桥梁或简陋住屋内栖身,见图 4-2。而与此形成鲜明对照的是,工厂主等资产阶级修建宅第、雇佣工人,生活极其奢侈,表现出强烈的社会不平等现象。马克思也正是在这种社会形势下提出阶级理论,并推导出激进的革命主义态度。所以,在城市生产力进一步发展或者城市财富不断积累之后,城市规划者、建设者和管理者们应该充分考虑城市各阶层的生活状况及阶层诉求并加以合理协调。

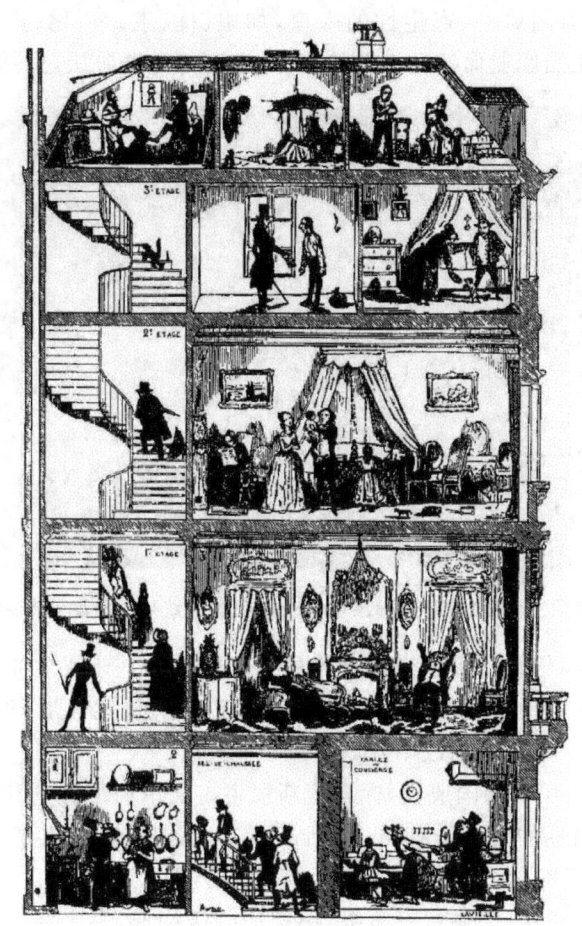

图 4-2　1853 年一幢巴黎住宅的剖面①

①　该图反映了当时不同楼层中各类房客的居住情况,形象地反映出当时的城市居住不平等状况:底层居住着房主;二层居住着感到无聊的富裕家庭;不太富有的住三层,已经显得过于拥挤;住在四层的是小市民,房主正在拜访其中的一户人家;贫穷的艺术家和老人住在房屋的顶层;屋顶上还居住着小猫。见 L. 贝纳沃罗,《世界城市史》,科学出版社,2000,p849。

四、我国城市社会分层的变迁和趋势

传统中国社会是以"士、农、工、商"为主体的四民社会,而传统中国社会的城市多作为政治和军事中心而存在,因此其居民也主要是以贵族和各级官僚阶层为主的政治统治和社会管理阶层,并以城市中的官僚阶层为核心,形成了以士大夫、士绅为主的知识阶层,以及为适应特权消费而存在的从属于工商阶层和劳动阶层的工商业者、体力劳动者及其附属性、寄生性的人口,如娼、优、隶、卒、僧、道、医等。另外,还有为数不少的无正当职业而四处游荡的流氓、乞丐等游民阶层,见图4-3。

图 4-3 《清明上河图》(部分)形象地反映出我国传统社会时期城市的阶层状况

中国历史漫长,但是几千年来稳定的社会阶层结构并未发生本质变化。对城市社会阶层结构产生本质影响的主要是近代化历程的推进,尤其是 1949 年中华人民共和国的建立和 1978 年以来的改革开放。

1949 年中华人民共和国成立,标志着新民主主义革命的胜利和新民主主义社会的建立。从这一时期的阶级结构看,包括产业工人和国家、社会管理者在内的工人阶级占 3.3%,民族资产阶级占 0.4%,小资产阶级占 7%,农民阶级占到88.1%,城市人口主要由工人阶级、民族资产阶级、小资产阶级构成,整个社会的阶层结构呈现出典型的"金字塔"。[①] 这个时期的社会阶级序列中,工人阶级成为执政党的阶级基础,在政治上被赋予极高的地位。1956—1978 年这一时期的阶级结构,又因 1956 年社会主义三大改造顺利完成提前进入社会主义社会而发生改变,其中对私营工商业的社会主义改造使资产阶级不复存在,对农业、手工业者的改造使得农村农业劳动

---

① 有关中国社会阶层结构变迁的论述和具体数据,可参阅陆学艺,《当代中国社会结构》,社会科学文献出版社,2010,p385-422"社会阶层结构"一章。

者成为人民公社社员、城镇手工业者则成为国有企业或者城镇集体企业的职工,整个社会的阶级结构变为由工人阶级、农民阶级和知识分子阶层组成的"两阶级一阶层"的结构。总的来看,新中国成立后至改革开放前的社会分层是基于先赋地位的社会分层,社会流动很难发生,整个社会的不平等程度也很低。

1978年城市社会分层转型是在市场化和现代化两大社会动力的推动下发生的。市场化主要表现在产权结构(所有制结构)的变化,以及包括单位制、身份制和行政制在内的社会管理体制的变化;现代化过程涉及政治、经济、文化等诸方面,其中以产业结构的变动和劳动生产率的提高为基本标志。市场化和现代化过程对我国城市社会结构的影响机制主要体现在:①市场化作为体制改革过程,直接涉及社会资源分配,从而直接影响到社会分层结构和机制;②市场化从根本上改变了原先单一公有制的所有制结构,直接造就了大量活动在体制外的新兴群体,如私营企业主、"城市农民工"阶层、外资企业"白领"阶层等;③产权制度、单位制、身份制和行政制改革之后,市场成为国家宏观调控之外的一种新型的资源配置手段,社会各阶层获得了自由流动资源和自由活动空间,从而改变了社会分层的形成机制,改变了社会各阶层的地位和身份建构机制;④现代化进程相对于市场化对社会分层的影响较为隐秘,现代社会中个人的社会地位主要是通过职业地位获得,而地位又与一定的产业行业密切相关,身处不同的产业和行业的个人所面对的机会和资源各不相同,现代化过程带来的产业结构调整必然深刻地影响社会分层结构。[①]

在市场化和现代化双重社会动力的推动下,我国城市社会分层结构发生了重大而深刻的变化。中国社会的阶层结构不再是改革开放前简单的工人阶级、农民阶级和知识分子"两阶级一阶层"格局,中间阶层、企业家阶层和私营企业主阶层等正在逐渐兴起和壮大。以职业为基础的新的社会阶层分化机制已经基本上取代计划经济时代以政治、户口和行政身份为依据的分化机制。但是社会变迁带来的社会阶层结构变迁究竟呈现出怎样的结构形态,学术界尚无定论,主要的观点如下。

(1)中国社会科学院社会学所十大阶层说

他们提出以职业分类为基础,以组织资源、经济资源和文化资源的占有状况为标准来划分社会阶层的理论框架。在此分析框架的基础上,他们提出当代中国社会已经可以比较清晰地划分出"十大阶层",即国家与社会管理阶层、经理人员阶层、私营企业主阶层、专业技术人员阶层、办事人员阶层、个体工商户阶层、商业服务业员工阶层、产业工人阶层、农业劳动者阶层,以及城乡无业、失业、半失业者阶层。这十个社会阶层是由五种社会经济地位等级构成的,即社会上层、中上层、中中层、中下层、底层。社会上层包括高层领导干部、大企业经理人员、高级专业人员及大私营企业主;中上层包括中低层领导干部、大企业中层管理人员、中小企业经理人员、中级专业技术人员及中等企业主;中中层包括低级专业人员、小企业主、办事人员、个体

---

①　见李路路,《再生产的延续——制度转型与城市社会分层结构》,中国人民大学出版社,2003。

工商户;中下层包括个体劳动者、一般商业服务业人员、工人;底层包括生活处于贫困状态并缺乏就业保障的工人、农民和无业、失业、半失业者。[1]

(2)李强的四个利益集团说

他根据改革开放以来利益变动的状况对社会群体进行了划分,将社会成员划分为特殊获益者群体、普通获益者群体、利益相对受损群体和社会底层群体(利益绝对受损群体)。[2]

(3)孙立平的强弱势群体说

他认为自 20 世纪 90 年代以来一个拥有了社会中大部分资本的强势群体已经成形。该强势群体主要有三个基本组成部分,即经济精英、政治精英和知识精英,这些精英不仅已经形成比较稳定的结盟关系,而且还具备了相当巨大的社会能量,对整个社会生活开始产生重要的影响,如首先表现为对公共政策制定和执行过程的影响,20 世纪 90 年中前期的时候实行经济紧缩的方针时,一些房地产商赞助了一系列的经济发展研讨会,由经济学家出面呼吁政府实行宽松的财政和金融政策;其次表现为对社会公共舆论的影响和话语形成的能力,传媒更多地受这个强势群体的影响,而由知识分子制造的主导性话语也更直接地体现了这个群体的价值和主张;最后表现为形成了弱势群体对强势群体的依附型关系。弱势群体主要由如下几个部分构成:除了部分富裕农民之外的贫困农民、进入城市的农民工和城市中的失业下岗人员,这三部分人几乎构成了中国人口的绝大多数。这个群体在经济和政治、文化上均处于弱势,许多机会需要由强势群体提供。在利益高度分化的情况下,这些群体既没有相应的组织形式表达自身利益诉求,在媒体上也很难发出他们的声音。[3]

虽然对中国当代城市社会结构的格局没有定论,但是我们还是可以就当代中国城市的社会分层的特点做出如下总结。

(1)社会分层的主导机制逐渐从政治分层转变为职业分层

改革开放前中国社会分层的主导动力机制是政治分层。随着改革开放后社会转型的渐次深入,社会分层的主导动力逐渐从政治分层转向职业分层。与政治分层不同,职业分层奉行的不是意识形态逻辑或政治逻辑,而是工具理性逻辑,追求的是非常务实的经济效率和效益。每个社会成员在社会分层结构中的位置不再是某个"再分配者"赋予的结果,而是自己在职业活动中自致的结果。社会分层的基础不再是某种意识形态或政治定位,而主要是自身在职业活动中所显示的技能。

(2)市场取向和现代化取向的社会分层格局初步形成

改革开放以来,我国社会分层结构发生了剧烈的变动。如出现了私营企业主阶层和城市新贫困阶层等新社会阶层,或一些原本就存在的社会阶层(如国有企业工

---

① 见陆学艺,《当代中国十大阶层》,社会科学文献出版社,2002;或陆学艺,《当代中国社会流动》,社会科学文献出版社,2004。

② 见李强,"当前中国社会的四个利益群体",《学术界》,2000,第 3 期。

③ 见孙立平,《断裂:20 世纪 90 年代以来的中国社会》,社会科学文献出版社,2003。

人），社会地位也发生了大幅度的改变。经过四十多年的演变，原先按照政治尺度来划分的"两阶级一阶层"格局已经被打破，符合现代市场经济社会发展趋势的社会分层结构已经初步形成。

（3）城市社会阶层二元化特征显现

刘易斯的二元结构理论认为发展中国家国民经济各产业部门的现代化，需要经历一个相当长的过程。在此期间，发展中国家一般都会同时存在两种性质不同的结构或部门：一种是以传统方法进行生产、劳动生产率低下、收入只够维持劳动者最低生活水平的乡村农业部门；另一种是以现代方式进行生产、劳动生产率较高、劳动者工资水平也相应较高的城市工业部门。这就是发展中国家工业化过程中必然出现的二元经济结构。实际上我国许多大城市同样也出现了产业部门的分层，一方面是现代产业部门，另一方面是传统产业部门；与之对应便出现了工资福利高、就业环境好的正规部门和工资福利低、就业环境恶劣的非正规部门的劳动力市场分层。城市产业和就业的分层，使得城市社会阶层呈现出二元化特征，一极是城市新兴的、高收入的"知识精英"和"行业精英"，另一极是贫困的"城市农民工阶层"和"城市失业下岗工人阶层"，形成了鲜明的城市阶级对比，亟须引起城市管理者的注意。[①]

五、城市规划中的社会阶层问题

城市形态的外在呈现与社会阶层具有密切的相关关系，城市形态的演变切实地反映了城市社会阶层的诉求，从某种程度上说，城市规划就是一种城市社会资源的再分配过程，与社会分层探讨的问题具有天然同一性。因此，城市规划有必要对城市社会阶层问题进行深入研究，并以此来指导自己的规划、设计、管理等行为。有关城市规划中的阶层问题论述很多，我们主要介绍在当代城市社会学领域产生广泛影响的曼纽尔·卡斯特和阿里·马达尼泼两位学者的理论观点。

（一）卡斯特的集体消费学说

曼纽尔·卡斯特现为加州大学伯克利分校城市与区域规划教授，是当代久负盛名的城市社会学家。卡斯特是马克思主义传统的城市研究学者，善于运用马克思主义相关理论对城市规划问题进行社会学阐述，如运用传统马克思主义的社会冲突论和社会运动论来解释城市过程。但是，卡斯特结合战后资本主义社会的新趋势认为传统马克思主义在分析解释城市社会运动时遇到相应限制，即不同于马克思主义诞生时期的资本主义社会，战后资本主义福利国家充分发展，中央政府为所有工人提供了包括失业保障、住房补贴等在内的公共福利项目，基本上保证了人们的生活质

---

① 李路路、冯仕政，"改革开放以来城市社会结构的变迁"，载《当代中国城市社会结构》，中国人民大学出版社，2003，p32-59。

量。其中,因为多数公共福利项目均由当地城市政府管理,城市居民之间的资源竞争表现在针对当地城市政府而非劳资之间的冲突。因此,卡斯特认为相对于传统马克思主义更加注重生产过程而言,集体消费更能成为现代城市过程的主导力量,集体消费概念也成为卡斯特以马克思主义分析框架重建城市社会学的核心范畴。所谓集体消费(collective goods),主要指通常由国家集体性提供的福利服务形式,如大众住房、交通、医疗设施等,不同于个体消费产品,集体消费具有不可分割性、不能满足市场价格要求、不直接被供求关系支配等特点。基于这种判断,卡斯特指出城市规划涉及两类问题:一类为纠正工业化过程反映在消费层面缺陷的补救性措施,特别是集体物品的消费;另一类为对规模和复杂性日益增长的空间实体的技术管理和经济管理。可见,卡斯特将集体消费放在与城市社会规划最重要的关联上,晚期资本主义城市的显著作用不是在于它的生产过程,而在于它作为"集体消费"中心这一特征上。因为,集体消费适用于居住在一定空间区域内的城市居民,因此具有特定的空间所指对象,并且由于城市居民对集体消费现存模式的不满也会引发要求改善都市生存条件的城市社会运动、抗议团体等,集体消费也可以被看作一种政治动员。卡斯特认为如果将这些与城市工人阶级运动联系在一起,就可能会形成具有革命性的潜在力量,并在《城市与民众》一书中提供了许多城市社会运动的经验研究案例,如巴黎的住房政策与民众运动、拉美城市中的"非法占地居住"运动等。

(二)阿里·马达尼泼的社会排斥和去商品化

阿里·马达尼泼(Ali Madanipour)现为英国纽卡斯尔大学建筑、规划和景观学院教授,也是影响深远的当代城市社会学家之一。马达尼泼将发生在当代欧洲城市的社会排斥与空间因素结合起来考察,指出基于种族、宗教、经济收入和出生地而使得某些城市居民群体无法获得该城市提供的各种资源和机会,是世界各地城市一直并将持续面临着的紧迫问题。马达尼泼区分了不同维度的社会排斥,如经济歧视,是指一个群体的成员被排斥于工作机会之外,从而导致贫困及经济上的边缘化;政治歧视,是指人们在政治权利上遭受排斥,没有选举权和充分的政治表达权利;文化歧视,是指群体成员在拥有一个主导文化的符号、意义和仪式等资源方面的边缘化。他还指出排斥状态在某种程度上具有连续性,某个城市居民或群体可以从与社会完全整合到几乎完全隔离;此外,排斥还具有空间的维度,历史上某些群体成员会被法律排斥限定在城市的某些特定区域,如中世纪威尼斯的犹太人就被限制在某个居住区内,或者人们虽然可以合法出入某一城市,但却存在某些微妙或明确的信号指示出某群体成员在该城市是不受欢迎的。马达尼泼还专门提出几种消除空间排斥的设想,一是城市规划中所要采取的措施就是去商品化空间,指对私人房地产商在决定不同群体居于城市何处的问题上的作用要加以限制,如为社区里低收入家庭建造他们可以负担的包容性(非排斥性)的居住单元;二是制定"去空间化社会排斥"的城市规划,如促进社会多样化的混合使用的区域规划等。总之,马达尼泼希望突破社会-空间的排斥,要求更多的容纳可能性。[①]

六、社会流动的含义和类型

(一)社会流动的含义

社会流动研究是社会分层研究领域的重要部分。我们知道所有社会均存在着一定的社会分层体系,人们占据的社会地位有高有低、所占有的社会资源有多有少。显然社会成员在其生命历程中会发生社会位置向上或向下的变化,社会学就将这种社会位置的变化称为社会流动。具体而言,社会流动是指社会成员从一种社会地位或社会位置转向另外一种社会地位或社会位置的过程,这种变动可以是从一个阶级或阶层向另一个阶级或阶层的转移,也可以是同一阶级阶层内部在职业或一般活动空间等方面的变动。社会流动是社会结构变化的一种形式,不仅对社会个体具有重要意义,也将对整个社会结构产生重大的影响。此外,社会流动还是社会阶级、阶层结构的量变过程,社会流动幅度的大小、速度的快慢都对社会结构的性质和社会运行的状态产生重要的影响,并且可以形象地反映出一个社会的开放程度,愈是开放的社会,流动愈加频繁。

(二)社会流动的类型

按照不同的划分标准,可以将社会流动划分为不同的类型。

以流动的方向为标准,社会流动可以划分为横向流动和纵向流动。横向流动,又称为水平流动,指人们在同一社会阶层内部社会地位的变化。它对于当事社会成员获取和占有经济、权力资源没有显著影响。纵向流动,又称为垂直流动,指人们在同一社会分层结构中的社会阶层之间地位的变化。纵向流动又可分为向上流动和向下流动,向上流动指从较低阶层向较高阶层流动的现象,向下流动则相反。纵向流动是现代社会最值得关注和研究的流动方式,其基本假设就是处在同一社会分层体系中,处在较高阶层的社会成员能够获得更多的社会资源。

以流动的参照基点为标准,社会流动可以划分为代际流动和代内流动。代际流动是指一个家庭的不同世代之间的职业或社会地位的变化,当子代的职业和社会地位与父代相比发生变化时,即发生了代际流动;代内流动是指某个社会成员在其生命过程中职业和社会地位的变动。一般而言,在封闭的传统社会,代际流动发生较

---

① 关于两位城市社会学家的具体论述,均可参见于海,《城市社会学文选》,复旦大学出版社,2005,关于曼努埃尔·卡斯特和阿里·马达尼泼的有关章节;此外,关于曼努埃尔·卡斯特集体消费的理论还可参见蔡禾,《城市社会学:理论与视野》,中山大学出版社,2003,p149-157,"集体消费与城市社会运动"一节;或高鉴国,《新马克思主义城市理论》,商务印书馆,2006,p141-152,"城市与集体消费"一节。

少,往往子承父业,子代注定在父代所属的阶级和阶层里终其一生;相反,在开放的现代社会,父代的职业、教育和社会地位虽然同样对后代有所影响,但这种影响已明显减弱,各种阶级、阶层均向所有社会成员敞开大门,代际流动必然产生。当然,任何一个社会的代际流动都是双向的,既有上升也有下降。

以流动主体的特征为标准,社会流动可以划分为结构性流动和自由式流动。结构性流动,又称为群体流动,是指因自然环境和社会环境的突变或者某项社会发明、创造而引起的大规模的社会成员流动,具体可分有组织和无组织的流动,可能是向上流动,也可能是向下流动。对结构性流动的关注重点并不是对个体生存境遇产生的影响,而是结构性流动可能对社会结构、社会变迁产生的影响。当代中国城市最为引人关注的结构性流动就是大量的农民进入城市务工经商,这种大规模的群体流动显然对中国城市社会产生了极其重大的影响,需要我们加以认真分析。自由式流动,又称为个体流动,反映了某社会个体在社会阶层结构中地位的变动情况,含义与代内流动相仿。

七、社会流动的影响因素

宏观社会因素和个体微观因素都会对某个社会成员在社会分层体系内的流动产生不同程度的影响。社会流动的影响因素如下。

（1）社会结构的性质

社会结构的性质是指社会结构是封闭还是开放的。封闭社会是指社会成员的社会地位主要取决于先赋条件,一生下来或达到一定的年龄就被固定到某种社会地位并且终生难以改变;相反,开放的社会结构中人们可以通过努力获取与他们天资、能力和愿望相匹配的社会地位。显然,注重先赋地位的封闭社会在制度安排上并不鼓励甚至限制社会流动,社会流动的频率和多样性显然受到限制。如我国城乡二元分割的户籍制度就在某段时期严重地影响社会成员的社会流动,城市和农村人口被严格地限制在出生地域。

（2）经济社会的发展程度

一个社会的经济和社会的发展程度直接影响着社会流动。一般而言,在经济不发达的社会中,人们生活在较为封闭的社会空间内,社会流动发生的概率小得多;相反,在经济发达的社会中,社会流动的机会更多,人们的社会流动也频繁得多。当经济社会迅速发展时,社会流动更加频繁,如我国所处的经济社会快速发展期,城市化、工业化、市场化带来了大规模的社会流动。

（3）教育因素

教育改变人的命运,从某种程度上讲教育是社会成员向上流动的推动器。现代社会是以科学技术和教育为基础的社会,接受良好教育几乎成为进入更高的社会层级必不可少的条件,教育的普及和发展使得受教育者向上流动的可能性增高。

（4）家庭背景

家庭背景对社会成员流动的影响也具有重要作用。传统社会家庭的经济状况、社会地位状况会直接影响后代的社会地位的获得，子承父业的社会现象较为普遍。这种状况即便在现代社会仍然在某种程度上存在，家庭也是影响子代社会流动的重要因素，如美国代际流动的逻辑就是，父亲的职业和教育结合在一起，对儿子的教育产生重要的影响，儿子所受的教育又影响到他最初的工作和后来的工作。

（5）社会网络资源

社会网络资源对于社会成员社会地位的获得也具有重要的作用。社会网络理论为人们更好地获得社会地位给予了解释，即社会网络（即由多个行动者及他们的关系组合而成的集合）资源影响着社会地位的升迁。美国社会学家格兰诺维特在研究找工作的过程中发现，提供工作信息的多是社会关系中的弱关系，并据此提出关系强度的概念，将关系分为强关系和弱关系。强关系维系着群体、组织内部的关系，弱关系在组织、群体之间建立纽带联系，因此通过强关系获得信息往往重复性很高，而弱关系更能使社会成员跨越社会界限去获得信息和其他资源。法国社会学家布迪厄的社会资本理论也对人们社会地位的变迁做出了一定的解释，社会资本（即个人在组织结构中利用自己的特殊地位而获取利益的能力）越高，那么他的社会地位也将越高。

八、我国城市社会流动的特点和趋势

传统中国城市的社会流动规模和数量都较为有限，大规模的社会流动多发生在战乱时期，作为社会主体的农民只有通过改朝换代的战争改变自身的社会地位和身份；在社会秩序稳定时期，中央王朝举办的科举考试为下层民众获得上升流动提供有限的社会通道。近代以来，近代化带来的城市化、工业化很大程度上改变了传统中国的社会结构，城市获得了较大的发展，也为广大民众造就了更多的职业和岗位，社会阶层的分化也为社会成员身份和地位的变化带来了更多的实现形式，社会流动的幅度和速度较传统社会均有较大变化，社会流动呈现出近代化特征。中华人民共和国成立以后，除新中国成立初期发生了较大规模的结构性社会流动之外，以后相当长的一段时间内受计划经济体制、城乡二元分割的社会管理体制等影响，所有社会成员都被置于强有力的行政控制之下，城乡居民的先赋性身份地位使得人们职业范围变动有限，整个社会的垂直流动和水平流动都受到了严格的控制，社会总流动率很低。

1978年以来，改革开放政策使得计划经济时期僵硬的社会结构出现松动。在城市范围内，伴随着计划经济体制的取消、市场经济体制的确立以及城乡二元分割的户籍管理体制逐步放宽，城市社会阶层体系更加开放，大批的职业和新式角色纷纷涌现，传统的社会结构关系和社会秩序正在发生嬗变，社会流动呈现出前所未有的规模和速度。现分别从水平流动和垂直流动两个角度论述如下。

从水平流动看,整个社会流动人口迅速增长,流动方向主要是从农村和不发达地区流向大中城市和经济发达地区,流动人口构成以青壮年居多,并多在城市范围内从事工业、建筑和商业服务业。全国各城市流动人口的急剧增加对社会发展产生了诸多积极影响,如加强了城市和其他各地的交往,不仅使商品流通、市场、资金活跃,而且使得高新技术成果、先进管理方法、现代社会时尚能够得以迅速传播;流动人口进入城市的许多部门,尤其是比较脏累差的部门,为城市发展提供了大量的劳动力资源,缓解了城市某些行业缺乏劳动力的矛盾,成为城市建设、经济发展、改善城市环境的一支主要力量;大量的流动人口还极大地活跃了城市第三产业和市场经济。但是,城市流动人口的急剧增加也带来了许多突出的社会矛盾,如城市内外交流条件不相适应,紧张状况进一步加剧;资源短缺与生活必需品的供应难以同步增长,负担更为沉重;流动人口中违反城市管理法规的比例增大,触犯刑律、严重危害社会安全秩序的情况突出等。从城市规划和城市管理的角度看,城市流动人口的很大一部分是直接为城市生产、消费服务的稳定人口,规划部门应该以此作为确定流动人口适度规模的依据,并将城市基础设施、经济和社会发展紧密结合予以考虑,从而使得城市人口做到有序流动,为城市经济社会有序发展提供条件。

从垂直流动来看,中国社会科学院社会学研究所"当代中国社会结构演变研究"课题组 2001 年调查结果显示,我国 1979 年以前社会成员从前职到现职的总流动率只有 13.3%,即 86.7% 的社会成员终生均为一个职务,个人职业垂直流动很少发生;1980—1989 年,社会总流动率提升至 29.9%,其中 19% 是上升流动、10.9% 是下降流动;1990—2001 年,社会总流动率达到 53.9%,其中 32.9% 是上升流动、21% 是下降流动。从这些数据中可以看出,改革开放以来我国城市社会垂直流动明显提高,上升流动和下降流动都十分明显,整体社会流动呈现出愈加开放的现代格局。具体而言,我国城市社会流动也呈现出下列一些显著特点:①城镇范围内代际流动的比例相当高,父辈与子辈的职业结构发生了明显变化,越来越多的人变换了工作职位,上辈对下辈在职业选择上的影响正在逐渐缩小。②城市中流动总体呈向上流动趋势,即从事脑力劳动的人所占比重越来越大,从事体力劳动的人所占比重越来越小。③各社会阶层在社会流动上各有特征,如管理阶层等优势阶层的流出率较低、专业技术人员阶层地位的代际传递性较强、自雇用阶层很少有向上流动的机会等。此外,各阶层子代的流动机会也反映出较大的不平等,父辈所居的层次越低,其子辈向上流动的难度也越大。④受教育已经成为影响社会成员流动的最重要因素。现代社会中,教育居于至关重要的位置,教育投资被看作具有积极意义的生产性投资。调查显示,在与人们职业地位相关的几个主要因素中,如被调查者的父亲的文化程度、父亲的职业、被调查者本人的文化程度、本人户口、本人职业、收入等,本人的文化程度对一个人的职业地位的影响很大,仅次于户口的影响。而社会成员职业地位的高低序列也同人们文化程度的高低序列几乎是重合的。教育已经成为当今城市社会成员实现向上流动的最重要途径。①

思考题

1. 如何理解社会结构的概念。

2. 请对照某城市的统计年鉴资料,选取 2019 年、2010 年的人口统计数据,计算下列人口指标,如老年人口系数、少年儿童人口系数、老少比、总抚养系数、年龄中位数、出生性别比等,并依此描述该城市的人口结构特征,预测 2030 年的该城市人口数据状况。

3. 分析我国现阶段城市家庭结构所呈现的特点及其影响。

4. 请解释社会组织的内涵和主要构成要素。

5. 结合你所了解的城市和相应的理论,讨论城市这种社会形态究竟是缓和还是加剧了阶级冲突?

6. 结合实例分析我国城市自改革开放以来社会分层的特点和趋势。

推荐阅读书目

[1]　王思斌.社会学教程[M].5 版.北京:北京大学出版社,2021.

[2]　杰西·洛佩兹,约翰·斯科特.社会结构[M].长春:吉林人民出版社,2007.

[3]　佟新.人口社会学[M].4 版.北京:北京大学出版社,2010.

[4]　杨善华.家庭社会学[M].北京:高等教育出版社,2006.

[5]　张春泥.离异家庭的孩子们[M].北京:社会科学文献出版社,2019.

[6]　于显洋.组织社会学[M].北京:中国人民大学出版社,2001.

[7]　王名.社会组织概论[M].北京:中国社会出版社,2010.

[8]　戴维·格伦斯基.社会分层[M].2 版.北京:华夏出版社,2005.

[9]　李春玲,吕鹏.社会分层理论[M].北京:中国社会科学出版社,2008.

[10]　李强.社会分层十讲[M].2 版.北京:社会科学文献出版社,2011.

[11]　李强.中国当代社会分层[M].北京:生活·读书·新知三联书店,2018.

[12]　周怡,朱静,王平,李沛.社会分层的理论逻辑[M].北京:中国人民大学出版社,2016.

[13]　张文宏.中国城市的阶层结构与社会网络[M].北京:社会科学文献出版社,2019.

---

① 　上述论点可参见陆学艺,《当代中国社会流动》,社会科学文献出版社,2004;其中关于受教育对社会流动的影响见吴忠民,"中国现阶段城市的社会流动",载《渐进模式与有效发展:中国现代化研究》,东方出版社,1999,p258。

［14］ 陆学艺.当代中国社会结构研究报告 1:当代中国社会阶层［M］.北京:社会科学文献出版社,2018.

［15］ 陆学艺.当代中国社会结构研究报告 2:当代中国社会流动［M］.北京:社会科学文献出版社,2018.

［16］ 陆学艺.当代中国社会结构研究报告 3:当代中国社会结构［M］.北京:社会科学文献出版社,2018.

［17］ 陆学艺.当代中国社会结构研究报告 4:当代中国社会建设［M］.北京:社会科学文献出版社,2018.

第五章　城市社会问题

1. 理解城市社会问题的内涵、特点。
2. 理解城市社会问题的成因。
3. 熟悉城市社会问题的治理原则。
4. 掌握治理社会问题的步骤。
5. 能够联系实际论述我国目前的城市社会问题及解决办法。

第一节　城市社会问题概述

城市是一个人口高度集中的空间地域范围。由于城市人口的高度集中,因而城市中分化出不同的阶层、组织,从而产生不同的生活方式和文化习俗等社会群体现象。城市社会形成的核心是复杂的人口结构,由人口的各种结构产生了复杂的社会关系,从而影响到社会成员的社会行为和联系网络。在社会运行过程中,由于社会系统和人类活动的复杂性,当社会内部的矛盾发展到一定程度,成为一种明显而又普遍的现象时,就会产生社会问题。社会问题又叫社会病态、社会解组、社会反常或社会失调。城市社会问题是经济发展到一定阶段的产物。不同的经济发展阶段产生不同的社会问题;不同的社会制度,社会问题的表现形式也不相同,所以城市社会问题复杂多样,问题的严重程度也强弱不等。

一、城市社会问题的含义

社会问题是社会学研究的重要课题。对于什么是社会问题,目前社会学界对社会问题的含义主要有以下几种理解。

一是在《社会学概论新修》一书中,郑杭生认为,社会问题是指在社会运行过程中,由于存在某些使社会结构和社会环境失调的障碍因素,影响社会全体成员或部分成员的共同生活,对社会正常秩序甚至社会运行安全构成一定威胁,需要动员社会力量进行干预的社会现象。

二是庞树奇在其主编的《普通社会学理论》中做了如下界定:①广义与狭义之分:广义的社会问题,就是各门社会科学都在共同研究的那些问题。狭义的社会问题是社会学上的专门术语,特指诸如离轨失范、失调、失控等社会状态以及危害社会稳定和安全的犯罪行为和其他反社会行为。②个人与社会之分:个人的困扰和不幸,如不具有普遍性,不被视为社会问题;属于社会领域内的问题,给社会带来影响和后果的问题,属于社会问题。③偶发与多发之分:偶发的反常现象不会成为社会问题,频繁发作的反常现象被视为社会问题。

三是台湾张晓春等在所著的《社会学概要》中,引用的是美国社会学界的定义,他们认为社会问题是以社会整体为出发点,来探讨各种社会现象或社会活动的学问。一种社会现象要成为"社会问题",至少需要具备三项基本条件:①它必须是一种能影响到该社会中相当多数人的社会情境;②它必须是该社会多数成员认为此情境与其生活中一般的生活规范有别,是一种不受期望的分歧情境;③它必须是人们可以设法控制或谋求改进的情境。

以上说法大同小异,其中有三点值得注意。

①大多数人认为是社会问题的就是社会问题。这大多数到底是多少,并没有定标准。常有的估量方法,是见报率或篇幅长度。

②主观判断是社会问题的就是社会问题,某一现象如为社会认可的,就不是社会问题,比如旧社会的纳妾、童工等现象,被社会认可,就没被算为社会问题。当不为社会认可时,或被认为是不道德、有破坏性、有危险的,就是社会问题。

③社会问题是可控制可改进的问题。

可见,一种社会现象能否成为社会问题,应有一些必备的条件,应有一些共同具有的成分。一般认为,社会问题由下述四个要素构成:①必须有一种或数种社会现象产生失调情况;②这种失调影响了许多人的社会生活;③这种失调引起了社会多数成员的注意;④这种失调必须运用社会力量才能予以解决。如某个问题靠少数人或个人可解决的,或某一单位出面即可改善者,均不属于社会问题,比如个别的短斤缺两、某一路段阻塞、出交通事故等现象,不算社会问题,因只需个别人出面即可解决。

依据上述社会问题的理解,可以将城市社会问题解释为在城市发展过程中出现某些危及城市社会健康发展的社会病态、社会解组、社会反常或社会失调现象,这些现象的起源、发展、结果及其解决手段都具有社会性。急剧的社会变迁往往是各种城市社会问题的催化剂。这些社会问题一方面对社会运行有阻碍作用;另一方面,人们在不断寻求解决社会问题的方法的过程中,客观上也起着促使社会在稳定、发展的轨道上运行的作用。首先,城市问题不是少数人引起的,而是由相当数量的人引起的。要把社会问题与个人的离轨行为区分开来。其次,城市社会问题的发展是社会性的,少数人无法控制,更无法解决。如城市污染问题、就业问题、城市交通问题等。再次,城市问题的结果具有社会性,它能对城市的大多数人产生不良影响,对城市发展构成威胁,如城市人口膨胀问题、住宅问题、交通问题等。最后,城市社会问题的解决手段必须是社会性的。要解决城市社会问题,单靠少数或某个社会组织是不够的,要动员社会力量,依靠城市各方面的共同努力。

二、城市社会问题的特点

(一)普遍性和变异性

城市社会问题的普遍性是指社会问题无所不在、无时不有的特性。社会问题可以说是人类社会的普遍现象,除了乌托邦之外古今中外所有真实存在的社会,没有一个国家、没有一种社会形态、没有一种社会制度、没有一个城市是不存在社会问题的,只不过有多有少、程度不同而已。社会问题的变异性是指社会问题在城市的不同地区、不同民族和不同时间里各具特点的性质。一是从横向上看,任何一个城市都存在社会问题;二是从纵向上看,每一个阶段都存在城市问题。社会问题伴随着城市的产生而出现,并随着城市的发展不断改变自己的存在形式及特点。

从时间的角度看,社会问题是一个历史范畴,具有鲜明的时代特征。特定的社会问题发生在特定的历史时期。如生态环境问题是进入工业社会后才出现的。即使是同一社会问题,在城市发展的不同阶段,其表现也是不一样的。在一段时期内不构成社会问题的因素,在另一段时期内可能演变成影响城市发展的最主要的问题;而在一段时期内影响城市发展的主要问题,在另一段时期内可能已经解决或降为次要问题。城市问题随城市的产生而产生,随城市的发展而发展。特别是现代,城市问题更是表现出复杂化、多样化、尖锐化的特点。

从空间的角度看,不同规模、不同类型的城市,其社会问题也各不相同,表现出各自的特点。如大城市的社会问题主要表现为人口规模过大、交通混乱、生态恶化、就业困难等;中小城市则表现为经济效益较差、综合功能弱等方面的问题。不仅不同城市具有不同的城市问题,即使同一类问题,在不同城市的表现形式、作用范围和造成的影响也有所不同。城市社会问题的空间差异,是由城市在人口、社会心理、文化价值观念以及发展阶段的差异造成的。每个城市有独特的区别于其他城市的发展历史、人口数量、聚居方式、社会组织形式、社会心理,它们决定着城市问题的种类及其表现形式的特殊化。

(二)破坏性和集群性

社会问题的破坏性是指社会问题对社会运行和人们的社会生活具有威胁、损害的破坏性作用。社会现象中有许多并不具有破坏性,如时尚现象对社会运行安全并无重大影响。但社会问题作为一种社会现象是破坏性的,如犯罪问题危害了人们的正常生活,破坏了社会运行的正常秩序。可以说,破坏性是社会问题最基本的特征。社会问题对社会运行的破坏作用还表现为集群性。集群性是指社会问题往往不是单个独立地出现,而是成群成串地出现,这使得社会问题的破坏性作用更大。

(三) 交叉性和连锁性

任何社会现象都不是孤立存在的,城市社会问题也同样是一种复杂的社会现象。城市社会问题的交叉性和连锁性是指社会问题的产生原因、表现形式以及社会后果等方面的复杂性质,即社会问题是由多种因素复合而成的,常常是几种社会问题并存,并引起一系列破坏性的社会后果。在快速的社会转型时期,我国城市所存在的大量社会问题,除了由急速的社会转型所引发的之外,也有一些是历史遗留下来的,如交通问题、住宅问题、环境污染问题、人口问题等,早在社会转型加速期到来以前就已在我国不少城市中不同程度地存在着,进入社会转型加速期以后,问题变得更为突出、严重。另一类社会问题是随着社会转型加速期的到来而产生的,如失业问题、社会风气问题、分配不公问题等。这两类问题错综复杂地交叉重叠在一起,使我们的包袱异常沉重。

社会是一个有机整体,社会系统各组成要素的变化都将引起其他要素乃至整个系统的变化。转型社会是一个社会结构不断调整、变动不安的过渡性社会,每一结构的变动都会引起其他结构乃至整个社会系统的变动,它引发的社会矛盾、社会问题也会一个接一个,产生连锁反应。往往旧的社会矛盾和社会问题尚未解决,新的矛盾和问题又不断产生。这里首先以城市国有大中型企业的改革为例加以说明。20世纪90年代为适应建立社会主义市场经济体制的需要,企业提出了"破三铁"的口号。其中之一便是改变过去长期实行的终身就业体制,打破"铁饭碗"。这一改革从方向上看无疑是正确的,但在当时由于操之过急,配套的改革措施没有及时跟上,随之便出现了严重的失业问题、社会保障问题。生活境况的突然改变,让不少人一时适应不了,出现了严重的心理障碍,有些人甚至走上了违法犯罪的道路,引起社会不稳。同时,这在当时尚不成熟的改革举措也给在业者以巨大的心理压力。

(四) 突发性和起伏性

城市社会问题的突发性是指城市社会问题的表现形式呈"急性"状态。恩格斯在分析资本主义社会的病态时指出,社会机体的病态,在农村是慢性的,有一个潜伏期,在经过一段时间甚至相当长一段时间才会暴露出破坏性,而在城市,社会问题则呈爆发式发展。城市社会问题表现集中、发展迅速,造成的社会影响非常强烈。尤其在快速的社会转型期,社会结构的稳定性较差,社会运行机制的调控能力弱化,灵敏度降低,传统价值观念的影响力下降,现代价值观念又尚未完全确立起来。因此,转型社会是一个脆性较大的社会,一旦遇到挫折,出现跌宕,很容易失控。这种情况往往导致一些出人意料的、突发性的社会问题的发生。有些突发性的社会问题出现时,气势汹汹,犹如海潮一样猛烈地冲击着社会。比如"民工潮"对城市社会的冲击,就具有突发性性质,导致了城市社会既有的就业、犯罪、住房、交通、环境、公共管理等问题的加剧,而且还可能引发各种新的社会问题。由于我们所进行的社会改革是一个无先例可循的社会工程,在摸索中前进,一项大的举措的出台,难免会连带地诱发一些意料之外的问题。实行价格"双轨制",其本意是实现价格由政府定价过渡到市场调节,但由此而引发的多方面的问题,决非决策者的初衷。其他某些由于急速的社会转型所引发的社会问题也是如此,具有突发性质。

城市社会问题的起伏性是指城市社会问题变化不稳定,在一定时期内可能反复出现的特性,一些城市社会问题可能在一段时间会得到缓解、遏制,在另一段时间又会重新抬头、加剧。这一特性表现为两种情况:一种情况是,随着社会转型的深入,改革措施的逐步实施,城市有些问题如交通问题、住宅问题、环境污染问题、社会保障问题等会逐步得到缓解,不再成为尖锐的或主要的社会问题,乃至或迟或早地不再成为社会问题。但即使在这种情况下,社会问题也并不会从城市里消失,而是会以新的形式表现出来。在社会转型的全过程中,没有社会问题的时期是不存在的。另一种情况则是,由于社会转型的长期性、复杂性与曲折性,有些社会问题本身就其表现方式、程度、影响范围而言,在不同时期具有较大的起伏性。这类问题如失业问题、通货膨胀问题等,在经济调整成长时期,失业问题会有所缓解,通货膨胀问题则可能加剧;而在银根紧缩、结构调整时期,通货膨胀问题受到遏制,但由于基建规模压缩,就业岗位减少,失业问题则会上升。再就犯罪问题、卖淫嫖娼问题而言,我国对此类丑恶现象多次进行"严打"。每次"严打"之日,便是此类问题严重之时。经"严打"之后,这方面问题会有所缓解,乃至被遏制。但经过一定时期之后,由于多方面的原因,这类问题又会重新抬头,并逐渐加剧。目前,我国正处在新的一轮"严打"斗争时期。社会问题的起伏性表现为社会问题在一定时期内反反复复出现,不仅危害社会运行安全,而且使得解决或缓解社会问题十分艰难。

三、城市社会问题及其成因

城市社会问题主要是指由城市中的人口数量、环境状况等社会或非社会变迁造成的城市居民的人际关系、人与自然的关系以及人与社会关系的冲突或失调,即通常所说的城市病的内容,包括交通拥挤、犯罪率上升、就业困难、城市贫困、污染引起的疾病增加、种族歧视、群体歧视、城市环境恶化、邻里关系淡漠以及青少年心理健康等。这些问题中有些是社会本身的问题,有些则是其他原因引起的社会问题。

城市社会远比农村复杂,因而城市的社会问题也远比农村多。从目前全球城市的发展来看,困扰城市管理的社会问题主要是城市贫困、社会治安恶化等问题,以及我国城市流动人口增加对这些问题与矛盾的激化。

（一）人口问题

城市人口问题主要指城市人口发展过程中产生的各种矛盾。人是城市的主体，人口数量和人口结构的变化，必然影响到社会生活的各个方面，如就业、婚姻、家庭、教育、住房、交通、物资供应等。当城市人口发展与城市建设发展失调，人口规模不断膨胀时，各方面的矛盾就会十分突出。同时，随着老龄化进程的加快，老年人的养老问题也越来越成为城市社会中人们不得不关注的话题。

（二）贫困问题

城市贫困是所有城市都面临的严峻挑战，随着城市的发展和规模的扩大，城市贫富差距会越来越大，由此而引起的贫困问题也会越来越突出。这主要是因为任何一个城市都会有最低收入阶层。城市越来越繁荣，其主流经济、主流消费档次越来越高，流浪街头和无家可归人群与主流阶层人群的差距就会越来越大，这部分贫困阶层与主流消费水平的距离就会越来越大。因此，城市贫困问题不仅是在城市贫富差距基础上产生的，也是由低收入阶层人数所占比例决定的。

（三）城市生态问题

城市社会和城市生态环境是一个对立统一的系统。它要求人口与土地空间、城市规模与地区资源、城市排废与环境容量等方面保持相对平衡。当这些方面的平衡遭到破坏时，生态系统可能会失调，从而影响城市的生产和生活。

（四）社会治安问题

社会治安问题是由城市社会的复杂性所决定的，是严重影响城市社会生活和社会秩序的问题。传统的乡村，有亲缘关系、家族关系和邻里关系约束每个人的行为，使人们都能遵守乡村里的习俗民约而维持比较好的社会治安。城市里的人群构成复杂，人群之间没有亲缘关系、家族关系和邻里关系的约束，社会秩序的维持依靠的是法制和其他强制性的管理手段。一旦这些管理手段有所纰漏，就会出现严重的社会混乱。加之我国城市的大量流动人口处于非完全城市居民的境地，以及他们仍保持着农村传统习惯而又远离故土的特殊情况，就比较容易出现不遵守社会公共秩序和破坏社会治安的现象。

（五）城市就业问题

城市就业问题指城市劳动者失业或不充分就业的现象。城市劳动者高度集中，如果职业岗位不能满足就业需要，就会产生失业和不充分就业现象。

（六）城市交通问题

城市交通问题指城市运输手段、道路设施与城市人口和货物流动需求之间的矛盾,主要表现为交通拥挤和低效率。交通问题会对社会生活和经济生活造成重大影响,如交通阻塞延长了人们上下班的时间,增加了疲劳感,降低了工作效率。

(七)城市住房问题

城市人口集中,增长速度快,住房需求和住房供应之间存在矛盾,许多城市住房短缺、住宅质量低、居住环境差、住房费用高,这是城市中长期存在的老大难问题。

(八)社会责任感问题

城市过分拥挤隐藏着一种潜移默化的作用,即削弱人们的社会责任感。由于越来越多的人争相使用有限的城市空间和社会服务,竞争趋势滋生了一些人的自私自利观念,出现了一些人拒绝排队等候服务,对扰乱公共秩序、破坏公共财物的现象熟视无睹,无视交通法规,无视他人权益,只图自己方便等现象。尽管世界上许多文明城市以讲礼貌、尊重他人而著称,但在战后城市人口急剧增长的过程中,却无一例外地受到城市人口增长的巨大压力,以致越来越多的习惯于安定环境的人们感到城市生活不堪忍受。

四、城市社会问题的治理原则

城市社会问题种类很多,产生原因复杂,因此,对城市问题的治理应根据实际情况采取灵活有效的方法,对症下药。同时,城市问题的综合治理是一个系统工程,切忌头痛医头脚痛医脚,而应根据社会问题的产生原因及特点进行。城市社会问题的治理必须遵循以下四个原则。

(一)认识城市运行的客观规律,按客观规律办事

城市社会问题的产生是因为人们没有认识社会运行的客观规律并按客观规律办事。因此,要从根本上解决某一城市社会问题,就必须尽可能多地发现和揭示城市社会运行的客观规律,研究运用城市社会运行规律的形式和条件,运用各种社会力量(包括政治的、经济的、法律的、行政的、教育的、思想的综合措施)促使人们遵循客观规律。

(二)加强城市宏观调控,实行综合治理

城市社会问题大多具有多因性、复杂性等特点,在城市社会某一具体领域中反映出来的某一社会问题,往往在单独的某一社会领域里是难以彻底解决的,因此单靠与这一问题直接有关的部门和人员的力量是很难解决的,常常需要依靠与此问题有关的所有部门和人员的支持才能解决。这就需要政府在治理社会问题的过程中加强宏观调控,贯彻整体性原则,对城市社会问题进行历史的、系统的、全面的分析,

从社会问题的内容、性质、特点到产生的原因、影响的范围和后果进行全面分析,形成对社会问题的完整认识,进而实行综合治理。要以城市系统协调运行为目的,从整体效益出发考虑具体问题,使具体问题的解决服从于城市整体效益的要求。从经济效益、社会效益和环境效益三个方面来制定城市问题的防治措施。只有从综合、宏观的角度考虑城市问题的解决,才能找到城市问题产生的根源,找到解决城市问题的办法,达到治标兼治本的目的;也只有从综合角度采取措施,才有可能保证城市经济、社会、环境效益的统一,促进城市的均衡发展。

(三) 着眼于城市社会制度、体制的改革和完善

社会制度、体制是人们社会关系的反映,对人们的社会行为和社会生活起着直接的制约和调节作用。几乎所有的社会问题都与社会制度和体制的失调有关,而且在导致社会问题的各种原因中,社会制度和体制的失调常常是根源性的。所以,要解决社会问题,除了实施一般性的改造和补救措施外,更重要的是必须着眼于制度、体制的改革和完善。

(四) 具体问题具体分析的原则

由于城市问题的特殊性,同一种城市问题在不同的城市,其形成原因、表现方式、危害程度及防治手段可能都是不同的,因此,要坚持具体问题具体分析的原则,切不可一刀切。要从深入细致的调查入手,掌握第一手实际资料。再对社会问题进行具体的分析,对症下药,探索切实可行的解决方案。要根据问题产生、发展的原因及其与社会的关系,采取有效措施,调整社会关系,解决社会问题,促进城市发展。

五、城市社会问题治理的基本步骤

一般来说,治理城市社会问题应采取以下四个步骤。

第一,建立完善的社会监控反馈机制,以便及时发现城市社会问题。尤其是在从事某些大规模的社会活动时,如某些重大社会政策、社会计划的实施,应对其进行跟踪调查,以便及时发现问题,及时予以纠正和解决。此外,应建立常设的社情调查机构,以便对社会的各个方面、各个领域进行定期、不定期的调查研究,一方面是为社会管理者提供决策依据,另一方面是发现城市社会问题。

第二,发现城市社会问题之后,组织力量运用科学的研究方法进行具体、详细的调查研究,得出正确的结论,提出解决社会问题的具体方案。

第三,根据研究得出的结论和提出的解决方案制定社会政策和法律。在问题被发现并经详细研究得出结论与解决方案之后,城市社会管理者将解决方案变成社会政策,再经过合法手段制定成法律。这样一来,城市社会问题的解决就有了社会政策和法律依据,也使得社会问题的解决方案拥有了合法性和权威性,从而为社会问

题的解决扫除一些人为的阻挠和困难。

第四,完善相应的设施以保证政策与法律的施行。政策与法律必须通过适当的机构和合格的人员来予以实施和执行,才能使社会问题得到解决。因此,在制定好相关的政策和法律之后,就必须配备一定的机构和人员,只有这样才能达到改善和解决城市社会问题的目的。

第二节 城市规划与社会问题

城市规划理论与实践的发展始终离不开对社会问题的关注。工业革命之前,由于城市发展速度缓慢及城市规模较小,城市的社会问题表现得并不明显。工业革命后,由城市规模的迅速膨胀引发出的大量的社会问题,引起了人们对城市规划的思考。从理想城市的构想到现实城市规划建设,社会问题一直是城市规划关注的主要内容。尽管如此,现实的城市规划对城市社会问题的解决总是难以取得理想的效果,旧的社会问题的解决总是伴随着新的社会问题的产生。从城市住房拥挤、环境恶劣到房屋破旧、住宅紧张,从经济危机、经济萧条到内城衰退、社会混乱,从出现贫民窟到社会分化,从公众参与、社区规划到倡导性规划等,城市社会问题的不断出现、解决和城市规划有着十分密切的联系。西方近现代城市规划理论与实践总是在不断地寻求解决城市社会问题的过程中取得发展,现代城市规划对实现城市社会的稳定与发展有着重要的意义。

一、西方城市规划与城市社会问题回顾

西方近现代城市规划的历史最早可追溯到 16 世纪。早在 16 世纪前期,空想社会主义者就主张建立一种新型社会,试图把城市作为一个社会经济实体,把城市建设与社会改造结合起来,以解决广大劳动者的生活、工作问题。他们希望建立一个空想社会主义的"乌托邦"(Utopia),以城市规划的方法来解决社会问题。空想社会主义代表人物主要有托马斯·莫尔(Tomas Moore)、欧文(Robert Owen)和傅立叶(Fourier)等,主要的规划实践有欧文的"新协和村"(Village of new Harmony)、傅立叶的"法朗吉"(Phalanges)等,这些社会设想为"田园城市""卫星城市"等城市规划理论的形成奠定了基础。

19 世纪末期至 20 世纪初,恶劣的生活条件引发工人的普遍不满,进而导致了其他社会问题,如社会犯罪率升高、非就业人口比例升高、城市中贫富悬殊、各类传染病的蔓延、大量城市居民(特别是婴儿)死亡率上升等。英国社会活动家霍华德(Ebenezer Howard,1850—1928)针对英国城市社会出现的种种问题,如城市居民贫困、农民流入城市引起的城市人口膨胀、城市生活条件恶劣及城市税收不足等,敏感

地意识到必须通过规划的手段来解决。他设想了一种理想的城市模式,即"田园城市"(Garden City),并在他的著作《明日的田园城市》中描述了一种理想化的"社会城市"(Social City)设想,他认为新的社会城市经济应足够繁荣,能提供许多就业机会,社会生活丰富多彩,大多数居民能够安居乐业。他还指出城市应由一个代表公共权力的机构来掌握,这个机构有权占有土地、制定城市规划、提供城市服务;他强调城市应能够协调、平衡和独立自主地解决城市社会问题。创造完美的社会生活是霍华德田园城市理论的重要组成部分,虽然他的理想城市在实践上并未取得理想的效果,但他的社会改革思想对现代城市规划理论的形成起了重要的启蒙作用。勒·柯布西耶(Le. Corbusier)和赖特(F. L. Wright)也试图通过集中和分散的规划思想来解决城市社会问题,这些思想在他们的"阳光城"(Radiant City,又译为"光明城(市)")和"广亩城"(Broadacre City)理论中得到充分的体现。

第一次世界大战以后,城市的社会问题逐渐发生变化,首先是战争对城市建设的破坏导致战后住宅奇缺。其次是城市人口的过度集中,导致区域就业不平衡,失业率明显上升,城市贫民窟问题开始出现。城市的社会问题从过去城市的拥挤不堪和环境恶劣逐渐转向了城市贫困、移民浪潮、种族问题和社会混乱。产生这些社会问题的主要原因是西方资本主义经济危机引起的经济大萧条。过度郊区化导致城市人口数量大幅度下降,城市服务设施得不到充分利用,经济衰退降低了个人及家庭收入等。低收入者生活在贫困之中,居民住宅条件差。于是大量贫困人口聚集在城市,城市社区缺乏安全感,有钱的中产阶级纷纷离开城市迁移至郊区居住。与此同时,随着大量移民涌入城市,种族问题开始出现,城市社会问题因此而逐渐加重。

此时英国很多城市陷入一种恶性循环,严重时会产生社会混乱现象。经济大萧条及其所导致的社会问题引起了政府的高度重视,政府试图运用理性手段来解决社会问题,强调要积极干预城市规划,通过控制公共资源和关注公共利益来解决城市社会问题。20世纪50年代以前,由于城市规划所关注的只是城市的物质层面,即所谓的"物质规划"(Physical Planning),很少关注城市发展的社会经济内容,因而很多城市社会问题并未得到有效的解决。

第二次世界大战以后,西方城市开始了大规模的城市更新运动。城市更新运动的目的是恢复内城的活力,清除城市中心区的贫民窟,为城市居民提供更多的住宅,改善城市的物质生活条件,意图解决由战争和过度郊区化引起的城市社会问题。但由于城市规划缺乏对城市问题的深入研究,城市更新采取了大规模推倒重建的改造方式,不仅破坏了原有城市的有机结构和城市多样性,还产生了许多新的社会问题,如引发了居住分离和社会分化现象,瓦解了城市原有的、稳定的社会关系,破坏了城市的历史多样性,而原来一直存在的贫民窟问题也没有从根本上得到解决。因而城市规划被认为"只是把贫民区从一处移到了另一处,更糟糕的是,它消灭了现有的邻里社区"。简·雅各布斯(Jane Jacobs)在其著作《美国大城市的死与生》(*The Death and Life of Great American Cities*）中指责城市大规模改造是对城市传统文化多样性的破坏，是国家投入大量资金让政客和房地产商获利，而让平民百姓成了旧城改造的牺牲品。

由于城市改造资金短缺，政府部门很大程度上受私人利益集团的控制，城市更新很难关注公众的利益，公众几乎没有参与城市更新的机会，社区邻里的社会问题、经济问题成了西方许多国家、大城市关注的主要问题。社区邻里内部出现的社会混乱和经济萧条，导致了社区邻里的衰退。事实表明，通过简单的推倒重建进行旧城改造是很难取得成功的。

西方城市更新运动的失败再次表明了城市社会发展与城市规划之间内在的联系，城市规划的不当很容易引起城市社会问题。20 世纪下半叶，西方城市规划开始更多地考虑城市社会问题，公众参与和公众利益受到了普遍关注。由于黑人地位低下，学生运动不断，美国 20 世纪 70 年代开始出现民权运动，城市规划决策者不得不开始听取民众意见，关注弱势群体的需求，于是出现了"倡导性规划"（Advocacy Planning）。保罗·达维多夫（Paul Davidoff）在其文章《规划中的倡导与多元主义》（Advocacy and Pluralism in Planning）中指出，"规划师应代表城市贫民和弱势群体，应首先解决城市贫民窟和城市衰败地区，要走向民间和不同的居民组群沟通，为他们服务"。罗尔斯（J. Rawls）在 1972 年发表的著作《正义论》（*Theory of Justice*）和大卫·哈维（David Harvey）的著作《社会正义与城市》（*Social Justice and the City*）都指出城市规划应充分考虑社会公正问题。

此时，城市规划理论与实践研究也更多地关注社会公平和公众利益，开始重视城市规划的社会经济意义，规划与设计从单纯的物质环境改造规划转向社会经济发展规划。西方主要国家同时开始出现民主多元化的社会趋势，公众参与的规划思想作为一种"准直接民主"的体现，开始广泛地被居民接受。城市居民纷纷成立自己的"社区组织"，通过居民协商积极参与城市规划，努力维护邻里关系和原有的生活方式，并利用法律同政府和房地产商进行谈判，一种"自下而上"的所谓"社区规划"开始出现，市民社会在西方国家建立，公民对城市开始有参与权和管制权。

二、西方城市规划与社会问题的经验和启示

城市规划的理论与实践发展源于西方城市的社会改良运动。在城市发展与社会发展的过程中，西方城市为解决城市社会问题，采取了相应的规划对策，城市规划也从只注重物质形态规划转向了对社会、经济问题的普遍关注，从理想化的"社会城市"设想逐渐演变为对现实的社会问题的理解和解决。从历史的分析中可以看出，城市工业化发展、城市规模的无序膨胀、过度郊区化产生的内城衰退、经济危机及战争破坏等是引发城市社会问题的主要原因。从西方城市社会问题的出现可以得到以下几点启示。

①西方城市工业化发展过程中由于忽视城市发展内在规律,过分追求经济发展和城市扩张而引发很多社会问题,如城市规模的过度膨胀、城市的过分拥挤和贫民窟的出现,缺少对城市郊区化的有效控制,导致社会分化和内城衰退现象。

②城市社会问题的产生是多种因素作用的结果,既有来自城市内部发展的影响,也有来自城市外部的各种不定因素的影响,如经济危机和战争等灾害引发的城市社会问题等,因此在城市发展过程中,构筑相对安全稳定的社会经济环境十分必要。

③城市规划不当是导致城市社会问题的重要原因,如城市功能结构不合理、过分强调功能分区和大规模城市改造导致众多社会问题。

④随着西方城市社会的不断发展和民主化进程的推进,城市规划中已十分注重公众参与和社会公平,关注弱势群体的利益,体现社会发展的"民主化"特征,城市规划在推动社会进步过程中发挥了越来越重要的作用。应该看到,在城市发展过程中,城市规划与社会发展之间有着不可分割的内在联系,城市规划理论与实践的发展必须注重对城市社会问题的研究,城市社会问题的解决有赖于科学的城市规划和城市发展政策。

第三节　我国城市社会问题

一、城市社会问题的空间演变规律

由于城市社会问题具有普遍性,因而在城市的演变过程中会一直存在。尽管不同时期的表现有所不同,但基本变化不大。随着城市规模的扩大,这些问题在空间上有着共同的变化规律,并且牵动着城市政策的变迁。

在城市发展的初期,城市空间形态以单中心为主,城市的中心地带是高档地区;边缘地带是低收入人群居住、低档次产业分布的地区,各种基础设施滞后。因此,郊区是城市社会问题发生较多的地区。城市发展进入高级阶段后,开始向郊区发展,表现出郊区化城市的特征。这时,人口在郊区集中,郊区因为拥有先进的基础设施和良好的环境而成为高端产业和富裕人群的首选之地。城市中心地带反而成了低收入人群的主要居住地区,出现了社会治安恶化、基础设施落后、贫困人口增加等社会问题。

目前发达国家的很多城市都已经步入郊区化时代,社会问题在城市中心地带表现较为突出,这些地区成了城市管理的难点地区,市长们常常为城市的空心化而伤脑筋,也为筹集足够的资金进行建设和治理而绞尽脑汁。我国城市仍处在快速城市化阶段,并表现出人口向中心地带集中的特点,因此,社会问题主要发生在边缘地带,如城乡接合部。无论这些社会问题分布在哪里,都是由于空间发展的不平衡而产生的,解决的办法往往是靠财政转移支付。如何转移支付,不同国家的财政体制不同,方式也不同。①

目前,我国城市正处于快速工业化发展期,城市规模不断膨胀,城市的社会问题已较为突出,社会转型特征明显。首先,由于我国社会结构的全面转型,各种社会问题交织在一起,互相联系、互相影响、互相牵连。其次,由于我国当前的社会转型速率很快,许多社会问题会在短时期内大量地产生。第三,在社会转型过程中,各种价值观念充斥社会,人们对同一社会现象的看法不一、评价不一,被有些人视为十分严重的社会问题,在另外一些人看来可能是社会进步的表现;被一些人认为要动用社会力量来解决的社会现象,另外一些人却可能认为无须社会干涉,应该由其自生自灭。现在,我国有很多城市也正在寻求一种能够解决城乡不平衡这一社会问题的模式。

二、城市社会问题的存在对社会转型的影响

在社会转型加速期,我国城市所存在的大量社会问题对社会运行与转型有利有弊。从其积极的一面来看,例如前面提到的"民工潮"问题,客观上起到了推动城市各项改革深入与加速城市化的作用。因为要处理好这一问题,必须相应地进行城市户籍管理制度、用工制度、社会保障制度等的改革,要有城市交通、住宅、治安、公共服务、社会管理等各项事业的发展,从而加快现存的各类社会问题解决的步伐。解决社会问题的过程,同时也是我们不断总结经验、教训的过程。由此我们可以在今后进一步深化城市改革、促进城市化的过程中少走弯路,力求将失误与连带的负面影响减少到最低限度。

然而,社会问题毕竟是社会运行与变迁过程中所出现的病态现象,其消极影响是相当严重的。同其客观上积极的一面相权衡,社会问题对社会运行与变迁的障碍作用要大得多。我国城市现阶段所存在的大量社会问题对社会运行与转型的消极影响主要表现在以下诸方面。

①大量城市问题的存在,影响了城市居民生活水平与质量的不断提高,与社会转型的目标不相吻合。按照我国经济与社会发展的总体战略部署,到 2000 年,我国人民的生活已达到小康水平;到 21 世纪中叶,我国将进入中等发达国家行列,人民生活将越来越富足。生活状况的改善,不仅包括生活水平的提高,而且包括生活质量的提升。从某种意义上说,后者比前者更为重要。在住宅拥挤、交通不便、治安恶化、环境污染、子女就学不便等情况下,即使人们的实际收入在不断增加,其生活质量也是下降的。而失业问题日趋严重,则会造成部分城市居民及其家庭的物质生活陷入困境。

---

① http://www.chinacity.org.cn/cstj/csglx/52008.html.

②大量城市问题的存在,会造成一种对社会转型不利的舆论环境。深化城市改革,促进城市化,都需要良好的社会舆论来支持。良好社会舆论的形成所需要的条件很多,就改革与社会转型而言,一般来自两个方面:一是人们从改革与社会转型过程中得到了实惠;二是人们认识到眼前的暂时牺牲将换来长远的实惠。而后一种条件更难具备,它需要社会各方面耐心细致的宣传和有效的实际行动。这方面工作跟不上,人们往往只看到改革、城市化与社会转型导致或加剧了各类社会问题,而在短时间内看不到前进的希望,因而就有可能对社会转型的前景产生悲观情绪。在这种情况下,不少人产生一种怀旧心理,希望回到老路上去。这种心理状况相互感染及逐步蔓延,就会形成一种对社会改革不利的舆论环境,不利于社会改革措施的出台。

③大量城市问题的存在,挫伤了广大市民的积极性,不利于加快社会转型的实际进程。在一项加快社会改革的大的改革措施"千呼万唤始出来"之后,广大市民在实际工作中的积极支持与配合极为重要。过去的某些举措,由于工作失误,配套措施没有跟上,以及难以避免的意外因素,导致或加剧了各种社会问题,特别是社会风气及治安状况严重恶化。这些年来,一些人道德水平滑坡,法制意识淡薄;一部分官员搞权钱交易、贪污受贿,奢靡浮华、挥霍浪费之风在某些阶层盛行;卖淫嫖娼、偷盗赌博现象屡禁不止;唯利是图、拜金主义、损人利己思想时有抬头;欺诈与骗局不断花样翻新;犯罪率居高不下等:所有这些,严重挫伤了广大普通市民的生产与工作积极性。

(4)某些突发性的社会问题,会使社会转型的进程受挫,甚至可能导致社会转型的方向逆转。社会转型加速期社会问题的突发性特点告诉我们,某些加快转型的改革举措的出台可能会导致一些突发性社会问题的发生,如城乡户籍制度的改革,如果运作过大,则会引起"民工潮"对城市社会的爆发式冲击;就业制度的改革稍有不慎,便会引起失业人数剧增,大批人无工可做,生活无着落,就有可能酿成社会动乱。这些情况必然会使社会转型的过程受挫。极端严重者,可能导致社会已经取得的成果毁于一旦。这绝不是危言耸听。

三、我国主要城市社会问题

我国城市正处于快速工业化发展期,城市规模不断膨胀,城市的社会问题已较为突出,主要表现在以下六个方面。

(一) 城市发展的结构性变化引发的社会问题

在快速城市化的过程中,受经济全球化和信息技术发展的影响,工业化发展和城市产业结构调整必然会导致城市传统工业的衰退和居民失业率的上升,在社会保障制度还不健全的条件下,很容易对居民的生活产生影响。

（二）社会分化及居住隔离问题

一方面体现在城市中心区与城市边缘区成为两个明显的分异反差区。城市中心区由于社会阶层的分异和社会群体的多样化，居住构成较为复杂，呈现出马赛克镶嵌式居住分异现象。另一方面体现在封闭社区的涌现，优质景观资源的排他性占用现象突出，使各社会阶层分化问题日趋严重。

（三）城市的盲目发展引发的社会问题

城市中心区由于人口过分集聚，产生过分拥挤、城市环境污染严重和交通条件恶劣等问题，导致居民的生活居住条件变差；由于中心区人口密度过高，导致教育设施严重不足。大城市或特大城市由于生产用地和居住用地布局不平衡，导致居民上下班花费的时间过长等。

（四）"城中村"和"边缘村"的存在引发的社会问题

"城中村"是由快速城市化引起的城市包围乡村的现象。由于基础设施条件较差和长期得不到整治，这些地区往往成为城市管理的盲区，社会治安极其混乱。"边缘村"是指大城市城乡接合部的大量低质量住宅区，这些住宅区多为打工者的集中住所，如北京的新疆村和浙江村等，由于得不到城市政府应有的关注，社会治安较为混乱，并且城市居民对这些来自农村的居民存在明显的歧视。

（五）配套设施不足、资源分配不公

城市中心区大规模房地产开发和城市更新改造引起社会分化并破坏了原有城市社会网络，大规模开发迫使中心区居民迁往郊区，而边缘社区由于缺乏商业服务、教育等设施，仍存在对弱势群体的关注不够、城市中低收入居民住宅供应明显不足、城市资源分配不公等现象。

（六）公众对城市规划的参与度不高

城市规划缺乏公众的参与渠道，公众缺乏参与城市建设的积极性，政府部门也未能为公众参与创造良好的条件。过分追求经济发展已成为中国城市社会问题产生的主要根源，中国城市的社会问题既与西方城市的有相同之处，又有不同之处，但由城市规划不当引起的城市社会问题已表现得十分明显。

四、解决我国主要城市社会问题的方法

如何成功解决城市社会问题是我们面临的艰巨任务，对此我们应根据国情制定出针对性的对策。

(一)加强文化建设,促进城市文化发展

加强文化建设,促进城市文化发展。随着知识经济时代的到来,一个城市的文化、文明、科学、技术、知识、学术的凝聚力、吸引力和辐射力,正发挥着越来越大的作用。在城市综合实力较量中,文化"软实力"具有举足轻重的地位。加强城市文化建设,可以促进城市化发展。城市文化建设需要总体构思,也就是说要有一个城市形象的整体设计。其设计理念,既要有利于当代经济和文化,方便居民生活,又要无损于历史文明,不伤害自然环境。

加强综合治理,维护社会稳定。认真加强社区安全和对本辖区流动人口的管理,进一步加强房屋租赁管理工作,尤其要加强学校及周边社会治安综合治理。认真做好预防青少年违法犯罪工作,积极参与实施"为了明天——预防青少年违法犯罪工程"。在辖区内开展创建"平安系统""平安住宅小区""平安建筑工地""平安景区""平安拆迁"等活动,开展创建"青少年维权岗"活动,会同综合治理办公室和司法部门继续开展对进城务工人员的法律援助,以此推动社会治安综合治理工作和维护稳定工作。

(二)继续深化城市各项改革事业,适度加快社会转型的进程,并认真对待、妥善处理随之而来的社会问题

稳定、有序,是社会良性运行与协调发展的基本前提,而非稳定性及一定程度上的无序状态,恰是社会转型加速期的一般特征。我们要么安于现状,维持传统社会式的稳定、有序的社会运行,要么忍受社会运行的非稳定性与一定程度的无序状态,继续推进改革,促进社会从传统向现代的转型,二者必居其一。显然,前者是不可能的,无人可以倒转历史前进的车轮,中国只能别无选择地继续走改革开放之路。其实,非稳定性与无序并不可怕,这是进行社会主义现代化不可避免要付出的代价;可怕的是,我们在社会转型加速期出现或加剧的问题面前,或麻木不仁、无动于衷,或束手无策,或回避问题绕道走,这将使我们付出更加高昂的代价。我们在上一部分分析城市的社会问题对社会转型的影响时已经明确地指出了这一点。

要避免上述不利情况,就要认真对待并妥善处理城市改革与社会转型过程中出现或加剧的大量各类社会问题。首先,应深入开展调查研究工作,发现、剖析城市在改革开放过程中出现或加剧的各类现实问题,并对各个具体问题的性质、范围、原因及影响加以归纳分类,对它们有一个概括、全面的了解。其次,对那些相对来说难度不大,现时能够加以解决的问题,要立即着手解决,取得突破;对那些对社会转型影响较大,市民反映强烈的比较突出的社会问题,即使现时难以彻底解决,也要采取有效的实际行动,力求取得阶段性成果;而对那些难度太大,目前尚不具备条件解决的问题,也要采取措施加以控制,待条件成熟后再逐步解决。同时通过耐心细致的宣传说服工作,取得广大市民的谅解。最后,出台新的改革措施必须十分慎重,要加强

对其可能引发的各类社会问题的预测与研究,事先制定相应的对策,力求将所引发问题的危害减少到最低限度。

(三) 对工业化与城市化进程中出现的城市规模盲目膨胀进行必要的调节与控制

城市规模日益膨胀是导致社会问题的重要原因,因此,如果能够对城市规模的增长加以有效的控制,则可以促进城市现存各种社会问题的逐步缓解与解决。

西方国家的工业化与城市化一般是自发进行的,受政府的干预较少,因此,在西方国家的工业化与城市化加速发展时期,城市规模未能得到有效的控制,城市社会问题一直比较严重。不过,自 20 世纪四五十年代以来,由于这些国家的工业化与城市化已经基本实现,加之交通、通信、微电子技术与设施不断发展与更新,不少生活富裕的中上阶层人士开始在郊区购置宽敞、舒适的住宅定居下来;工厂、企业、商业网点也开始在郊区乃至远郊建厂设店。目前这股"郊区化"潮流在西方国家方兴未艾。"郊区化"促进了城市现存的某些社会问题的缓解,目前西方国家城市环境污染问题不是很严重,与工厂企业陆续迁到郊外,使污染问题能够比较容易解决不无关系。但同时我们也应当看到,由于伴随"郊区化"而迁出的城市人口一般仅限于中上阶层而已,某些社会问题,尤其是由此而导致的市区与郊区的两极分化,仍难有解决的可能。不少西方有识之士已经指出了这一点。

中国作为一个发展中国家,其工业化与城市化尚处于加速发展阶段,尚不具备"郊区化"的条件,况且发达国家已经走过的这段曲径是否值得因循也很成问题。在此情况下,如何对推进城市化进行必要的控制与调节至为重要。城市规模越大,社会问题就越严重,且解决起来也更加困难,因此,控制大城市规模的盲目膨胀,同时采取措施促进中小城市的发展,无疑有助于大城市现有各方面问题的缓解与解决。

上述做法与世界城市化的一般趋势并不矛盾。城市化并不仅包括现有城市规模的日益扩大,还包括新兴城市的不断涌现,城市数目的不断增加与规模的扩大。控制既有的、已过于庞大的城市规模继续盲目膨胀,同时促进中小城市的发展;在发展过程中,不少小城市将升级为中等城市,有些中等城市将进一步升格为大城市。这是与世界城市化的一般趋势相一致的。

(四) 对城市的发展与布置实施科学的规划

从群众的长远利益出发,保持经济和社会的持续发展。对城市发展进行科学的规划,不仅有利于促成现有社会问题的逐步解决,而且还有利于防止某些社会问题的发生。近代以来,为了解决城市规模日趋膨胀带来的种种社会问题,欧美各国兴起了一股城市规划的思潮,至今仍然方兴未艾。在这股思潮中,英国学者霍华德所提出的有关思想最负盛名。他在其名著《明日的田园城市》一书中系统地阐述了自己的城市规划思想。霍华德相信,根治大城市社会问题的方法是让人们回到小规模的、开放的、经济均衡和社会均衡的社区。他把这样的社区叫作"城市-乡村"结合体或"田园城市"。他认为,可以通过有计划地分散工人和他们的就业岗位来达到目的。在霍华德看来,当任何城市达到一定规模时,都应该停止增长;其过量的部分应当由邻近的另一个城市来接纳,因而居民点就像细胞增殖那样,在绿色田野的背景下,呈现为多中心的、复杂的城市聚集区。

那么,针对中国的实际情况,我们首先要改变中国城市规划只注重"物质规划"而忽视社会、经济规划和重实践轻理论的现状,注重城市规划理论研究对解决城市社会问题的作用,注重研究城市社会问题产生的根源。西方城市发展的经验教训表明,对城市社会问题的研究应成为城市规划工作的重要方向,城市发展的根本目标在于为人类创造良好的生活居住环境,因此,要注意下列问题。

①城市规划应积极关注公众利益,尤其是弱势群体的利益,尽可能实现社会公平。在城市规划的编制与实施过程中,应充分考虑城市发展的长远利益,城市改造和开发应兼顾多数人的利益,以期合理地解决城市开发与公众利益的矛盾。

②城市规划应结合城市用地结构调整和经济发展政策,重点解决居民就业和住房问题,这是城市社会稳定和持续发展的关键。在城市规划过程中应注意避免摊大饼式的城市发展格局,避免产业与居住脱节的状况,以求有效解决城市交通、就业、住房等问题,真正惠及城市居民。

③城市规划应体现城市生活的多样性原则,避免规划建设不当而引发社会分化和内城衰退现象,尽可能减少城市的大拆大建现象。

④城市规划应积极倡导公众参与,充分发挥公众在城市规划与城市建设中的作用,鼓励民众参与城市规划与城市建设的全过程。

⑤要充分吸取西方城市社会发展的经验教训,避免重蹈覆辙。虽然中国城市在发展过程中并没有出现"内城衰退"和"贫民窟"现象,也没有出现过度的"郊区化"现象,但随着城市化进程的不断加快,问题仍然会出现,因此要足够重视,同时要积极借鉴西方城市解决社会问题的理论与实践成果,结合中国城市社会问题的特征,制定相应的城市发展政策。

思考题

1. 什么是城市社会问题?城市社会问题的成因是什么?
2. 城市社会问题的治理原则是什么?
3. 简述治理社会问题的步骤。
4. 请联系实际论述我国目前的城市社会问题及解决办法。

参考文献

[1]　杨宏山.城市管理学[M].北京:中国人民大学出版社,2019.

［2］　侯文若. 全球人口趋势［M］. 北京：世界知识出版社，1988.

［3］　邬沧萍，侯文若. 世界人口》纲要［M］. 北京：中国人民大学出版社，1987.

［4］　向德平. 城市社会学［M］. 武汉：武汉大学出版社，2005.

［5］　弗·斯卡皮蒂. 美国社会问题［M］. 北京：中国社会科学出版社，1986.

［6］　王思斌. 社会学教程》［M］. 5 版. 北京：北京大学出版社，2021.

［7］　韩明谟. 社会学概论（修订本）［M］. 北京：中央广播电视大学出版社，1997.

［8］　周庆行. 现代社会学［M］. 重庆：重庆大学出版社，2003.

［9］　邱泽奇. 社会学是什么？［M］. 北京：北京大学出版社，2020.

［10］　戴维·波普诺. 社会学［M］. 11 版. 北京：中国人民大学出版，2007.

［11］　张敦福. 现代社会学教程［M］. 北京：高等教育出版社，2001.

第六章　城市空间结构

❧ 知识目标

1. 掌握城市空间结构的含义。
2. 掌握经典的三大城市空间结构模型,理解现代城市空间结构模式。
3. 理解城市居住空间结构特征,掌握我国居住空间结构发展历程和特点。
4. 掌握城市公共空间的特点及其组成,了解未来城市公共空间发展趋势。
5. 理解和掌握 TOD 模式。

第一节　城市空间结构

一、城市空间结构的含义

城市空间的研究是通过结构化的要素来具体把握的,空间结构一直是城市地理学、城市规划学研究的重点。城市空间结构是指城市各功能区的地理位置及分布特征的组合关系,它是城市功能在空间地域上的投影,包括土地利用结构、经济空间结构、人口结构分布、就业空间结构、交通流动结构、社会空间结构、生活活动空间结构等(见图 6-1)。严格来讲,城市空间结构是城市内部的空间结构,但随着现代城市地域逐渐区域化,城市空间结构的研究范围已不局限于传统的建成区内部,还包括相当大面积的郊区,并且这些郊区已不再单纯是城市中心职能向外扩散的接收器,有的已经成为拥有各种城市职能,并与城市中心相对独立的郊区中心。随着城市功能空间的扩展,城市空间结构的研究也从原来的单中心的城市空间结构转向多中心,甚至是网络化空间这种更为广阔的地域空间。同时,城市空间结构的研究与日常的城市体系研究正逐步融合为一体。

二、城市空间结构的研究流派

随着城市的快速发展,城市空间结构受到各学科的广泛关注,逐渐形成了多种

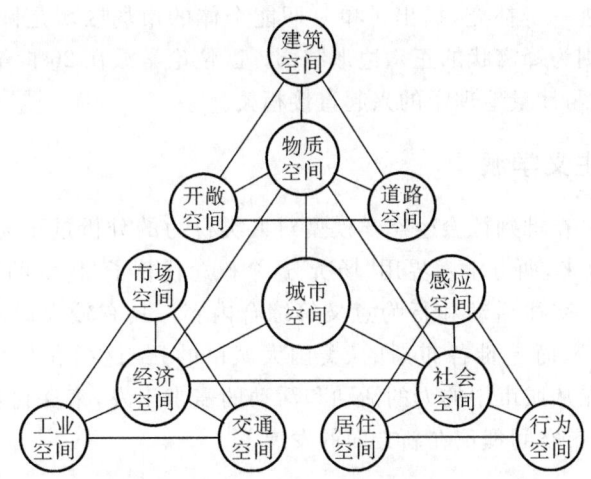

图 6-1 城市空间研究系列示意图

资料来源:柴彦威.城市空间[M].北京:科学出版社,2000:14.

学派,主要包括景观学派、社会生态学派、区位论学派、行为主义学派、结构主义学派、时间地理学派等。

(一)景观学派

景观学派对城市地域的研究最初是通过外部观察开始的,这集中表现在城市建筑物、广场、道路、河流等的空间配置类型已成为理解城市地域的首要问题。城市的形成基础和发展阶段不同,其形态与土地利用结构也不同,通过比较研究可以认识城市之间的异同。另外,建筑高度和建筑材料、城市色彩、城市道路网形态也是分析城市景观的一些重要指标。

(二)社会生态学派

社会生态学派与景观学派相对,其代表为芝加哥学派,受达尔文进化论和古典经济理论影响较大。该学派认为,不同的社会集团在各种人类活动的竞争中逐步出现了具有空间特色的结构,并利用生态学方法构建了城市空间结构的三大经典模型,即同心圆理论、扇形理论和多核心理论。不足之处是社会生态学派把人看得过于机械化和一般化,忽视了人类活动背后的文化及传统的影响。

(三)区位论学派

城市区位论,又称为中心地理论,由德国地理学家克里斯·泰勒提出。该理论的核心思想是:合理购物行为的消费者和追求利润最大化的企业家,这两者的合理化行为的结果表现为中心地等级体系。泰勒认为,中心地的空间分布形态,受市场因素、交通因素和行政因素的制约,形成不同的中心地系统空间模型。在此基础上,德国经济学家廖什进一步补充,提出了单一职能个体的市场区域是圆形市场区域,而全体的市场区域则为蜂窝状的正六边形结构。区位论学派在 20 世纪 60 年代以后得到了快速发展,这与计量地理学的兴起直接相关。

(四)行为主义学派

行为主义学派在批判社会生态学模型对人类行为的分析过于简单化之后产生。20 世纪 60 年代以来,西方学术界用"场所"这个概念代替了"传统的"空间概念,其含义包括空间、时间、交往活动和行为意义等综合内容。具有较大影响的有亚历山大的《城市并非树形》、简·雅各布斯的《美国大城市的死与生》和林奇的《城市意象》等。行为主义学派从城市中的人的活动和活动的需求出发,来探讨城市空间的形成和组织,促进了城市空间理论在新方向的发展。

(五)结构主义学派

结构主义学派又可分为制度论学派和马克思主义学派。制度论学派认为人类行为绝对不是自由的,受社会制度的制约,特别注重产生各种社会制度的政治、经济体制。马克思主义学派则注重社会各阶层之间的力量关系,研究重点在于城市中产生社会不公平等现象的政治、经济体制和城市空间结构的关系等。

(六)时间地理学派

时间地理学派系 20 世纪 60 年代后期瑞典地理学家哈格斯坦德提出,并由以他为首的伦德学派发展而成。该学派注重围绕人们活动的各种制约条件分析,在时空轴上动态地、连续地研究人类活动对城市空间结构的影响。

第二节　城市空间结构模式

一、城市空间结构的经典模式

城市空间结构的经典模式主要是同心圆模式、扇形模式和多核心模式。

(一)同心圆模式

美国芝加哥大学社会学教授伯吉斯(E. W. Burgess,1886—1966)于 1925 年最早提出了同心圆城市地域结构模型。该理论认为:不同城市功能用地围绕着单一中心有规则地向外扩展形成同心圆结构,即由里到外形成中央商务区(CBD)、居住区和通勤区三个同心圆地带(见图 6-2)。中央商务区主要由中心商业街、事务所、银行、股票市场、高级购物中心和零售商店等组成。居住区分为三个层次,紧靠中心区的第一圈层为海外移民和贫民居住带;第二圈层为低收入工人居住带;第三个圈层为中产阶级居住带。通勤区位于居住环境良好的郊区,分布着各种低层高级住宅和娱乐设施,高收入阶层居住在通勤区内。从圈层结构模式,我们能清楚地看到:①随着城市功能的完善和人口产业的集聚,城市边界扩张,表现为外延的特点;②不同社会阶层出现了空间分离,城市居住功能已经出现向外扩散的趋势,为了寻找良好的居住外部环境,富人阶层已经从中心城区迁移到城市边缘区,在城市郊区散布着高级住宅,贫富之间有了隔离区。

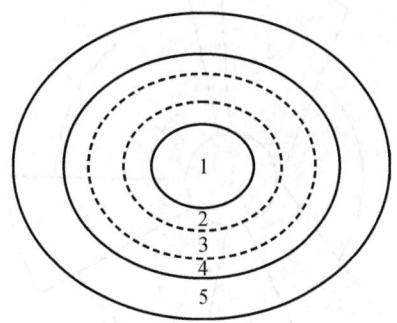

图 6-2 同心圆城市地域结构①

1—中央商务区;2—海外移民和贫民居住带;3—低收入工人居住带;4—中产阶级居住带;5—通勤区

评价:同心圆理论的中心观点在于城市人口迁入及其移动导致了城市地域的分化,展现了动态地研究城市、实证研究方法和注重社会调查等方法论的应用。不足之处在于伯吉斯的同心圆模式是从人文社会生态学角度对城市地域空间进行划分,忽略了人类社会除生物属性之外的文化属性,生物关系由自然界控制,而人类社会要受到习俗、法律和制度的限制。其次,同心圆理论忽略了人的感情因素,将人类竞争行为简单地比作为生物群落的竞争。另外,同心圆理论也忽略了交通路线对城市空间结构的影响。

(二) 扇形模式

美国土地经济学家霍伊特(H. Hoyt)1933 年通过对 142 个北美城市房租和地价分布的考察发现,高地价地区位于城市一侧的一个或两个以上的扇形区内,并且从市中心向外呈放射状延伸,在一定的扇形区域内又呈楔形发展;其低地价地区也在某一侧或一定扇面内从中心向外延伸,扇形内部的地价不随离中心的距离而变动。据此得出,城市的发展是从市中心向外沿主要交通干线或沿阻碍最小的路线向外延伸,由此提出了扇形模式(见图 6-3)。在这一模式中,保留了同心圆模式的经济地租机制,加上了放射状运输线路的影响,即线性易达性和定向惯性的影响,使城市向外扩展的方向发生变化。他把中心的易达性称为基本的易达性,把沿着辐射运输线路所增加的易达性称为附加的易达性。轻工业和批发商对运输路线的附加易达性最为敏感,所以呈楔形,并且不是平滑的而是可以左右隆起的楔形。贫民住宅紧靠工商业功能区地段分布,中产阶级和富人居住区则沿着交通大道或湖滨,或为躲避洪灾向高地,或倾向于靠近领导阶层住所发展,自成一区,不与贫民区混合。按照霍伊特的扇形理论,城市空间结构被描述为:中央商务区位居中心区,批发和轻工业区沿着交通线从市中心向外呈楔形延伸,由于中心区、批发和轻工业区对居住环境的影响导致居住区呈现为由低租金区向中租金区的过渡,高房租区沿着一条或者几条城市交通干道从低房租区开始向郊区呈楔状延伸。

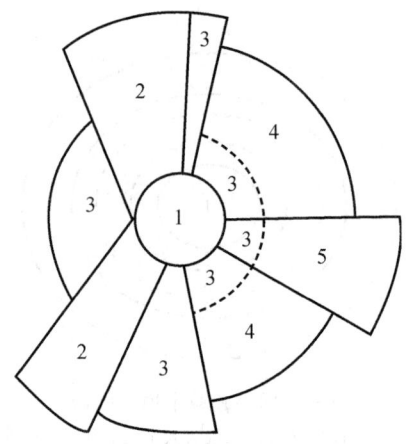

图 6-3 扇形城市地域结构②
1—中央商务区;2—批发商业、轻工业区;3—低级住宅区;4—中等住宅区;5—高级住宅区

评价:霍伊特的扇形理论在同心圆理论基础上有了进一步的发展,在考虑经济地租差异的同时考虑交通对地租的影响,从而形成扇形的空间结构。不足之处在于,该理论仅仅分析了城区结构形态,而对城区以外的郊区并未涉及。也有学者认为扇形的定义模糊,社会领导者成为吸引高社会经济地位人群的原因不明。

(三) 多核心模式

由美国地理学家哈里斯(C. D. Harris)和乌尔曼(E. L. Ullman)于 1945 年在研究不同类型城市的地域结构时提出,他们发现除了 CBD 为大城市的中心以外,还有支配一定地域的其他副中心的存在。这些核的形成与地域分化相关,原因是:①各种功能活动都需要某种特定的要求和特殊的区位条件,如工业区要有方便的交通,住宅区需要大片的空地;②有些相关功能区布置在一起,可获得外部规模经济效益,如银行和珠宝店就可就近建设;③有些相互妨碍的功能区不会在同一地点出现,如高级住宅区与有污染的工业区就应隔开一定的距离;④有些功能活动受其他条件的限制,不得不舍弃最佳区位。如家具店因占地面积太大,为了避免支付中心商业区的高地租,常聚集在地租较低的边缘地区。因此,他们认为城市越大,其核心就越多,越专门化。行业区位、地价房租、集聚效益和扩散效益是导致城市空间结构分异的主要因素。现代城市中正是由于这四种因素的相互作用,以及历史遗留原因和局部地区的特殊性,才有了城市地域多核心的产生。该理论认为,城市由若干个不连续的地域所组成,这些地域分别围绕不同的核心形成和发展(见图6-4)。中央商务区不一定位于城市的几何中心,但是位于城区交通的焦点;批发和轻工业虽靠近市中心,但又位于对外交通联系方便的地方;居住区仍分为三类,低级住宅区靠近中央商务区和批发、轻工业区,中级住宅区和高级住宅区为了寻求更好的居住环境常常偏向于城市的一侧发展方向,而且它们具有相应的城市次中心;重工业区和卫星城镇则布置在城市的郊区。

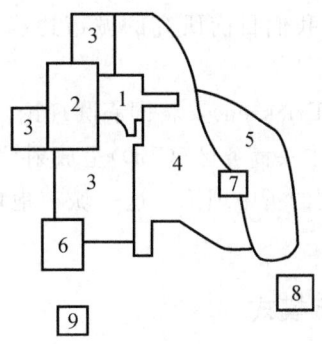

图6-4　多核心城市地域结构[③]

1—中央商务区;2—批发商业、轻工业区;3—低级住宅区;4—中等住宅区;
5—高级住宅区;6—重工业区;7—外用商业区;8—近郊住宅区;9—近郊工业区
①～③资料来源:顾朝林.城市社会学[M].南京:东南大学出版社,2002:124-127.

评价:多核心模式的突出优点是涉及城市地域发展的多元结构,考虑的因素较多,比前两个模式在结构上显得复杂,而且功能区的布局并无一定的序列,大小也不一样,富有弹性,比较接近实际。其缺点是对多核心间的职能联系和不同等级的核心在城市总体发展中的地位重视不够,尚不足以解释城市内部的结构形态,同时这种模式偏重于城区内部结构的描述,忽略了城市外围的深入研究。

二、现代城市空间结构模式

第二次世界大战以后,城市与区域经济得到了迅猛发展,城市与区域的关系越来越密切,城市与近郊区、外围区域的界限变得模糊,城市与区域之间的关系已从以往郊区对城区的依附转变为城市与区域的相互依存,构成了一个统一的地域。传统的城市空间结构理论并不能准确地解释扩大了的城市地域的空间结构。为此,城市学家开始了城市核心区—城市边缘区—城市影响区的空间结构特征及其形成机制的探索,由此出现了现代城市空间结构模式。具有代表性的空间结构模式主要有迪肯森的三地带模式、塔弗的理想城市模式、麦吉的殖民化城市模式、洛斯乌姆的区域城市结构模式、穆勒的大都市结构模式。

(一) 迪肯森的三地带模式

1947年迪肯森(R. E. Dikinson)在伯吉斯的同心圆理论的基础上,将历史发展和地带结构加以综合,进一步提出了三地带理论(Three Zones Theory),将土地利用地域结构从市中心向外划分为中央地带、中间地带和外缘地带或郊区地带。中央地带由商业用地、行政用地、高档住宅区、贫民窟、公共建筑及铁路场站组成,建筑密度和容积率高;中间地带以私人住宅为主,还有早期形成的工业区;外缘地带主要是沿铁路发展的工业区、郊区新建高档住宅区以及原有的中心村镇和城镇。中间地带和外缘地带实质上相当于我们目前研究的城市边缘区,开创了城市边缘区研究的先河。

1954年艾瑞克森(E. G. Ericksen)又将同心圆理论、扇形理论和多核心理论综合为城市地域结构从市中心的中央商务区(CBD)呈放射状伸展,居住区充填于放射线之间,市区外缘由工业区包围的折中理论。这一城市地域模式似乎接近于现代工业城市的地域模式。

(二) 塔弗的理想城市模式

1963年塔弗(E. J. Taaffe)、加纳(B. J. Garner)和蒂托斯(M. H. Teatos)根据城市发展从城市社会学角度提出了城市地域理想结构模式(见图6-5)。该模式由下面五个部分组成:①中央商务区,为城市经济社会文化活动中心,集中分布了摩天大楼、银行、保险公司总办事机构、股票交易市场、百货商店和大量的文化娱乐场所。②中心边缘区,由若干扇面组成,包括商业、工业小区、住宅区。③中间带,是高级、中级、初级住宅区混合区域,距离城市中心由近到远密度依次降低。④外缘带,是城市新区,轻工业特别是大耗电和需要大量空间的如食品、服装、纺织、日用化工在该

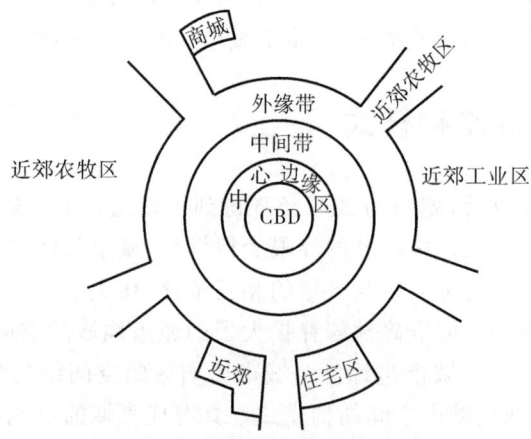

图 6-5 塔弗的理想城市结构模式[①]

地带逐渐发展;中等收入者多在此拥有独门独户的住宅,形成连片住宅区;同时,由于环城道路和区域性干道枢纽大多位于这一地带,使之与市中心保持紧密联系,加之具有广阔的用地空间,所以各种中级旅馆、大面积的停车场、大型购物中心分布在此。⑤近郊区,由于城市对外高速公路向外围辐射,有便利的交通条件,逐步形成了近郊住宅区、近郊工业区、近郊农牧区等。外缘带和近郊区与现在的城市边缘区景象相似。

(三) 麦吉的殖民化城市模式

麦吉(T. G. McGee)通过大量的殖民化城市地域结构研究发现,现代城市是由前工业社会城市和工业社会城市两种文化相互作用而发展起来的。从他在 1947 年提出的东南亚港口城市空间结构模式(见图 6-6)来看,东南亚的城市在已西方化的中央商务区与外围商业区之间存在明显的差异,边缘地带的工业区和内城的家庭手工业之间也存在明显的差异,即使在高度拥挤的商店、街道和舒适的中产阶级居住区之间也仍保留着乡村的特点。

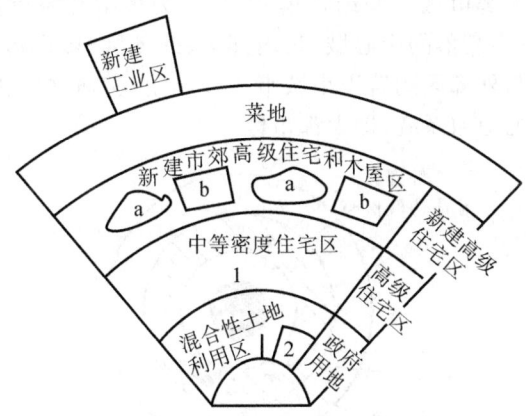

图 6-6　麦吉的东南亚港口城市空间结构模式②

(四) 洛斯乌姆的区域城市结构模式

1975 年 L. H. 洛斯乌姆在研究城市地区与乡村腹地时提出了现代社会的区域城市结构模式(见图 6-7),城市核心建成区为城市经济活动中心,完全的城市活动用地;城市边缘区在城市核心区外围,是土地利用转向城市用地的高级区域,为城市发展指向性因素集中渗透的地带,其发展介于城市和乡村间的连续统一体;城市影响区是城市经济活动所波及的最大的地域范围,在物资、商品、劳力、金融和信息有向心吸引作用,构成结节区区域整体,表现为离城市越近影响力越大,随距离增加,影响力减弱,并逐渐过渡到另一个城市影响区的空间结构特征;乡村腹地由乡村居民点和农用地组成,与城市没有明显的内在联系。

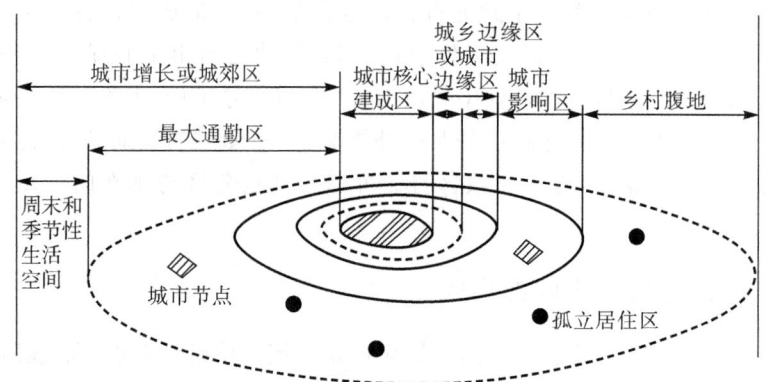

图 6-7　洛斯乌姆的区域城市空间结构模式③

(五) 穆勒的大都市区空间结构模式

1981 年穆勒(Muller)在研究城市日益郊区化后,提出郊区小城市是郊区范围内的主要核心,建立了大都市区空间结构模式,又称为多中心城市模式(见图 6-8),将城市空间由里及外分为衰落的中心城市、内郊区、外郊区、城市边缘区。在大都市区里,衰落的中心城市与外郊区的若干小城市相互作用,交通网络化、经济活动内部区域化,形成一个完整的地域系统,即大都市区。

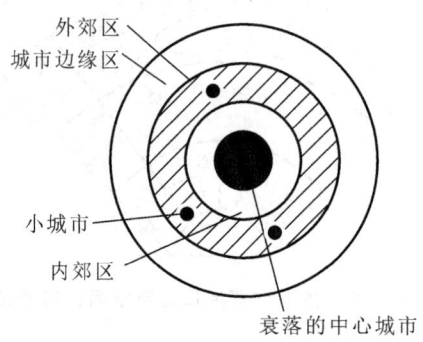

图 6-8　穆勒的大都市区空间结构模式④

①~④资料来源:顾朝林.城市社会学[M].南京:东南大学出版社,2002:128-131.

三、城市空间结构的影响因素

城市空间是人们经济社会活动的载体,城市空间结构是在城市内外部经济、社会、技术、制度等多种力量共同作用的结果,是不同时代特征、经济发展水平以及不同文化背景的具体体现。在不同的社会历史时期,城市所面临的经济、生态、政治环境不同,所形成的城市空间结构也不同。分析城市空间结构的影响因素,主要包括以下几个方面。

（一）自然环境

城市是人类改造自然的产物,城市的选址和发展受到各种自然条件的限制。比如山地城市,受到山地、河流的制约,城市发展空间受限,一般沿着山谷、河漫滩发展,其功能结构一般采用多组团的布局模式,城市呈带状的空间结构。气候条件也是影响城市功能用地布局因素之一,例如,在处理居住区和工业区用地布局上,居住区一般位于盛行风向的上风向,而工业区布局在盛行风向的下方向或是最小风频的上风向。

（二）经济水平

经济发展是城市空间结构变化极为活跃的因素之一,主要表现在:①经济的资金投入加快城市的建设步伐,为基础设施和公共服务设施的建设、旧城改造、新区建设提供了经济保障,增强了城市的交通便利性、生活环境的舒适性、城市形象的提升,从而吸引周边更多的人和资源向城市集中,引起城市空间结构的变化。②城市经济水平的提高促进城市产业结构的升级,使得城市土地利用结构发生变化,尤其是以信息产业和服务业为主的第三产业比重不断上升,城市由生产型城市逐渐向消费型城市转变,这种功能的转变促使城市空间重新组合。③城市是一个开放的空间系统,城市经济的快速发展也会增强城市与周边地区的经济联系,城市区域化的态势不断增强,形成更为广阔的城市空间结构。④经济发展加快全球劳动地域分工,表现为高附加值的大公司总部集中在几个大的世界城市的中心区,办公职能和研究开发职能集中在世界城市的郊区,而生产部门和市场则广泛分布在发展中国家,从而引起全球城市空间结构的重新组合。

（三）技术条件

绝对地理距离往往成为人们直接感受的生活空间的制约因素,城市有形空间和无形空间在技术的影响下都发生着深刻的变化。而技术的革新缩短了相对地理距离,使人们的生活更为便捷,单位时间内的活动范围更广,联系更为便利。交通通信技术及互联网的发展,大大改变了城市内部的联系方式与紧密程度,促进城市空间形态由紧凑型城市向松散型城市发展的趋势,比如,第二次世界大战结束以后,西方发达国家普遍出现了大规模郊区化的态势,这与当时公路的外延、小汽车的普及密不可分。发达的通信技术在减少距离摩擦的同时,也促进了那些需要面对面接触的重要意识决策部门更加向市中心集中。一些生产部门如制造业等需要大面积用地的部门转向郊区寻求更加便宜的土地和劳动力资源。

（四）人口因素

人口因素的影响主要表现为以下几个方面:①家庭结构的变化,单亲家庭、单身家庭等非传统家庭所占的比例激增,而这些家庭具有非传统居住行为,要求有非传统住宅和非传统的城市服务的供给。②城市人口的负增长,其主要原因是家庭主义向消费主义的转变,双职工家庭增多,随着女性的社会地位不断升高,女性受教育程度和就业率也在不断提高,女性的生育时间推迟,生育率得到有效的控制,这使得城市空间受到的人口压力相对减少,家庭活动空间和经济活动空间之间的矛盾增多。③社会老龄化问题,随着城市人口的负增长现象的持续,一些大城市和特大城市开始进入老龄化社会,比如俄罗斯以及西欧等发达国家的城市。而老年人更需要特殊的健康设施、家庭看护和特殊的交通及环境等,使得对老年人的人均公共支出日渐增多,这给城市地域提出更高的要求,直接或间接地形成了新的城市空间结构特征。④人们的意识形态的变化。随着城市环境质量下降,一些富有阶层纷纷远离城市中心,搬迁到具有良好自然景色的郊区,而低收入阶层为了邻近就业岗位,主要居住在城市中心区。同时,随着社会不同阶层的日益分化,不同的社会阶层在空间上的隔离也逐渐凸显,表现最为明显的是城市居住空间的分异现象突出。

(五) 政策、规划力量

经济发展政策、区域政策、城市规划一级土地使用与住房分配制度、财政投资等政府政策对城市空间的形成与发展起到极其重要的作用,表现最为明显的是政府对土地的管理和控制。改革开放初期,我国的土地实行的是无偿、无期限、非流动的土地使用制度,忽视了城市土地的生产要素功能,导致城市土地使用效率低下和国家土地收益的大量流失,市中心大量土地被企事业单位占据。城市土地的有偿使用和住房制度改革使得城市土地的价值得以体现,土地利用效率不断提高。而城市规划在城市土地利用和城市功能的空间布局上发挥着战略指导和约束作用,从而促进城市空间结构的良性发展。在西方国家为防止逆城市化带来的城市中心区萧条景象,地方政府通过加强对中心区的整改,加大对公共设施的投入,以及各项优惠政策吸引投资者回来建设,从而提高中心城区的建设活力。

(六) 其他因素

除了以上几种因素对城市空间结构的变化具有重要的作用以外,有学者认为家庭状况和社会地位是影响欧美和日本城市居住空间结构变化的普遍因素,而种族状况是北美城市特有的现象,在西欧和日本城市中并不突出。在印度加尔各答和埃及开罗发现土地利用、宗教和文盲率等成为城市空间结构变化的重要原因。在中国,历史因素、城市规划、住房制度、分配制度等成为地区分化的主要因素。

概括起来,影响城市空间结构变化的这些因素对城市发展的驱动力表现为两种,即分散力和集聚力。其中分散力包括:①远距离通信技术的增加和高度化;②影响所有经济活动的区位因素的制约性下降和自由配置度的提升;③办公区和白领工作岗位的郊区化;④低密度农村生活环境偏好的增加;⑤旧式交通方式的混乱和交通费用的增加;⑥经济活动的国际化。与此相对的集聚力,表现为:①特定经济活动中面对面接触的必要性依然存在;②能源费用的上涨和能源供给的不确定;③反技术态度的出现;④贫困化城市下层居民的残留;⑤绅士化现象(部分中产阶层向内城回迁）；⑥高度远距离通信技术对不富裕阶层来说难以利用，或者费用昂贵。

所以，分散力和集聚力的共同作用，再加上经济状况、历史因素、自然条件等的影响，形成了现代城市空间结构的发展基础。随着技术的革新和区域经济联系的更为紧密，城市空间从单中心逐渐向多中心，甚至是网络化城市空间结构转变，这使得影响城市空间结构的因素更为复杂化。

第三节　城市居住空间

一、城市居住空间及特征

城市居住空间是城市空间结构的重要组成部分，城市居住空间结构是各个社会群体居住区在城市空间中的具体地理区位、不同社会群体居住区之间所形成的相互影响、相互制约、相互作用的多层次性的空间等级关系，以及该空间关系所反映出来的社会等级关系。城市居住空间不仅是一种地理空间结构，还反映了人类社会在居住上的空间分化，所以它更体现了不同的社会阶层复杂的社会关系在空间上的直观表露，不同社会群体在居住空间分布上地理位置不同，其阶层等级也不同。因此，城市居住空间结构是一种社会空间结构，它是社会结构在城市地理空间上的外在表现，具有明显的分异和等级结构特征，表现为静态空间分布状态特征（包括居住区的分化、极化、隔离以及共生现象）和城市居住空间结构的演化过程，即不同居住区之间的入侵与演替过程。

（一）分化

居住区的"分化"现象是人类社会城市发展的普遍规律，也是城市居住区空间结构的一个最主要的特征。社会劳动地域分工不同，不同的社会群体所占有的社会资源不同，必然导致城市居民在生活与居住空间范围上的分化。例如我国自20世纪80年代实行住房市场化体制改革以来，一方面，住宅商品化使城市居民获得了更多的自由选择住房的机会；但另一方面，也使得城市中低收入与高房价之间形成的巨大矛盾，一定程度上造成了低收入人群的居住日益边缘化，他们与高收入人群之间的居住分化程度越来越高。

（二）极化

"极化"原是自然科学领域的一个专有名词，被延伸引用至社会科学领域，主要指两极分化。城市居住空间的极化是指构成城市居住空间的各阶层，特别是最高与最低阶层之间社会距离急剧扩大，并引起在居住空间形态上强烈反差的社会现象，表现为穷人居住区的隔离和富人居住区的集中。西方学者研究认为，城市化过程中的住房市场导致了贫困家庭在空间上的集中,由政府提供的公共住房通常集中布局在城市的某些地方,低收入家庭和靠政府转移支付生活的居民汇聚到这些地方,使得这一地区成为贫困居民分布的集中区域,而相对富有的家庭纷纷从这一区域大规模搬迁,从而加剧了社会极化现象。

(三)隔离

居住"隔离"是指城市居民由于种族、宗教、职业、生活习惯、文化水准或财富差异等关系,特征相类似的集居在一个特定地区,不同的集团彼此分开产生隔离,有的甚至彼此歧视或敌对。由相同的阶层形成的集聚区,其内部有着相似的价值观取向,常为同质住宅社区;而各类集聚区之间差异较大,并有着自身发展的独特性。中国城市居住隔离自古就有,封建社会时期受礼治思想和阶级对立的影响,就有分区位居住的长期传统,最为典型的是皇宫、官署和民居相互隔离。但在当时的社会背景下这种隔离并没有引起社会的重视。新中国成立之初,由于我国实施的是计划经济体制,城市住房的供给实行的是福利分房,住房、社会服务设施标准均等化,居住隔离现象相对淡化。然而随着住房制度的改革,各地房价飙升,尤其是一些特大城市如北京、上海等,城市居住分异严重,居住隔离现象明显。

(四)共生

"共生"本意是指各生物之间紧密联系、互为利用,形成统一的整体,共同生存与发展。而这种特征正好与城市居住区的基本功能有很大的相似性,所以芝加哥城市生态学派认为城市居住区实质上也是一种生态系统,同样也是一种共生的空间结构。表现为大的城市地域范围内,每一个社区有着相似的背景,而不同的社区共同构成了一个完整的社会体系,如在美国的城市社会里,形成了诸如犹太区、唐人街、小西西里以及黑人贫民窟等分离型居住区空间结构;在我国,改革开放以后,在北京等特大城市形成了"浙江村""福建村""唐家岭"等城中村这一特殊的居住区空间结构类型。近年来,随着居住隔离日益突出,社会矛盾的加剧,有学者和规划师提出了混合居住的开发模式,使不同社会阶层的居民在一个社区中共同享有城市公共资源,促进不同社会阶层群体的和谐发展,形成一种共生关系。

(五)入侵与演替

"入侵"本意是指某种外来生物进入新分布区成功定居,并得到迅速扩展蔓延的现象。在城市居住空间结构上引申为一种社会群体迁入当地社会群体的居住空间,从而引起城市不同社会群体居住空间分布形成的变化过程。"演替"本意是指某一生物群落被另一生物群落所替代的发展过程,在城市居住空间上反映为原来高等级社会阶层迁离该地域以后,其他较低社会等级阶层迁入其居住区的过程。城市居住空间的不同群体的"入侵"与"演替"实质上反映了城市居住空间结构的演化过程。比如随着住房制度和市场经济体制的发展,原来的单位制住房制度打破,不少原住户通过房地产市场购买新房以后,将原有单位住房转卖或者出租给社会低收入阶层,从而导致居住空间的"入侵"与"演替"。

城市居住空间的分化与极化、隔离与共生、入侵与演替是城市空间结构形成和演变过程的最基本特征,其中社会阶层的分化是城市居住空间分化的基础。

二、城市居住空间分异

居住空间分异是不同社会阶层因经济收入、社会地位差异和择居观念不同而产生的居住水平及空间区位上的差异。居住空间分异既是城市中最为普遍的空间分异形式,也是社会空间分异的最直观的外在表现,目前越来越受到国内外学者的关注。

(一) 城市居住空间分异的动因

城市居住空间结构的形成和发展是自然、人口、社会、文化、经济、产业结构、科技水平等因素共同作用的结果。在不同的国家,推动居住空间变化的主导因子不同,形成的居住空间结构不同。

1. 西方城市居住空间分异的动因

西方城市居住空间分异的原因主要包括:①区位选择和土地利用的分化,即居民的通勤成本和城市不同区位的级差地租之间的平衡;②城市土地资源的稀缺性,即不同的社会群体根据各自的社会地位争取到不同的地段,例如中产阶层住在环境整洁的城郊,贫困人群聚集在内层附近的密集地区;③社会等级、家庭状况和种族状况的影响,由此分别形成择居的同心圆、扇形和多核心分布;④居民生活方式的影响,即行为学理论所说的人与环境的互动,使具有类似价值取向的人逐渐聚集在一起。

2. 我国城市居住空间分异的动因

我国城市居住空间分异的形成与西方国家不同,随着住房市场化经济体制改革,城市居住空间上的分异逐渐凸显。当前居住空间分异的影响因素主要包括以下内容。

(1) 人口影响

主要体现在城市内部各区域人口密度不同、城市规模不同、城市居民年龄结构不同,以及所处的家庭生活周期不同等原因,引起城市居住空间的内在分异。城市人口不均衡分布是影响城市居住空间结构的主要因素之一,比如北京的人口空间分布差异很大,高密度人口集聚区主要集中在 87 平方千米的 4 个内城区(前西城区、前东城区、前宣武区和前崇文区),人口密度在 2 万人/平方千米以上,有些街道人口密度更高;近郊区(朝阳、石景山、丰台和海淀区)人口密度开始下降,尤其是在"三环"以外地区人口密度在 7000 人/平方千米以下。[①] 人口密度高,使得住宅区建筑密度大,公共空间小,区内分异相对较小,这里有众多的中产阶级和相当数量的社会富裕

---

① 数据截止时间为 2017 年底。

者,也集中了大量外来流动人口,不但具有高级的高层住宅区,同时也有相当数量的棚户区,从而形成了在地理空间上的"混居"格局。而人口密度相对较低的近郊区,居住区建筑密度变小,各个居住区在空间分布上并不拥挤,居住区之间有大范围的绿地或自然娱乐区,不但有更多的高层居住公寓,也有大量的独户式别墅区,居住区的空间分异尺度大,使得不同社会阶层居住区在地理空间上分异与隔离现象明显。人口规模也对城市居住空间的影响比较大,城市人口规模越大,其社会阶层分异越明显,在一些大城市,尤其是北京、上海、广州等特大城市,其居住空间分异现象突出,出现了空间极化的趋势。而城市规模越小,城市居住空间分异越不明显。

(2)土地区位差影响

在住房制度改革推动下,级差地租原理在我国城市居住空间的影响越来越明显。由于中心城区基础设施和公共服务设施完善,人文环境吸引力大,因而也是土地价格最高的区域,房价较为昂贵,而开发商在开发商业时更多地关注消费者的身份、地位和收入,导致不同社区非常明确地招纳不同身份的居民,形成居住空间分异。

(3)城市居民阶层化的影响

在古代,阶级地位不同导致居住空间差异,而当代随着市场经济的发展,特别是在让一部分人先富起来的号召下,由经济收入差距形成的不同社会阶层分化明显,职业、权力、社会地位等共同作用推动着城市居住空间的分异,从而形成了城市中既有依经济收入形成的高收入阶层社区、中产阶层社区、普通住宅区、打工族住宅区,也存在着因社会地位形成的省市级机关住宅区、老干部住宅区、高教公寓等的格局。另外,城市居民的社会心理、民族文化和行为因素也对居住空间分异产生影响。

(4)国家政策影响

国家政策对城市居住空间产生了深远的影响,表现最为突出的是我国住房制度改革,住房作为商品使得居民具有自由选择的权利,城市居住空间格局被打破。具体来说,在计划经济时期,"单位制"社区的建设形成了一种"相对差异",表现出社区外部的同质性和内部的异质性,随着单位制度的解体,城市社区变为"阶层型",社区呈现出外部的异质性和内部的同质性特征,即一种"绝对差异",不同社区之间逐渐呈现出由经济差别主导,社区内部表现为经济上的同质、职业上的异质,家庭取代了单位行使社会分层的功能。在产业政策的引导下,城市功能结构的重新组合,对城市居住空间的影响也很大,比如,北京等特大城市在政府行为的引导下,通过对传统重工业和污染性产业的强行外迁,以及伴随的人口迁移,形成了产业部门和人口的"郊区化",城市居住空间也随着扩展,其空间结构发生变化。

(二)城市居住分异的研究内容

城市居住空间分异的研究目的是揭示影响城市空间分异的机制,识别其宏观与微观层面的因子。在研究上一方面需要分析塑造城市景观与空间非连续性的因素,另一方面需要分析不同阶层城市居民的居住模式,来辨别特定的经济社会文化特征是否形成了与之对应的空间分异和社会隔离模式。其研究内容包括社会调查、样本分析、特征和动力机制研究及其对策建议。

（1）居住空间分异的社会调查

首先明确研究范围，可以选择城市总体层面的，也可以选择具有代表性的能够比较全面反映地区居住空间状况的多个社区，然后通过实地踏勘进一步筛选样本，进行样本分类，如别墅区、高档公寓、中高档住宅区、普通住宅区、低收入群体住宅区和廉租房等。具体操作时可综合运用观察法、问卷法、访谈法等。

（2）居住空间分异样本分析

在社会调查的基础上，对调查结果进行定性和定量分析研究，以确定主要研究议题的实际状况。通过样本数据的分类统计，综合运用因子生态分析法、社会区域分析法、比较分析法、历史分析法等多类研究方法，重点分析各因子的关联度，以确定居住空间分异的主要影响因子和影响度，通过定量分析确定居住空间分异的程度。

（3）居住空间分异的特征研究

将调研数据的分析结合空间分布特征，研究居住空间分异特征。首先应区分不同社会阶层聚集或划分形成的居住空间类型，识别不同类型的空间分布特点，然后以恰当、明晰的分布图来表达这种布局特征，并总结出不同类型的居住空间相互区分、联系或隔离的程度与方式。

（4）居住空间分异动力机制分析

主要从经济、住房政策、社会价值取向影响下的择居方式、历史因素等方面分析。

（5）居住空间分异的对策分析

研究的最终目的就是根据具体问题提出可行的规划解决办法，从而促进整个城市空间结构的和谐发展。

三、我国居住空间结构的主要特征

（一）当代中国城市居住空间结构特征

新中国成立以后，城市居住空间结构的变化具有十分明显的阶段性。表现为：改革开放之前主要呈现出建立在"单位制"基础上的相对"均质化"，城市居民在居住空间上的"流动性"小。各单位内部实行住房分配福利制度，单位职工按照职务、级别等条件论资排辈分配住房，其居住空间格局主要受城市社会经济发展、规划政策等因素的影响，商业服务功能落后使城市居住空间基本上是以单一的政治中心为核心的同心圆状布局。改革开放以后，城市土地的有偿使用使城市内部土地开始按照地价高低进行功能置换，社会市场经济体制的建立使商业服务业逐步完善，原来占据地理位置好、交通方便地带的居住用地开始被出价更高的商服用地替换。同时，旧城改造使得中心城区的居住用地减少，但容积率有所提高。城市近郊区由于地价相对低廉,基础设施较好,成为房地产开发商开发商品住宅的首选地段。由于1998年国家改革住房分配制度,由住房实物分配改为货币分配,居民在住宅选择的自主权得到释放,因家庭收入、职业、文化教育程度等因素不同社会阶层在居住空间上开始分化,城市居民在居住空间上的"流动性"大幅增大,以房地产市场经济基础上的"异质化"越来越明显,由此导致的居住空间分异现象愈加明朗化,表现在居住空间结构上就是:①城市中心新建住宅区的贵族化与中心周围地带贫困人口共存,城市中心区居住空间分异较为明显;②原来较为均质的单位大院逐渐异质化,但不同地区异质程度不同,科研院所和机关住宅区较为稳定,而工厂生活区随着工厂的外迁变化很大;③城市边缘区成为贫富阶层居住空间分异最为显著的地带,社会问题最多,居住空间隔离最为明显。

当前我国城市居住空间结构普遍存在的居住空间类型有:人口密集混合居住区、干部居住区、知识分子居住区、工人居住区、边缘混杂居住区(外来人口集中的分布区)、农业人口散居区。比如,许学强等人认为广州20世纪80年代中后期城市居住空间结构表现为以下几个地域单元:人口密集混合功能"旧城区"、干部居住区、工人居住区、知识分子居住区、农业人口散居区。王兴中将西安城市居住空间划分为人口密集混合居住区、干部居住区、知识分子居住区、边缘区混杂居住区、农业人口散居区。南京居住空间结构表现为高级别墅区、高级公寓住宅区、城郊中高档多层住宅区、城郊中档多层住宅区、郊区廉价多层住宅区、简单住宅集聚区。

(二)北京城市居住空间结构主要特征

北京市是我国的政治、文化和经济中心。自改革开放以来,北京城市居住空间结构产生了巨大变化,表现为外来人口和流动人口的大幅增加,城市的贫富两极分化的加剧对城市居住空间结构产生深远影响。根据冯健对北京1982年和2000年北京都市区居住空间结构的分析,不同时期北京市居住空间结构的特征如下。

1. 改革开放初期(1982年北京居住空间结构模式如图6-9所示)

(1) 人口密集、工人居住区

这类居住区包括45个街区单元,主要特征为人口密度相对较大,农业人口较少,工薪阶层在该居住区空间较为集中。

(2) 知识分子聚集区

这类居住区空间包括9个街区单元,其主要特征是集中了大量的知识分子。其分布集中在海淀区的东升、北太平庄、燕园、清华园、中关村、四季青、甘家口等几个街区,以及与其相邻的西城区月坛。海淀的这一片地域是北京最主要的大学集中地,故知识分子分布密集。

(3) 机关干部居住区

这类居住区由一个街区单元构成,实际上包括朝阳区的建外、朝外、呼家楼、八里庄、三里屯、团结湖、太阳宫、和平街和左家庄九个街区,该居住区在20世纪80年

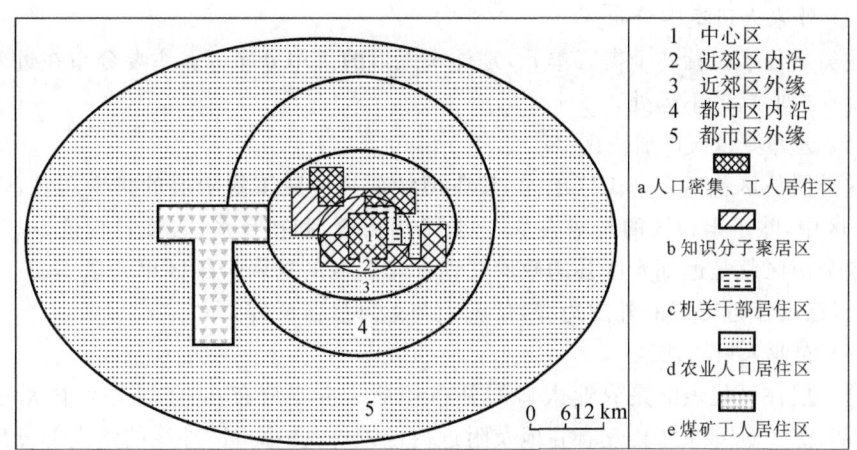

图6-9 1982年北京居住空间结构模式

资料来源:冯健.转型期中国城市内部空间重构[M].北京:科学出版社,2004:159.

代是典型的国家机关住宅区。

(4)农业人口居住区

这类居住区空间由125个街区单元组成,其典型的特征为农业人口的主要居住区,人口密度较低,分布最为广泛,除了位于中心城区或紧邻中心城区的上述3类居住区空间类型以及下面的煤矿工人居住区之外,其余的广大地段均属于该类居住区。

(5)煤矿工人居住区

这类居住区空间由8个街区单元构成,其典型的特征是集中了大量的从事矿业的人员,男性比例普遍较高,主要分布在门头沟和房山的6个街区,这里是北京煤矿的分布地域,所以居住区空间结构也是以煤矿工人居住区为主。

2. 改革开放中期(2000年北京居住空间结构模式如图6-10所示)

(1)人口密集、居住拥挤的老城区

该居住区的最典型特征是人口密度大而人均居住用地面积小,它是北京市人口密集而居住拥挤的区域。本区包括59个街区单元,主要分布在中心城区及其东部的近邻地带。另外,在中心城区以南、以西的部分近郊区也有零散分布。

(2)知识阶层及少数民族聚居区

此类居住区包括21个街区单元,区内知识分子及少数民族居住比较集中。其分布也很有规律,基本上都紧靠中心城区,主要集中在紧临中心城区以北、以西的两块地域。中心城区以北的这片地域为北京高校的集中区,而中心城区以西不仅分布了众多的高校,中央民族大学以及著名的"新疆村"也分布于此。

(3)人口密度较小、居住面积较大的城市郊区

这类居住区包括74个街区单元,典型特征是人口密度较小而人均居住用地面积较大。主要分布在近郊区的外缘、都市区的内沿、都市区外缘西部的部分地段,以及与远郊区县政府驻地靠近的局部地段。

（4）外来人口集中分布区

这类居住区包括 9 个街区单元,是外来人口的集中分布区。主要分布在近郊区,且围绕在中心区的不远处。

（5）远郊城镇人口居住区

这类居住区包括 8 个街区单元,其典型特征是一般工薪阶层的集中居住区。这 8 个街区中,除了丰台区的长辛店乡(含长辛店街道)和花乡乡(含新村街道)以外,其余的 6 个街区就是远郊 6 区县的政府驻地。丰台区的这两个街区单元虽不属于远郊区县,但已处于近郊区的外围边缘,位置上与远郊区县毗邻。

（6）农业人口居住区

这类居住区代表的是农业人口的分布特征。主要分布在:①都市区内沿的北、东、南部,除了远郊 6 区县政府驻地及附近街区以外;②都市区外缘的绝大部分地域,除了门头沟区及与其邻近的房山区的若干街区以外。

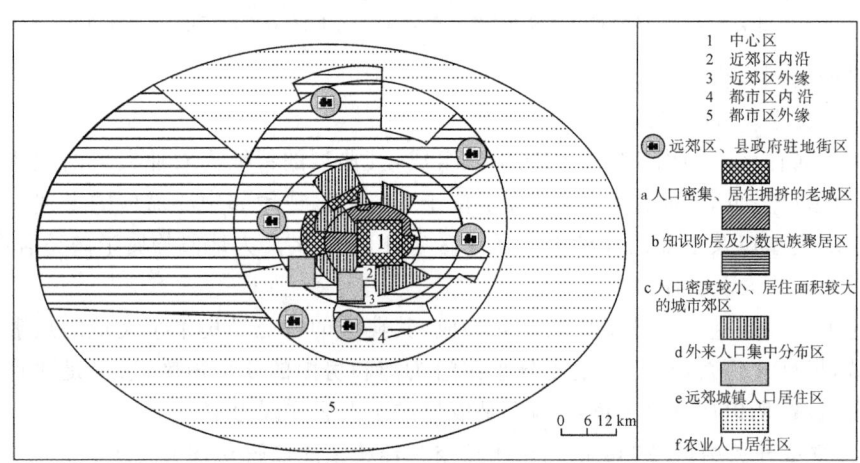

图 6-10　2000 年北京居住空间结构模式

资料来源:冯健.转型期中国城市内部空间重构[M].北京:科学出版社,2004:159.

第四节　城市公共空间

一、城市公共空间的认识

(一) 城市公共空间概念

美国学者简·雅各布斯认为"城市最基本的特征是人的活动"。人的活动总是沿着一定线路进行的,城市中最富有活力的地方,就是城市的公共活动空间。城市公共空间是指由城市中的建筑物、构筑物、树木、室外分隔墙等垂直界面和地面、水面等水平界面围合，由环境小品、使用者、使用元素等组合而成的城市空间。它们是从大自然中分隔出来的、具有一定限度性的、为人们城市生活使用的空间。狭义的公共空间主要包括城市街道、广场、公园和绿地等，广义的公共空间则扩展到公共设施用地的空间，如城市商业区、城市中心等。

（二）城市公共空间的性质与特点

对于现代城市公共空间的性质与功能，应有如下认识。

①现代城市公共空间是一个多层次、多含义、多功能的共生系统，往往集交往、流通、休息、观演、购物、健身、餐饮、文化、教育等功能于一体。

②城市公共空间是城市社会、经济、历史和文化诸种信息的物质载体，这里积淀着世世代代的物质财富和精神财富，它们不时地传达着所蕴含的高价值信息，是人们解读城市、体验城市的首选场所。

③城市公共空间是人们社会生活的发生器和舞台，它们的形象和实质直接影响市民大众的心理和行为。城市的社会生活和社区的文明健身都离不开公共空间。

④城市公共空间是城市形象建设的重点，是提高城市知名度和美誉度的"窗口"的部位。

⑤现代城市公共空间的实质是以人为主体的，促进社会生活事件发生的社会活动场所。

城市公共空间作为城市结构体系的重要组成部分，影响并支配着其他的城市空间。它使城市空间得以贯通与整合，维持并加强城市空间的整体性与连续性，因此作为个体存在的城市公共空间具有提供公共活动场所、有机组织城市空间和人的行为、构成城市景观、改善交通状况、维持改善生态环境保护、提供场所、提供感受以及诱导城市有序发展、保留备用地等多种功能，这些功能共同构成了公共空间在城市中存在的意义。而高质量的公共空间要求具有社会性、识别性、舒适性、通达性、安全性、愉悦性、整体性、多样性、文化性、象征性和生态性的特点（见表 6-1）。

表 6-1　城市公共空间的特点

特　性	含　　义
社会性	广大市民共创共享的基本特性
识别性	环境具有个性特征，易于识别，并形成场所
舒适性	环境压力小，使人身心轻松
愉悦性	有视觉趣味和人情味，环境优美卫生
整体性	应支持整个城市整体功能，公共空间商业功能、交通功能、环境功能等都应与整个城市的总体功能相协调，保证经济、环境和社会综合效益相协调，整体协调、有序

续表

特　性	含　义
多样性	功能与形式灵活多样,丰富多彩,应保证适度的感觉刺激
文化性	具有文化品位,有利于文明建设
象征性	城市公共空间往往是城市生活的高潮所在,应对城市的形象、城市的生活面貌有一定的代表性,对整个城市的精神面貌具有一定的象征意义
生态性	尊重自然,尊重历史,保护生态

资料来源:王鹏.城市公共空间的系统化建设[M].南京:东南大学出版社,2002:21.

(三) 城市公共空间的组成

按照自然和人工性质可分为自然空间要素和人工空间要素。自然空间要素包括自然景观、河湖水系、山地、林带、绿地等;人工空间要素包括广场、街道、公园、巷弄、庭院、休憩和娱乐设施,是城市人文环境气氛形成的基础(见表 6-2)。按照功能可划分为居住型公共空间、工作型公共空间、交通型公共空间和游憩型公共空间。

表 6-2　城市公共空间的人工空间要素构成

类　别		举　例
城市公共空间	街道空间	步行街、轴线大道
	广场空间	市政广场、纪念广场、商业广场、交通广场、宗教广场、休闲广场
	公园绿地	综合性公园、儿童公园、动物园、植物园、纪念性园林、名胜古迹园林、林荫道、游乐公园、居住绿地、街头绿地、体育公园
	室内公共空间	建筑中庭、建筑内部公共通道、室内步行街、地下商业街

资料来源:王鹏.城市公共空间的系统化建设[M].南京:东南大学出版社,2002:4.

二、街道与广场

(一) 街道

街道是一种基本的城市线性开放空间,"是由其两侧的建筑所界定,由其内部秩序形成的外部空间,具有积极的空间性质,与人关系密切;它作为构成城市空间的主要要素,不只表现于它的物理形态,还表示两点或两区之间是否有关系,表示人的动线和物的活动量等,而且还被普遍看成是人们公共交往及娱乐的场所"。与道路相比,街道不仅具有通达性,还作为一种由两侧建筑所界定的公共空间,是人活动和交流的重要的场所。正如简·雅各布斯所说,"街道尤其是人行便道,是城市中最重要的公共活动场所,是城市中富有生命力的'器官'"。街道应成为生活的一部分。传统的街道除了发挥通路功能之外,还起着许多其他的作用,它是市场、工作场所、休息空间,也是聚会点,生机勃勃的街道生活曾经是一个城市文明程度的象征。而今天的街道更多地承担着交通功能,传统的街道功能不断丧失,失去了往日的活力。

(二) 城市广场

广场是最古老的城市外部空间形式,它起源于公元前5世纪的古希腊,当时称之为"Agora",意思是集中,又指人群集中的地方。美国学者凯文·林奇认为:"广场位于一些高度城市化区域的中心部位,被有意识地作为活动焦点。通常情况下,广场经过铺装,被高密度的构筑物围合,有街道环绕或与其相通。它应具有可以吸引人群和便于聚会的要素。"王珂等人在《城市广场设计》一书中对城市广场的定义表述为"城市广场的定义需要包括场所、内容、构成、使用方式和意境五个方面的基本限定",将城市广场定义为"为满足多种城市社会生活需要建设的,以建筑、道路、山水、地形等围合,由多种软、硬质景观构成的,采用步行交通手段,具有一定的主题思想和规模的节点型城市户外公共活动空间。其中,城市社会生活包括政治、文化、商业、休憩等多种活动;主题思想则指表现城市风貌和文化内涵,以及城市景观环境等多重目的;节点型是指城市空间中的核型空间形态"。可以看到,城市广场作为城市公共空间的一部分,它不仅是一个物质环境,协调于周边的自然环境,满足空间构图的需要,更主要的它是一种人文环境的"孵化器",它是人们平时聚会、文化交流、健身活动的重要场所,是居民日常生活必不可少的组成部分。根据城市广场的性质和类型一般可以分为宗教广场(如麦加的大清真寺广场)、市政广场(天安门广场、莫斯科红场)、交通广场(火车站广场、汽车站广场)、纪念广场(巴黎的凯旋门广场、南京中山陵广场)、商业广场(王府井百货大楼商业广场)、休闲娱乐广场(花园广场、园林广场、水上广场、小区内部的公共活动空间)。

三、我国城市公共空间发展现状与趋势

(一) 公共空间发展现状

自改革开放以来,特别是市场经济体制的建设和住宅商品化的发展,盘活了我国城市土地资源,城市的经济社会有了显著的发展。然而在市场经济的利益最大化驱动下和政府的形象工程的带动下,城市公共空间正在不断地被吞噬,城市逐渐成为生产的工具,居民的城市生活越来越单调,城市缺乏往日热闹的气息,公共空间建设被人们忽视,传统舒适宜人、充满活力和朝气的公共空间正在被封闭的居住小区、大型的综合体分隔得七零八碎。具体表现如下。

（1）步行交通被机动车取代，出行安全隐患多

受经济增长的推动，近几年来中国的城市交通机动化以迅猛的势头发展。汽车成为街道的主人，以汽车为中心的城市更新改造使得街道的环境质量急剧下降，破坏了街道、广场等公共空间系统有机的完整结构体系，破坏了传统城市空间的宜人尺度和步行空间的连续性，使得城市公共空间系统逐步丧失了人性化的特征。与此同时，城市交通拥堵现象也越发严重，机动车占据步行街道停放、行驶给步行者带来了不便和安全隐患。

（2）绿地空间被吞噬，环境污染问题严重

随着城市规模的扩大，市区人口增加，城市绿地也一步步地被城市工程建设吞食，城市生态环境岌岌可危。同时，在城市旧城改造过程中，大片砍伐树木、盲目选择大草坪作为城市公共空间，使得许多外部空间不能被充分利用，浪费了有效的绿化面积和活动空间，生态效益低。

（3）积极的街道空间消失

街道空间本来是中国传统城市空间体系的主要类型，往往充满城市生活气息。传统的外部空间，街道生活连成一片，公共空间相互渗透、融为一体。但是近年来，城市中大量的大型综合体出现，导致城市空间中一部分的街道空间出现了内部化、立体化，传统的城市外部空间转变为建筑内部空间，有机的城市空间被隔断。街道空间提供给步行者的整体环境质量下降，使得街道上失去了往日的活力。长期以来，在许多城市中常见的街道两侧是长长的围墙，围墙闭合，条块分割，沿街一层皮的陈旧模式使建筑与城市空间的有机联系大大减弱，外部空间环境质量下降，导致城市中心区无法形成完整宜人的城市空间体系，造成人们自由参与性活动减少，行人匆匆，很少停留进行交流。而机械地扩宽街道，为机动车的出行提供了便捷，但失去了往日人们徒步行走的乐趣。

（4）中心商业街公共空间混乱

当前，我国的许多大城市商业中心区普遍存在着步行环境不足，交通堵塞严重，人、车相互干扰而成为事故隐患等问题。人们在用地的商业中心区匆匆而过，可供人们休憩的公共空间实在是不多。如何改善中心商业区的公共空间环境质量，为人们提供舒适的公共空间应成为中心区环境建设的重点。

（5）文化特色的消失

转型时期我国众多城市都面临着大拆大建，许多城市正在不断地失去传统文化、地方特色和历史人文景观。城市到处充斥着高楼大厦、宽广马路，与自然隔绝，与历史隔绝。

（二）公共空间发展趋势

随着经济的发展，城市居民生活质量的提高，以及居民生活方式的变化，人们开始转向服务消费，对休闲、体育活动、旅游观光和娱乐活动的需求在不断增加，这对

城市的空间环境提出了新的要求。例如,随着生活的富足,人们对良好的生活环境和工作环境提出更高的要求;随着人们休闲时间的增加,休闲娱乐、旅游度假和建设等活动增加,要求增加公共活动空间场所,提高公共空间环境质量;人的预期寿命延长,对公共空间健身、休息和交流的需求增加;生活方式的改变,生态资源的稀缺,对绿色空间的追求,使得人们对历史、人性化的关注增强。这些必将推动城市公共空间环境的复兴和整治,未来公共空间发展将向着人性化、自然化、立体化、室内化的方向发展。

（1）人性化发展

对现代城市空间批判的一个重要话题是人情味的缺失。人性化是未来城市公共空间的重要课题。在当代西方思潮成为世界主流的背景下,强调个体的价值、个体表达的思想也明显地表现在城市设计上,进而对城市公共空间的发展带来巨大的影响。城市空间的形状破碎和尺度失调使城市公共空间失去吸引人的魅力。而城市公共空间本应是人们建立所属关系的重要场所。经过对长期发展的反思,人性化必将成为城市公共空间建设的重要内容。

（2）自然化发展

人工化的城市空间和高层建筑的过度密集导致人们生理的病变、心理扭曲,现代城市与自然的脱离已经造成人们身心健康的损害。随着城市问题愈演愈烈,人们谋求把自然引入城市,回归自然成为普遍的潮流,城市与自然的结合日益深入人心。从霍华德的"田园城市"到吴良镛的《北京宪章》,再到目前倡导的低碳城市、生态城市,无不反映了这一思想。创造城市公共空间的自然情趣也将成为空间设计的品质要求。

（3）立体化发展

随着城市土地资源的愈加稀缺,城市立体发展成为一种现实。城市中心高楼林立,高容积率、高密度的城市建筑用地正在逐步吞噬我们的公共平面空间,应运而生的立体公共空间正在被人们所认识。城市广场高抬或下沉以改善高空和地下的环境质量,自然要素、生态景观与建筑、交通、市政设施的上下层叠。所以,公共空间由传统的二维转向地面、地下、地上三维方向的发展,在改善公共空间环境的同时也丰富了公共空间的形式。

（4）室内化发展

城市公共空间室内化是立体化的必然结果。立体化的空间形态网络必将内部空间纳入其中,这里的内部空间包括城市公共建筑的室内公共空间、过渡空间、地下空间等多种具体类型。内外概念界限的模糊将使立体化的城市公共空间发挥出客观的潜力。现代高层结构、大跨度结构、地下开采机、消防技术、空调和人工照明等设备技术、新材料等,也为建筑内部空间突破门槛准备了必要的技术手段。公共空间室内化在促使城市公共空间向室内扩展的同时也提升了建筑的公共性。

第五节 城市交通空间

一、城市交通

(一) 城市交通方式

居民出行方式的动力来源于两个方向：一个是人力，包括步行和自行车出行；另一个要借助外力，包括汽车、火车、飞机、轮船。在城市中居民的出行方式主要是步行、自行车、公共汽车、私人轿车、出租车、轻轨、地铁等。随着机动车时代的到来，特别是城市规模的扩大，城市功能分区造成职居分离，使得城市居民的出行方式更加依赖于机动车出行，而且步行和自行车的出行方式不适用于远距离出行，于是大量的机动车在上下班时间涌入城市道路，造成的城市交通拥堵问题也愈发严重，尤其是在一些大城市和特大城市如北京、上海、广州等，交通拥堵问题成为制约城市发展的重要因素。同时，机动车的大量发展造成城市停车空间的匮乏，城市道路不断拓展，并不断占据慢行交通要道，给城市居民的日常生活带来许多不便和安全隐患。城市交通体系如何发展，是继续拓宽车道，促进机动车进一步发展，还是加强慢行交通建设，实现步行-公交(地铁/轻轨)、自行车-公交(地铁/轻轨)的综合交通的发展道路？这些问题值得我们去深刻思考。目前，我国提出节能环保，建设低碳城市，提倡绿色出行，慢行交通的出行方式又重新受到人们的关注。

(二) 城市交通标准

郑也夫提出城市交通的七项标准，即舒适，耗时，费用和物质上的可持续性，对居住、择业和上学等选择的影响，参加非职业性活动的便利性，安全问题，对环境的影响。

①舒适：因人而异，在短距离的半小时以内的出行，如果空气清新，人们可以选择步行或者骑自行车，这种交通方式就是舒适的，如果公共汽车、地铁有座位，也是比较舒适的，私家车可以实现门到门的出行，在不堵车的情况下，采用这种方式所花的时间比较少，也很舒适。所以，舒适是有条件的，不能单从交通出行工具来判断。综合所有条件后，居民选择较为舒适的方式出行。

②耗时：距离是居民选择出行交通工具的重要依据。在距离较短、耗时少的情况下，居民更愿意选择步行或者骑自行车等慢行交通方式；而长距离一般超过半个小时以上的，居民更愿意选择公交、地铁、轻轨、出租车或私家车等机动车作为出行工具。

③费用和物质上的可持续性：公共汽车出现这样的一种情况，在高峰期，公交车上人满为患，人们挤得汗流浃背，疲惫不堪。而在非高峰期，车上的乘客稀少。地铁

初始投资成本很高,但运营效率高,行驶速度快,所以在一些大城市,对于较长时间的出行,居民更愿意选择地铁作为出行方式,这就要求选择合理的交通路线,从而引导居民的出行方式。

④对居住、择业和上学等选择的影响:如果居民出行的半径更长一些,则选择的交通工具更多;如果出行半径小,则选择的余地稍微小一些。如上学,出行半径要求小,主要考虑自行车和公交出行。

⑤参加非职业性活动的便利性,如购物、娱乐、访友的便捷。

⑥安全问题:随着私家车的增多、交通拥堵、天气状况及人为原因造成的交通事故逐渐增多,汽车成为交通出行方式中最不安全的方式。汽车的增多和道路的拓宽,使得步行和自行车出行的安全受到威胁,人们出行的安全越来越成为一个重大问题。

⑦对环境的影响:包括环境污染问题、噪声问题、公共空间侵犯问题都值得关注。

二、城市交通与城市空间

交通不仅是城市空间的构成要素,也是城市空间结构演化的动力之一。在城市发展的每一个特殊阶段总能观察到城市交通规模或交通方式的相应变化,而城市交通的相应变化又对城市空间演化产生巨大的反作用。城市交通与城市空间演化之间存在着这种复杂的互馈关系,表现在两个方面:一是城市空间演化对城市交通提出了更高的要求,并为城市交通的发展提供了相应的基础条件;二是城市交通设施的改善和交通方式的变革又会对城市空间的进一步演化产生重要影响。

(一)城市交通与城市空间扩展

从古代以步行和马车为主的交通方式到自行车、有轨电车的盛行,直到目前许多城市大量使用的小汽车、大容量公共汽车以及地铁、轻轨等的发展,交通方式对城市空间的演化产生了深远的影响。在古代,城市居民的出行受速度的影响,活动范围被限制在狭小的区域内,城市空间规模较小,用地紧凑,人口密集。所以,步行和马车等交通方式阻碍了城市空间向外扩展的能力。1888年有轨电车的试验成功和1892年铁路的出现,极大地促进了城市化、工业化的发展,城市郊区沿着铁路像串珠一样发展起来,城市空间开始主要沿铁路、电车轨道逐步向外扩展。而小汽车的广泛使用与地铁、轻轨和大容量公交的快速发展一样,使城市空间演化的形式和规模又发生了巨大变化。城市空间由单中心形式蔓延逐渐转向多中心、带状以及复合型、低密度等空间扩张方式,空间的扩张规模也明显增大。特别是小汽车交通方式具有快速、舒适、自由度大等特性,更是对城市空间的低密度、大范围扩张产生了巨大的推动作用。

(二)城市交通的可达性与居民和企业的选址行为

城市交通可达性的提高,能够为居民和企业节约时间并带来经济价值。这是因为,城市中的不同位置具有不同的区位优势,其中包括聚集优势和交通优势等。在聚集优势相同的情况下,城市中哪个区域的交通设施完善、可达性好,哪个区域就能吸引更多的居民和工商企业。交通条件的改善提高了相应区域的可达性,会对居民和企业产生一定的吸引作用,同时也会使这一区域的土地价格上升。

(三)城市交通成本与住房价格和居民的迁移趋势

这主要表现在离城市中心区越远,通勤成本就越高,而城市土地价格下降,住房价格也将下降。所以北京、上海等特大城市中心城区以商业为主,它能以更高的土地价格,为城市居民提供更多的就业岗位。这导致了城市功能的分化、职居分离、城市潮汐现象的出现。同时,交通条件的改善会提高相应区域的可达性,降低该区域的出行成本,从而吸引居民向该区域迁移。当出行成本的节约等于住房价格的提高时,这种迁移就会停止。

(四)交通设施建设与城市空间演化速度和方向

一般来说,当城市处于快速发展的时候,城市交通设施的建设对城市空间演化的影响效果最为明显,不仅会促进城市空间的快速演化,而且还会引导城市空间演化的方向。而当城市处于缓慢发展时期或者已经达到基本成熟期时,交通设施建设对城市空间演化的影响就非常小,更起不到引导方向的作用。

三、TOD 模式的城市交通与城市空间

(一)TOD 模式的认识

TOD(Transit Oriented Development)模式是以公交为导向的城市空间开发模式,最早由美国建筑设计师哈里森·弗雷克提出,是为了解决第二次世界大战后美国城市的无限制蔓延而提出的,采取的是一种以公共交通为中枢、综合发展的步行化城区。其中公共交通主要是地铁、轻轨等轨道交通及公交干线,然后以公交站点为中心、以 400~800 米(5~10 分钟步行路程)为半径建立集工作、商业、文化、教育、居住等为一体的城区,以实现各个城市组团紧凑型开发的有机协调模式。

该理论在新城市主义的城市规划中得到了广泛的响应。1993 年,彼得·卡尔索尔普(Peter Calthorpe)在其所著的《下一代美国大都市地区:生态、社区和美国之梦》一书中提出了明确的 TOD 规划理念,将 TOD 解释为高密度居住、零售、办公、公共设施和开发空间相混合的一种土地使用模式,并提出了与传统规划思想不同的规划准则:第一,区域的增长结构应该与公共交通的发展方向一致,应当采用更为紧凑的城市结构;第二,应该用混合使用的、适于步行的规划原则取代单一用途的区划控制的分区制原则;第三,城市设计应当面向公共领域,以人的尺度为导向,而不是倾向

于私人领域和小汽车尺度。卡尔索尔普认为每个 TOD 区域的商业设施数量和混合类型取决于该 TOD 的商业核心是服务于附近居民还是服务于整个社区。商业核心区和各类服务设施距住宅区的距离在 600 米以下,或以步行 10 分钟的距离为界。典型的 TOD 布局结构如图 6-11 所示。

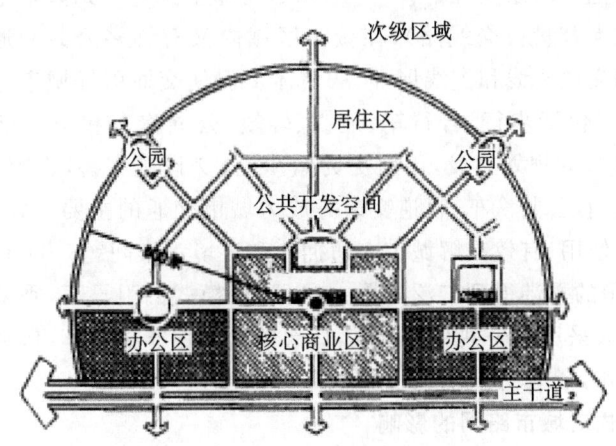

图 6-11 典型的 TOD 结构

资料来源:WASATCH FRONT TRANSIT ORIENTED DEVELOPMENT GUIDELINES,PREPARED BY:Calthorpe Associates,Cooper Roberts Simonsen Architects,Bear West,Fehr and Peers Associates,Strategic Economics.

按照 TOD 的位置、特点及作用的不同,可以把 TOD 划分为城市 TOD 和社区 TOD。城市 TOD 是实施 TOD 的地区位于区域公共交通网络主干线上,如在轻轨车站或公交车站周围,并将成为商业中心或就业中心,这种地区具有很高的土地开发密度,规模较大,空间尺度一般以步行 10 分钟的距离或 600 米的半径为限。社区 TOD 是指实施 TOD 的地区不是位于区域主干线上,而是位于距轻轨车站或公交换乘站 10 分钟公交路程的交通网络支线上,通过公交支线与主干线相连。社区 TOD 以提供多样化的居住为主,具有较高的居住密度,并向邻近居民提供娱乐、餐饮、零售以及市政公用设施等社区服务。

(二) TOD 与城市交通

1. TOD 模式对交通出行方式的影响

通常情况下,实行 TOD 模式的城市,都是通过若干个具体的 TOD 项目实现整体的发展目标。在具体的 TOD 单元项目内,规划建设强调紧凑的空间布局、较高的开发强度、混合的用地功能和便捷友好的街道,居住区、办公室、商业区都围绕在公交车站周围。所以,从方便程度、出行成本等方面考虑,交通方式以步行、自行车和公共交通为主。TOD 并不排除小汽车的使用,但是由于用地混合使用程度提高,人们能够居住在离工作地点不远的地方,更便于步行、自行车或短途公交方式出行,同时,项目建设过程中为小汽车提供的停放空间较少,从而在一定程度上抑制了小汽车的使用,也减少了一部分跨区的通勤出行,使城市整体的交通需求有所下降,抵消了高峰时期的部分交通客流。

在整个城市范围内以及各个 TOD 单元之间都至少有一到数条主要的交通干线(如地铁、轻轨或大容量公交线路),在城市区域内又有许多公共交通支线,各 TOD 单元沿着主要的交通干线和支线展开,从整体上促使交通引导城市空间的发展。在整个城市范围内,包括步行、自行车、地铁、轻轨、公共汽车和小汽车的交通出行方式,随着 TOD 模式的规划建设,用地更为紧凑,公交设施完善,换乘较为方便,鼓励了公交方式的使用,公共汽车、轨道交通等成为城市交通的主要方式,从而有效地控制小汽车的广泛使用,有效缓解城市交通拥堵和环境污染问题。TOD 模式在日本和新加坡,以及我国的香港得到广泛运用。在 TOD 模式的引导下,香港每天的上班出行中,有 74% 的人采用了公共交通方式,17% 的人采用非机动车(包括步行、自行车)的交通方式,使用小汽车方式的只占 9%。

2. TOD 模式对城市路网的影响

TOD 模式对城市路网建设的影响也体现在两个层面上,包括具体的 TOD 项目内部的路网和整个城市范围内的路网。在具体的 TOD 项目区域内,交通路网一般采用方格网状结构,避免出现迂回曲折的道路,尽量不使交通流集中汇聚,而是以直接相连的方式使各个功能区之间方便连通。方格网状道路能平衡分配交通流,通行能力大,在区域尺度较小时,能方便步行,为步行和自行车提供适宜的出行环境,也能使短途公交畅通无阻。TOD 项目内部路网结构如图 6-12 所示。

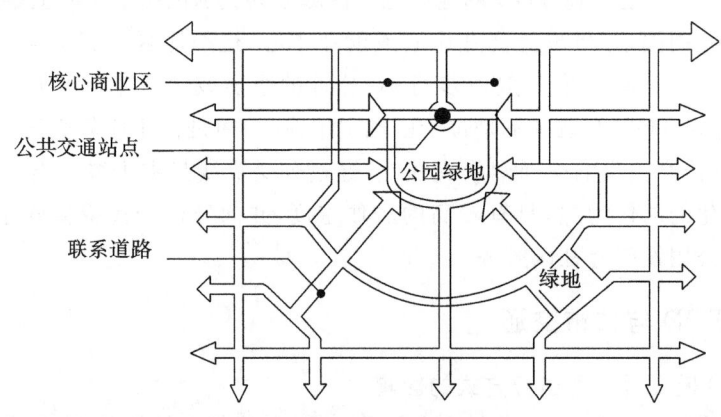

图 6-12　TOD 内部路网结构

资料来源:WASATCH FRONT TRANSIT ORIENTED DEVELOPMENT GUIDELINES,PREPARED BY:Calthorpe Associates,Cooper Roberts Simonsen Architects,Bear West,Fehr and Peers Associates,Strategic Economics.

在城市整体范围内,通常以主干道(如地铁、轻轨、快速公交线路等)为依托,重点引导城市空间的演化。在城市区域内还有许多公交支线,这些支线引导着社区的空间变化。因此,城市路网结构整体上表现为以下几种形式:线型、放射型、棋盘＋放射型等。但轨道线路或大容量快速公交线路往往成为引导城市空间结构变化的最主要路网,决定着城市空间的整体布局和演化趋势。与传统的城市路网结构相比,TOD模式的城市路网结构主动引导着城市空间结构的发展,从而更能促进城市交通与城市空间结构的协调发展。

(三) TOD模式与城市空间

1. TOD模式对城市空间布局的影响

城市空间布局主要是指不同性质的城市土地使用在城市空间上的分布状况。在TOD模式下,城市空间的演化实际上受到一定的引导和限制。这种引导和限制除了来自于制度层面外,更主要的是来自于交通设施的发展现状和发展潜力。TOD模式对城市空间布局的影响体现在两个层面上:一、在城市区域层面上,空间布局主要受具体TOD项目或社区TOD的影响。按照TOD模式的内在要求,在城市公交支线的节点周围一定范围内,进行高密度开发,各项功能混合布局,而在一定范围外的次区域内又可进行较低密度的开发。这样,在市内区域层面上就形成了一个个以公交节点为中心的混合功能区,从功能区向外,用地混合程度和住宅密度依次递减。二、在城市整体层面上,城市空间的布局结构与城市中起引导作用的主干道的布局密切相关。主干道的形状和分布决定了城市空间的形状和结构,当主干道为容量很大的轨道交通时,能够支持其沿线的高强度开发,引导城市沿轨道线发展,并沿轨道站点形成大量串珠状的高密度区域。在轨道两侧,随着离轨道距离的增加,土地开发强度逐渐减少。

2. TOD模式对城市空间规模的影响

TOD模式能在整体上限制城市的无序蔓延,营造与城市交通相适应的城市空间。在空间规模上,这种模式对具体项目内的空间有较强的限制作用。这是因为,要实现良好的可达性,创造友好的步行环境,空间规模就不能过大,否则,达不到TOD的目的。但对城市整体的空间规模来说,其大小由起引导作用的公交主干道的布局、类型以及支线网络共同决定。一般来说,轨道交通或大容量公交路网由于其强大的客运能力,能够支持更大的城市空间规模。特别是有几条延伸较长的轨道交通线路时,城市空间的总规模就会很大。但由于TOD模式目标的限制,又避免了城市空间低密度蔓延和无限扩大的趋势。比如哥本哈根是实施TOD模式、利用地铁成功引导城市空间结构变化的城市之一。早在1947年,哥本哈根就提出了富有创意的"手指形规划",给城市空间的发展确定了明确的方向。根据这一规划,城市空间沿着五个手指方向呈放射状向外延伸,每一个手指方向上都由轨道交通来引导发展,并通过轨道交通与其沿线次中心的合理配置,实现交通与土地使用的协调。各条轨道之间有绿地加以分割,避免城市出现连续蔓延。中心城的主要功能是管理及文化中心,而沿各轨道线建立的次中心则以居住为主,并设有学校、银行、商店及娱乐中心。

四、北京城市交通与城市空间结构

(一) 北京城市交通与城市空间

旧北京的市内路网系统呈棋盘状的格局,它是在元大都城的基础上经明代改建而成的。城内除棋盘状路网外,还有大约数千条胡同,胡同的平均间距只有 80 米。交通方式一直以步行、人力车和马车为主,极低的速度限制了居民的出行距离。因此,城市空间规模较小。20 世纪 30 年代以后,北京城市交通方式逐渐从步行、畜力等方式向有轨电车、公共汽车等交通方式发展,这时候城市规模仍然较小。从 1949 年到 2004 年,伴随着城市交通的不断发展,北京市的人口规模和空间规模都稳定增长,城市道路长度从 1949 年的 215 千米增加到 2004 年的 7482.7 千米;城市建成区的面积由原来的 109 平方千米,城市平均半径不到 6 千米,发展到 2004 的 1182.3 平方千米,城市平均半径 19.4 千米;出行方式由原来的步行、马车交通方式逐步转向自行车、公共电车、地铁、私家车并存的交通方式。伴随着交通方式的改变,北京市城市规模也呈现出相对一致的空间变化(见表 6-3)。

表 6-3 北京城市交通与城市空间历史变化

时　间	城市道路 长度/千米	主要交通方式	建成区面积 /平方千米	平均城市半径 /千米
1949 年	215.0	步行、马车	109.0	5.9
1959 年	463.0(1952 年)	步行、自行车、公共电车	221.0	8.4
1980 年	2185.0	自行车、公共电车、地铁、少量私人汽车	346.0	10.5
1986 年	3038.0		380.0	11.0
2000 年	4125.8		780.0	15.8
2004 年	7482.7	公共汽车、地铁、轻轨、私人汽车	1182.3	19.4

资料来源:王春才.城市交通与城市空间演化相互作用机制研究[D].北京:北京交通大学,2007:146.

截止到 2019 年底,北京市公路总里程达到 22 366 千米,全市高速公路通车里程达到 1168 千米,其中 2019 年中心城道路总里程 6156 千米,路网密度 5.64 千米/平方千米[①],轨道交通运营里程达到 699 千米,地铁日均客运量达到 1086 万人次,轨道交通出行在公共交通中的比例达到 56%,建成区面积约为 912 平方千米[②]。

(二) 北京城市交通发展的主要问题

(1) 人口增长,机动车保有量迅速增长,交通拥堵现象严重,城市交通拥堵问题已经成为制约北京发展的瓶颈

2019 年北京常住人口总量达到 2153.6 万人,机动车保有量达到 636.5 万辆,其中私人小汽车达 497.4 万辆。在人口、机动车总量不断攀升的背景下,2018 年,北京市六环内出行总量达到 3924 万人次,出行次数为 2.75 每人每日,较 2017 年增加 0.8%[③]。而在《2018 年度中国主要城市交通分析报告》中,北京路网高峰形成延时指数 2.032,平均每人全日通勤拥堵时长为 45 分钟,全年拥堵时长为 174 小时。

(2) 由于城市交通与城市空间发展的不协调性,中心区交通拥堵,通勤交通压力增大,潮汐交通特征突出

由于北京市人口和功能中心聚集的态势尚未得到根本改变,出行空间分布过于集中(早 7—8 点,晚 17—18 点),中心区交通拥堵,跨区域通勤交通压力大,潮汐特征更为明显,拥堵时间更为集中,空间更为聚集,方向不均衡性突出,同时,由于土地使用与交通设施的同步实施难度存在差异,土地开发与同期区域交通承载能力不匹配。

(3) 公共交通建设和服务水平相对滞后,道路建设不完善,交通出行结构有待进一步优化

公共交通建设和服务水平相对滞后,表现为:地面公交专用道不成网,公交服务水平和吸引力不足,部分线路拥挤现象严重,公共交通运力不足,等候时间过长,车辆运行速度慢,换乘效率和通达性都有待提高;轨道线网密度低,地铁运量与运力的矛盾日益突出,线路满载率高,地铁新开通就因满负荷而进行限流,难以发挥地铁大运量功效;公共交通换乘不便、换乘距离长,交通接驳设施不足,公交场站建设速度较慢;线路规划修编不及时,没有与时俱进跟上现实交通状况的发展,交通管理部门对居民出行的流量流向的研究缺乏,以致公共交通线路、车辆分配不够合理。近年来在建设低碳城市、生态城市的理念推动下,越来越多的居民选择步行或者自行车出行,平均出行距离由 1986 年的 5.2 千米上升到 2016 年的 8.1 千米,2018 年低碳出行率达到 73%,但是随着城市机动化的发展,人行空间和自行车交通空间受到挤压,步行和自行车出行环境日益恶化。

---

① 见住房和城乡建设部城市交通工程技术中心、中国城市规划设计研究院和北京四维新科技股份有限公司联合编纂,《中国主要城市道路网密度检测报告 2019》,2019,p17。

② 见北京市统计局编,《北京统计年鉴 2020》,中国统计出版社,2020,具体数据均为 2019 年北京统计数据,下同。

③ 见北京交通大学北京综合交通发展研究院编,《2019 年度北京市交通发展年度报告》,2019。

（4）区域交通、城市道路及公路交通系统规模和布局有待调整和完善

目前,北京区域交通的发展相对比较缓慢,区域交通尚未完善,北京市与周边城镇的交通缺乏快速便捷的联系。与国际大都市相比,城市道路面积率显著偏低,等级结构不合理。2014年北京四环内道路面积率只有12%(人均指标更低),道路整体等级结构不合理。高速公路和快速路实现规划情况较好(85%以上),主干路建设稳步推进(近期即将实现近50%),次干路实施情况较差,支路最差。独立封闭的"大院"分割城市路网,严重损害路网系统的整体性,道路交通"微循环"不畅,交通组织十分困难,局部地区路网供需矛盾突出。如回龙观、西三旗、清河地区现状交通路网支离破碎,系统性差,等级低,进出中心城通道少,是主要的交通拥堵点。

（三）北京城市交通发展对策

北京市在优化城市功能结构,推动"两轴—两带—多中心"城市空间结构的调整,限制中心城的建设规模,加快新城的发展,使得城市空间布局与城市交通协调发展。优化调整中心城＋构建多中心＋建设"有城有业"综合功能新城,在打破单中心过度聚集的格局的同时,加强城市交通系统的发展,措施如下。

（1）坚持实施以轨道交通为核心的公交优先发展战略,继续加大轨道交通建设力度

加快轨道交通建设,改善交通出行结构,着力缓解中心城交通拥堵,大力支持新城发展,引导城市空间结构和功能布局调整。促进轨道交通与其他交通方式协调发展,实现"三网合一",发挥公交系统的整体优势。加快实现由轨道交通网、公交专用道网与自行车道网组成的三张网,充分发挥轨道交通、BRT和公交快线的骨干作用,形成"鱼骨型"交通形式,实施"零换乘",实现"普通公交＋地铁""步行、自行车＋地铁""步行、自行车＋BRT"的出行模式。充分体现轨道交通建设中的"零换乘"以及"以人为本"的理念,合理组织轨道交通与其他各种交通方式之间的衔接和配置,优化轨道交通站点换乘系统,提高整体性、人性化、细节化规划设计水平,提高公交吸引力。

（2）构建绿色交通出行体系

规划建设良好的步行、自行车出行环境,逐步把北京建设成为一个适合步行、自行车等绿色出行方式的城市。倡导和重视零排放的自行车交通和步行交通的绿色交通系统建设,规划步行、自行车专用道体系,创造有利于"步行＋公交"出行模式的生活环境。改变"宽广马路"代表现代化的固有观念,注重街道与沿街建筑的尺度,方便街道两边的来往,创造尺度宜人、形式丰富、满足人的心理和生理要求的生活性街道,把北京建设成一个适合步行的城市。

（3）完善区域交通、城市道路、公路交通网络建设,建设智能交通系统

整合优化道路交通系统,提高系统承载能力。完善区域交通网络建设,加强区域间的综合交通体系规划、建设、运营、管理的沟通与协调,建立区域协调机制。完

善城市道路、公路交通网络的布局形态,解决部分地区路网供需矛盾问题。合理配置城市道路等级结构体系,加快城市次干路、支路的发展建设。建立和完善市域内干线公路网络和农村公路网络,提高公路网服务水平。发展建设智能交通系统,提高道路交通系统的运行效率。

(4) 坚持实施 TOD 战略,实施轨道站点周边土地综合化开发,减少被动交通出行需求

坚持"中心成网,外围成轴"的发展策略。建立以轨道交通为导向的城市发展模式,坚持 TOD 理念,优化城市布局与交通建设的关系,引导形成多中心轴向发展的城市格局。发挥公共交通的先导作用,引导带动新城(新区)发展和旧区更新改造,促进城市空间结构优化调整。

中心成网、"线跟人走"——缓解交通,带动优化——客流追随型(SOD):城市中心区通常采用地铁,追求服务全覆盖,站点间距较小,一般为 1000 米左右。外围成轴、"人跟线走"——强化引导,支持新城——规划引导型(TOD):城市外围通常采用轻轨十快速铁路,追求快速大容量和各功能区之间的联系,站点间距较大,一般为 2000 米左右。

加强轨道交通站点的一体化设计和周边用地合理的高密度综合开发,综合布局居住、公共服务设施用地,高度重视地下空间开发,优化土地开发利用模式;加强沿线土地控制与提前储备,发挥轨道交通综合效益。加快研究轨道站点综合开发的实施机制:因土地储备出让、开发实施时序不同步、建设主体不一致等原因,轨道站点综合开发实施往往比较困难,应加强实施机制研究。

(5) 实施有效合理的交通需求管理政策,在保障公共交通有效供给的基础上采取更有力的管理措施,减少小汽车的拥有和使用

在提高公共交通有效供给和吸引力的同时,加大小汽车交通需求管理力度。改变修路(供给)—拥堵(需求增长)—修路(供给)—拥堵(需求增长)的恶性循环被动局面,有效抑制私人小汽车出行需求的快速增长。应用管理政策和经济杠杆等手段(如实行停车差别化供给,实施停车需求管理政策等措施)来控制小汽车保有量迅速增长势头;研究通过限行、错时上下班、拥挤收费、鼓励多人合乘、燃料税等交通需求管理措施来合理引导小汽车使用,同时提高市民绿色出行意识,提高替代出行方式的服务水平,促进小汽车向其他出行方式的转移。同时,应进一步整合优化交通系统,建设智能交通系统,提高交通系统的运行效率。

参考书目

[1] 柴彦威.城市空间[M].北京:科学出版社,2000.

[2] 顾朝林.城市社会学[M].南京:东南大学出版社,2002.

[3] 陈辞,李强森.城市空间结构演变及其影响因素探析[J].经济研究导刊,2010(18).

[4] 黄志宏.城市居住区空间结构模式的演变[D].北京:中国社会科学院,2005.

[5] 吴晓,魏羽力.城市规划社会学[M].南京:东南大学出版社,2010.

[6] 吴启焰.城市社会空间分异的研究领域及其进展[J].城市规划汇刊,1999(3).

[7] 王兴中.城市居住空间结构的演变与社会区域划分研究[J].城市问题,1995(1).

[8] 刘长岐,王凯.我国城市居住空间结构的演变过程研究[J].重庆建筑大学学报,2004(6).

[9] 冯健.转型期中国城市内部空间重构[M].北京:科学出版社,2004.

[10] 王鹏.城市公共空间的系统化建设[M].南京:东南大学出版社,2002.

[11] 斯特凡纳·托内拉,黄春晓,陈烨.城市公共空间社会学[J].国际城市规划,2009(4).

[12] 王珂,夏健,杨新海.城市广场设计[M].南京:东南大学出版社,1999.

[13] 杨保军.城市公共空间的失落与新生[J].城市规划学刊,2006(6).

[14] 王春才.城市交通与城市空间演化相互作用机制研究[D].北京:北京交通大学,2007.

[15] 郑也夫.城市社会学[M].上海:上海交通大学出版社,2009.

[16] 马强.近年来北美关于"TOD"的研究进展[J].国外城市规划,2003,18(5).

[17] 郑捷奋,刘洪玉.香港轨道交通与土地资源的综合开发[J].中国铁道科学,2002,23(5).

思考题

1. 论述城市空间结构三大经典模型。
2. 论述我国城市居住空间发展历程。
3. 简述城市空间结构的主要影响因素。
4. 概述未来城市公共空间发展趋势。
5. 论述 TOD 模式及其对城市空间和城市交通的影响。

推荐阅读书目

[1] 柴彦威.城市空间[M].北京:科学出版社,2000.

[2] 王鹏.城市公共空间的系统化建设[M].南京:东南大学出版社,2002.

[3] 顾朝林.城市社会学[M].南京:东南大学出版社,2002.

［4］ 冯健.转型期中国城市内部空间重构［M］.北京:科学出版社,2004.

［5］ 黄志宏.城市居住区空间结构模式的演变［M］.北京:中国社会科学院,2005.

［6］ 蔡禾.城市社会学讲义［M］.北京:人民出版社,2011.

［7］ 胡小武.城市社会学的想象力［M］.南京:东南大学出版社,2012.

［8］ 约翰·J.马休尼斯,文森特·N.帕里罗.城市社会学:城市与城市生活［M］.姚伟,王佳,等,译.北京:中国人民大学出版社,2016.

［9］ 郑也夫.城市社会学［M］.3版.北京:中信出版集团,2018.

第七章　城市生态系统

❧ 知识目标

1. 掌握城市生态系统的含义及结构和功能。
2. 理解城市发展过程中面临的主要生态问题。
3. 了解生态城市发展历程。
4. 熟悉和掌握生态城市创建标准、建设内容和规划原则。

第一节　城市生态系统概述

一、城市生态系统含义

生态学（ecology）一词源于希腊文，原意为房子、住所、家务生活所在地。1869年，德国科学家海克尔（Haeckel）首先将这一概念用于科学的意义，提出了生态学的概念，并将其定义为研究有机体与其生活环境之间相互关系的科学。随后，芝加哥生态学派罗伯特·帕克率先把生态学的观点引入社会学研究中，把城市看作一个由内在过程将各个组成部分结合在一起的社会有机体，并将生态学原理（竞争、淘汰、演替和优势）引入城市研究中，从人口与地域空间的互动关系入手研究城市发展，形成了社会学的一个重要派别——人类生态学派（也称社会生态学派）。

生态系统（ecosystem）是指生物与环境之间的相互作用形成的一个整体。著名社会生态学家邓肯认为，"生态联合体"由人口、组织、环境、技术（一般简称为 POET）四种要素构成。这四种要素相互作用、相互联系，构成一个完整的生态系统。

城市生态系统也是由人口、组织、环境、技术四大要素构成的，是城市空间范围内居民与自然环境和社会环境相互作用形成的统一体，是人类在适应和改造自然环境基础上建立起来的人工生态系统，是一个自然、经济、社会复合的生态系统。在这个生态系统中，人工生态环境通过生命代谢作用、投入产出链、生产消费链进行物质交换、能量流动、信息传递而相互作用，相互制约，构成具有一定结构和功能的有机联系的整体,它是城市居民与其环境相互作用形成的复杂网络结构。

二、城市生态系统的特点

城市生态系统是一个结构复杂、功能多样的自然-社会-经济复合的生态系统,与自然生态系统相比,它具有以下特点。

(1) 城市生态系统是一个以人为主体的生态系统

城市生态系统最大的特点就是以人为主体,人类是城市生态系统中的生产者,城市的一切设施都是人创造的。人类也是城市生态系统中的主要消费者,是城市生态系统中最大量存在的生物,其数量远远超过动物的数量,也大大超过绿色植物的数量。人类与绿色植物和其他动物相比,处在营养级倒金字塔的顶端。同时,人类是城市生态系统的主导者,其主导作用不仅仅在于参与生态系统的上述各个过程,更重要的是人类为了自身的利益对城市生态系统进行着控制和管理,人类的社会经济活动对城市生态系统的发展起着重要的支配作用。

(2) 城市生态系统是一个高度人工化的生态系统

城市中的自然生态系统是以城市居民为主体的各种生物赖以生存和发展的必要条件和自然因素的总和,包括气候、地形、地理位置、生物和自然资源等。由于城市是人类政治经济活动集中的地区,加之人口和建筑物密集,从而影响城市居民生活水的平提高。随着城市人口居住密度的日益加大,自然环境越来越失去本身的自然特征,如空地和绿地面积减少,土壤渗水和孕育植物能力降低,野生动物失去最佳生活环境。城市自然环境日益烙上“人工化”痕迹。在城市区域集中了大量的工矿企业、住宅、商业、行政、文化娱乐等建筑物和道路、桥梁,人类的生产和生活活动无不在消耗大量的能源和物资,产生大量的废物,使得城市成为污染最严重的地区。

(3) 城市生态系统是一个非自律的生态系统

在自然生态系统中,只要输入太阳能,靠系统内部的物质循环、能量交换和信息传递,就可以维持各种生物的生存,并能保持生物生存环境的质量,使生态系统能够持续发展,此类系统称为自律系统。而在城市生态系统中,生产者数量很少,其作用也发生了变化,比如城市中的植物,主要任务不是向城市居民提供食物,而是美化景观、消除污染和净化空气等。城市生态系统大量的能量和物质需要从其他生态系统(如农业、森林、湖泊、矿山、海洋等系统)输入,所排放的废物不能自行分解,需要运输到自然生态系统中进行处理。因此,城市生态系统的能量变换和物质循环是开放式的,它是一个非自律的生态系统。

(4) 城市生态系统是一个高度开放的生态系统

城市生态系统的开放具有三个层次:第一个层次,城市生态系统内部各子系统之间的开放和相互交流;第二个层次,城市生态系统与自然环境系统之间的开放,城市经济社会系统要利用自然环境资源，同时在利用过程中也对自然环境施加影响；第三个层次，城市生态系统作为一个整体向外部系统全方位开放，需要从外部系统输入物质、能量、人才、资金、信息等，也向外部系统输出物质、能量和人才、资金、信息等。城市生态系统的开放具有高强度、双向性及历时性的特征。

（5）城市生态系统是一个多层次、多功能的生态系统

城市生态系统是由生物（人）-自然（环境）系统、工业-经济系统和文化-社会系统等子系统共同构成的一个完整的整体，各层次子系统内部都有自己的能量流、物质流和信息流，各层次之间相互联系、相互作用，构成一个不可分割的整体。

三、城市生态系统的结构和功能

（一）城市生态系统的结构

当各种生物的种类、数量在空间上分配比较均衡时，城市生态系统在一定时期内处于相对稳定的状态，保持一个相对稳定的结构。根据不同的分类标准，可以将城市生态系统分为营养结构、空间结构和网络结构。

1. 城市生态系统的营养结构

与自然生态系统不同，城市生态系统是一个复合的人工系统，它的生物组成部分是以具有思想意识的人为主体，加上野生的和人工培育的动植物，而不仅仅是单纯的动植物和微生物组成的生物系统；而非生物组成部分除了自然环境的物质成分外，还有房屋、道路、生产设施和生活设施等人工环境物质成分（见图7-1）。由于该系统中消费者（主要是人）数量大，而作为生产者的绿色植物所占比例小，城市中人类现存量远大于植物现存量，营养层次呈倒金字塔结构（见图7-2、7-3）。

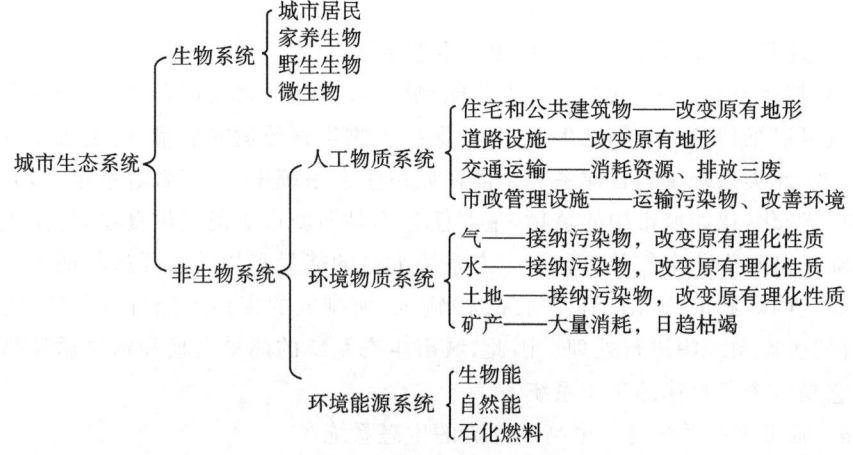

图 7-1　城市生态系统的组成

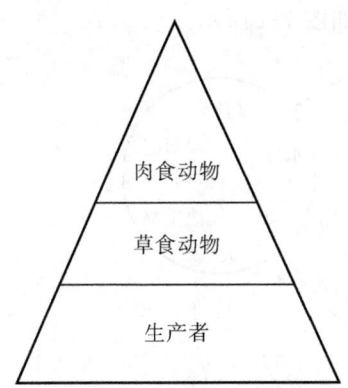
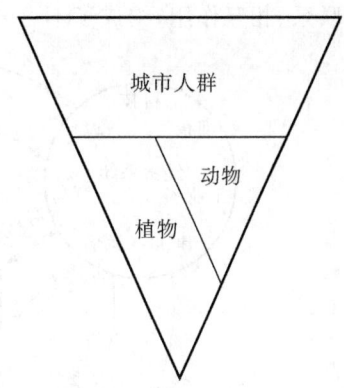

图 7-2　自然生态系统营养层次的金字塔结构　　图 7-3　城市生态系统营养层次的金字塔结构

2. 城市生态系统的空间结构

城市是存在于地球表面并占有一定地域空间的物质形态,人工要素及城市绿地在自然要素(地形地貌、河流水系)的作用下,组成了具有一定形态的空间结构,如同心圆、扇形辐射、多中心镶嵌、带状、组团状等。这些空间结构的形成取决于城市的社会制度、经济状况、种族组成、地理条件(地形地貌、气候水文)等。例如,社会分配制度引起了同心圆结构的变化;土地经济的价值规律引起了扇形结构的变化;种族组成和城市区域分异规律引起多中心镶嵌结构变化。而城市的地形地貌和河湖水系等自然要素又通过对城市规划、城市建设的制约,对城市空间、形态和城市环境产生了不同的影响。例如,在平原、盆地地区已形成集中式、多格局结构的城市,如石家庄、北京、成都、西安等;在山区、丘陵、峡谷地区已形成带状城市,如兰州、青岛、深圳等;还有分散多点状城市,如攀枝花。

因势利导,合理利用人工要素与自然要素,可组织合理的城市空间结构,体现城市的个性,提高城市的活力与魅力。

3. 城市生态系统的网络结构

所谓生态系统的网络结构是指生态系统各组成部分被物质流、能量流、信息流等各种关系联系起来的整体。城市生态系统是一个十分复杂的、多层次的网络结构。根据人类活动及物质流、量能流等特征,城市生态系统又可分为三个层次的子系统。

①生存——自然环境系统,只考虑人的生物性活动,人与其生存环境的气候、地貌、淡水、动物、植物、生活废物等构成的一个子系统。

②生产——经济系统,只考虑人的经济(生产、消费)活动,人与能源、原材料、工业生产、交通运输、商品贸易、工业废物等构成的一个子系统。

③生活——社会系统,只考虑人的社会活动和文化生活,人与其生活的另一层环境,包括社会组织、政治活动、文化、教育、娱乐、服务等所构成的另一个子系统。

这三个子系统的内部都有自己的物质流、能量流和信息流等,各层次子系统间又相互联系、相互作用,构成了不可分割的整体,如图7-4所示。

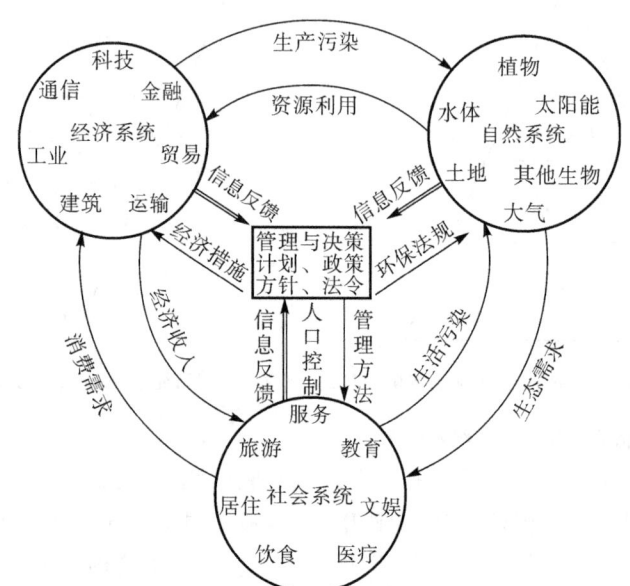

图 7-4　城市生态系统的组成结构

(二) 城市生态系统功能

城市作为一个生态系统,最基本的功能是生产和生活,具体表现为城市的物质生产、能量流动、信息传递以及人口流动。

1. 物质流

城市生态系统的物质流可分为自然物质流、人工产品流和废物流。自然物质流为由自然力推动的生态流,主要指空气、水体的流动,具有数量巨大、状态不稳定的特征,其流动的速度和强度,直接影响到城市的生产、生活和还原作用,从而对城市的生态环境质量产品巨大的影响。人工产品流是为保证城市功能正常发挥所涉及的各种物质资料在城市中的各种状态及作用的集合。城市生态系统物质利用的不彻底导致了物质循环的不彻底,物质循环的不彻底又导致了在物质循环过程中产生大量废物,即废物流。

2. 能量流

城市生态系统的能量流动是指能源在满足城市生产、生活、游憩、交通功能的过程中,在城市生态系统内外的传递、流通和耗散的过程。能源流动的效率与城市的能源结构、生产结构、消费结构等特征存在密切的关系。

3. 信息流

现代城市特有的信息功能是将无序的、分散的信息经过集中、加工、整理、分析得出方向性、指导性的信息,再将其发射到其他城市、地区、乡镇、农村中去,这就是城市具有的凝聚力及大的辐射力之功能。经过形象的文字、图形、报纸、图书、信文、邮电和各种电声信号,电报、电话、传真、电视、电台广播以及现代最庞大的信息高速公路计算机网络系统,完成现代化的高科技信息流之功能。

4. 人口流

城市的人口化、人口的城市化是城市化的重要标志。城市与农村、乡镇间的人口流动与增长是城市生态系统动态平衡功能之一。

第二节　城市生态环境问题

一、城市生态环境含义

城市生态环境是指城市生态系统中除人以外的全部自然条件和人文、社会条件的总和。城市生态环境是城市居民从事社会经济活动的基础,是城市形成和持续发展的必要条件。

城市生态环境是城市生产和生活的基础,它为人类提供生产和生活所需的自然资源、空间场所,以维持城市的生存和发展。城市生态环境是人类活动废弃物的储存库和净化库,具有一定的缓冲能量、抗逆能量和自净能力,能在一定程度上对城市的各种废弃物进行稀释、分解、还原、净化,以保证城市功能的正常发挥,具有不可替代的生命支持功能。但城市生态系统是一个限制变量,当城市活动以及所造成的污染超过环境容量时,就会带来一系列的城市问题,甚至使城市处于崩溃的边缘。

二、影响城市生态环境的因素

城市是人类为自身的生存而在自然环境的基础上建立的高度人工化的环境,是一个人工形成的动态系统。当人类活动与生态环境协调发展时,城市生态系统处于一个相对稳定的状态。然而,随着工业化和城市化进程的加快,城市发展给生态环境带来沉重的压力,使人与周围环境之间的生态关系失调,破坏了原有的生态平衡,造成全球性的人口膨胀、交通拥挤、资源短缺、住房紧张、就业困难、环境污染加剧、居住条件恶劣等"城市生态危机"。概而言之,城市生态环境问题的实质是城市生态系统失衡,人与环境的关系失调。影响城市生态环境的因素主要有两个,即自然因素和人为因素。

1. 自然因素

自然因素主要是指自然界发生的异常变化或自然界本来就存在对城市居民和

生物的有害因素,如冰山活动、火山爆发、海啸、地震、水灾、旱灾、台风、流行病等,这些因素可能使城市生态系统在短时间内遭到破坏,甚至使城市生态系统毁灭。

2. 人为因素

人为因素主要是城市人类的各种活动和行为对城市生态系统产生的直接或间接影响,主要表现在以下三个方面。

(1) 使环境因素发生改变

人类的生产和生活活动产生了大量的废气、废水、垃圾等,并不断被排放到环境中;人类对自然资源不合理利用或掠夺性利用,例如盲目开荒、滥砍森林、填海造地、草原超载等,都会使环境质量恶化,产生近期或远期效应,使生态平衡失调。

(2) 使生物多样性减少

人类的活动一方面将大量的有害物质排放到自然环境中,使大量的生物物种无法生存而逐渐消亡;另一方面,人类的不合理毁林开荒、围海(湖)造田使大量的生物失去其赖以生存的家园而逐渐消亡。

(3) 对生物信息系统造成破坏

生物与生物之间彼此靠信息联系才能保持其集群性和正常的繁衍。人为地向环境中投放某种物质,干扰或破坏了生物间的信息联系,有可能使生态平衡失调或遭到破坏。

三、城市生态环境问题表现

伴随工业化、城市化进程的加快以及人类活动的不断深入,人类对生态环境造成的破坏日益加剧。主要表现在以下几个方面。

1. 水体与水资源污染

水是生命的基本成分,也是生命存在的重要条件。20世纪以来,人类生产和生活用水急剧增加,使水资源短缺日甚一日,而水体大量污染又加剧了水资源短缺。人类在生产和生活中产生的大量废水只有极少部分得到了处理,大部分被直接排入河流,造成水源直接受污染,破坏了水生态系统平衡。

由于水质的污染,污水已成为人类健康的隐形杀手,世界卫生组织(WHO)调查显示:全世界80%的疾病是由饮用被污染的水造成的;全世界50%儿童的死亡是由饮用被污染的水造成的;全世界有12亿人因饮用被污染的水而患上多种疾病;全世界每年有2500万儿童死于饮用被污染的水引发的疾病;全世界因水污染引发的霍乱、痢疾和疟疾等传染病的人数超过500万。可以看出,水及水环境的污染,已经给人类带来了严重的灾难,应该引起人类的高度重视。

2. 能源短缺与大气污染

大气资源是人类赖以生存的基本因素,一切动物、植物、微生物的生命过程都离不开大气。大气资源可以为人类所利用,同时也因为人类的不合理利用而导致的大气成分改变从而反制于人类。前工业时代,大气污染程度还不十分严重。产业革命后,伴随人类工业化时代的到来,现代工业生产消耗大量能源,与此同时产生的大量废气直接排放,造成大气的严重污染。而城市化则进一步加快了人类对能源的消耗,它主要表现在以下几个方面。

①城市化建立在工业化基础上,反过来又推动工业化进程,近代城市经济大多以工业经济为主,工业发展需要消耗大量的能源作为动力,能源消耗的同时向大气中排放有毒气体,污染城市大气环境。

②城市生活是以消耗大量资源为特征的,不论是城市交通、用水、用电、取暖等,都需要能源的支撑。能源消耗的同时,向大气中排放大量的过剩气体和有毒气体,空气中二氧化硫、一氧化碳、甲烷等含量增多,造成酸雨、城市热岛效益加剧。

3. 噪声污染

城市噪声是指在城市环境中大于 40 分贝的不正常声音。噪声分为自然和人为造成的两种,而城市噪声主要是人为造成的。随着工业化和城市化进程的加快,人口规模急剧扩张,各种机械设备在城市建筑中被广泛使用,城市中的各种机动车辆急剧增加,使城市噪声已经成为仅次于大气和水污染的第三大城市公害。它像一个"无形杀手",时刻侵害着城市居民的生命健康。一般来说,声级在 30~40 分贝是比较安静的环境,在 50~70 分贝就会影响人的睡眠和休息,在 70~90 分贝以上会使人心烦意乱、精力不集中,一旦达到 90~120 分贝则会严重影响人类听力和导致其他疾病发生。

4. 城市垃圾增多

城市垃圾,特别是生活垃圾,随着城市化进程的加快和城市人口剧增以及居民生活消费水平的提高,无论在总量和人均量上都呈日益增加的趋势,成为城市环境重要的污染源之一。2000 年我国仅生活垃圾的清运量为 11 818.88 万吨,到 2004 年则达到 15 509.3 万吨,增加 3690.42 万吨。2005 年生活垃圾无害化处理率仅为 52.1%。工业固体废物产生量 120 030 万吨,综合利用量 67 796 万吨,排放量 17 619 510 吨。这些城市垃圾绝大部分是露天堆放的。它不仅影响城市景观,而且污染了对人类生命至关重要的大气、水和土壤,对城镇居民的健康构成威胁,垃圾已成为城市发展中不可忽视的污染源。

5. 植被破坏和生物多样性锐减

综观人类社会改造自然、利用自然的历程能够发现,伴随人类活动的不断深入,生态环境呈现日益恶化的趋势,生态系统受到严重的破坏。

据《生物多样性公约》指出:近百年来,由于人口的急剧增加和人类对资源的不合理开发,加之环境污染等原因,地球上的各种生物及其生态系统受到了极大的冲击,生物多样性也受到了很大的损害。有关学者估计,世界上每年至少有 5 万种生物物种灭绝,平均每天灭绝的物种达 140 个。

四、我国城市生态环境现状

1. 我国城市生态环境发展历程

中国的近代工业兴起于20世纪初,随之在工业比较集中的城市,如上海、无锡、青岛、大连、鞍山、抚顺等城市,出现了城市生态环境问题,但范围较小。20世纪五六十年代是中国城市生态环境问题的发展和积累时期。随着城市人口的增多和城市工业的迅速发展,工业和生活污染呈不断增加的趋势。重生产、重产值,轻市政建设和环境建设的城市建设方针,以及不合理的城市布局,遗留下了环境污染的后患。20世纪60年代末到70年代末,中国城市的环境问题开始暴露出来,城市环境质量急剧恶化,环境纠纷日益增多,影响社会政治稳定和城市经济的发展。其原因在于这一时期城市基础设施建设更加不受重视,正常的城市规划工作和工业管理秩序也被打乱了。20世纪80年代以来,中国工业迅猛发展,城镇数量大大增加,城市基础设施建设得到很大发展,但长期落后的局面还未改变,有些方面甚至趋于恶化;同时,城市对水、能源、原材料的消耗迅速增加,而有效利用率却很低,给城市环境带来很大的压力。

2. 我国城市生态环境问题表现

（1）大气污染

几乎所有的城市都存在大气污染问题,大中城市尤为严重,大气质量普遍达不到国家和世界卫生组织规定的标准。中国城市大气污染以煤烟型污染为主要特征,污染物的排放大多来源于煤炭的燃烧,燃煤排放的污染物占全部大气污染物排放量的85%左右,其中燃煤排放的烟尘占全部排尘量的80%,二氧化硫占90%。由于二氧化硫的大量排放,酸雨污染面积在不断扩大,酸雨污染严重。中国城市大气污染有几个特点:一是北方城市的污染重于南方城市,北方城市烟尘污染较重,南方城市二氧化硫污染较重;二是冬、春季较重,夏、秋季较轻;三是大城市污染发展趋势有所减缓,中小城市污染程度在加重;四是污染程度与人口、经济、能源、交通密度呈正相关关系。

（2）水体污染,水资源匮乏

中国的水资源总量较丰富,但人均水量只及世界平均水平的四分之一,是缺水国家。随着人口的增长和经济的发展,城市缺水问题日趋严重,困扰着许多城市的发展。严重的水体污染又进一步加剧了水荒,由于全国80%左右的污水未经处理就直接排入水域,造成全国三分之一以上的河流、90%以上的城市水域污染,50%以上的城镇水源地不符合饮用水标准。华北地区和沿海城市地下水严重超采,使城区地面沉陷,导致排涝困难,海水入侵,城区建筑物大量毁坏等严重后果。

（3）固体废物污染

城市工业废渣和生活垃圾等固体废弃物的排放量日益增多,无害化处理率和综合利用率却很低。露天堆放的固体废弃物不仅占用大量土地,而且其中含有的大量重金属和有毒有害物质还造成环境污染。许多城市的垃圾很难找到消纳的场所,无法清运出去,严重影响市容和城市建设。

（4）噪声污染

中国城市环境噪声一般处于高声级。大部分城市的交通噪声超过国家规定的标准,城市功能区环境噪声普遍超标,工业噪声和建筑施工噪声污染突出,全国有30％的职工在有损健康的噪声条件下工作,有40％左右的城市居民生活在高噪声的污染之中。

除上述四个方面的主要问题外,还存在着热污染、视觉污染、城市绿地严重不足以及拥挤等环境问题。随着国民经济的持续快速发展,城市经济发展强度会进一步增大,污染物产生量将随之增加,加之城市人口迅速增长,会给生态环境带来更大的压力。因此,在探索我国城市化道路和城市发展问题时,求得经济和环境的协调发展应该是追求的目标,而绝不能再走先污染、后治理的弯路。

第三节　城市生态化与生态城市建设

一、城市生态思潮的兴起

工业革命之前,城市规模普遍较小,城市发展十分缓慢,城市活动对环境的影响有限,城市与大自然处于相对协调发展的状态。城市往往是自发演变、有机生长的。人们在城市建设中自发地遵循生态学原则,体现了自发的生态思想。这种朴素的生态思想是由当时的生产力发展水平和社会经济条件决定的。

随着工业革命的到来,人口加速向城市集中,城市数量增加,城市生态平衡被打破,再加上大工业本身的污染,使得城市环境质量不断下降。人类在创造了大量的物质财富,建设了高度的物质文明的同时,也导致了自然资源枯竭、环境污染加剧、人口拥挤、社会异化等一系列的问题的出现。人类的生存与发展受到巨大威胁,人们不得不重新审视自己的行为,反思人与自然的关系,努力探寻城市与生态环境的和谐发展。20世纪60年代,人们的环境价值观念发生了重大变化,先进城市的标准由"技术、工业和现代建筑"演变为"文化、绿野和传统建筑",人们向往"回到自然界"。生态保护意识开始成为世界性的潮流。

20世纪80年代以来,国际社会开展了对"未来城市"的研究,以寻求可持续发展的人类聚居形式,其中关于"生态城市"的研究占有重要位置。1986年中国江西省宜春市提出了建设生态城市的发展目标,并于1988年初进行生态试点工作,迈出了中国生态城市建设的第一步。1987年黄光宇教授等人在四川省乐山市城市总体规划中进行了乐山生态城市的规划实践。1990年在美国加利福尼亚州召开了"第一届国际生态城市会议",与会的 12 个国家的代表介绍了生态城市建设的理论和实践。进入 21 世纪后,生态城市建设已成为各城市的建设目标。世界上大多数城市都在根据自身情况或多或少地进行着生态化改造,这标志着人类正迈入"生态时代",城市建设已走向生态自觉。

人类在城市建设活动中的生态思想经历了生态自发—生态失衡—生态觉醒—生态自觉的四个发展阶段,这反映了人对自然的关系从尊重顺应到控制征服,再到保护利用,最后上升到协调共处的演进过程。

二、城市生态化

改变过去经济至上的城市发展模式,协调好城市的人口、经济、社会和环境资源关系,寻求城市的经济-社会-环境三位一体的道路,是城市得以持续保鲜的根本。生态化发展模式是人类文明进化方式的历史性转折,是人类改变传统发展模式和开拓新文明的重要里程碑。

城市生态化以人与环境的协调为根本价值取向,以生态文明为标志,调控人口再生产、物质资料再生产和生态环境再生产过程,推动绿色生产、生活消费,发展生态工业、生态农业,逐步形成人工生态系统与自然生态系统相融合的复合型城市生态体系。简言之,城市生态化就是维护城市生态系统的稳定,实现城市自然-经济-社会的协调发展,包括自然生态化、社会生态化和经济生态化。所谓的自然生态化是指严格保护生态环境,合理利用自然资源,把城市的开发建设活动限制在城市的环境容量范围之内。经济生态化是指采用可持续的生产、消费模式,提高资源的综合利用水平,实现清洁生产和文明消费,在注重经济增长的数量和速度的同时,更追求经济增长的质量和效益。社会生态化是指人们具有自觉的生态意识和环境价值观,人口素质、生活质量和社会进步、经济发展相适宜。自然生态化是城市生态建设的基础,经济生态化是其条件,社会生态化是其目标。

城市走生态化发展之路标志着城市由传统的唯经济开发模式向复合生态开发模式转变,这意味着一场破旧立新的社会变革即将发生,因为它不仅涉及城市物质环境的生态建设、生态恢复,还涉及价值观念、生活方式、政策法规等方面的根本性转变。我国是发展中国家,综合国力、科技水平、人口素质、意识观念与发达国家相比还有差距,这些因素都将影响城市生态化发展。底子薄、人口多的国情决定了必须开辟一条非传统式又非西方化的"中国特色"城市生态化发展之路。

三、生态城市建设

(一) 生态城市内涵

"生态城市"是在联合国教科文组织发起的"人与生物圈"(MAB)计划研究过程

中提出的一个概念,指出:生态城市规划即要从自然生态和社会心理两个方面去创造一种能充分融合技术和自然的人类活动的最优环境,诱发人的创造性和生产力,提供高水平的物质和生活方式。随后它的内涵随着社会和科技的发展,不断得到充实和完善。如我国学者王如松等提出了建设天城合一的中国生态城思想,认为生态城市的建设要满足三项原则,即人类生态学的满意原则、经济生态学的高效原则和自然生态学的和谐原则。黄光宇等(1997)认为,生态城市是根据生态学原理,综合研究社会-经济-自然复合生态系统,并应用生态工程、社会工程、系统工程等现代科学与技术手段而建设的社会、经济、自然可持续发展,居民满意、经济高效、生态良性循环的人类住区。梁鹤年提出生态主义的城市理想原则是生态完整性(integrity)和人与自然的生态连接(connectivity),而中心思想则是"可持续发展"。

生态城市是城市生态化发展的结果,简单地说它是社会和谐、经济高效、生态良性循环的人类住区形式,自然、城、人融为一个有机整体,形成互惠共生的结构。生态城市的发展目标是实现人—自然的和谐(包含人与人和谐、人与自然和谐、自然系统和谐三个方面的内容),其中追求自然系统和谐、人与自然和谐是基础条件,实现人与人和谐才是生态城市的目的和根本所在,即生态城市不仅能"供养"自然,而且能满足人类自身进化、发展的需求,达到"人和"。

值得一提的是生态城市并不是简单地增加绿色空间,单纯追求优美的自然环境,而是以人与自然相和谐,社会、经济、自然持续发展为价值取向,实现既能满足今世后代生存与发展的需要,又能保护人类自身生存的环境。

(二)生态城市创建标准

建设生态城市是人类保护自身赖以生存环境的客观需要,是社会、经济和现代科学技术发展的必然结果,是实现全球全人类可持续发展的必然选择。生态城市的创建标准(目标)应通过社会生态、经济生态、自然生态三个方面来确定。生态城市的创建,具体说来要达到以下标准。

①广泛应用生态学原理规划建设城市,城市结构合理、功能协调,所在区域对其有持久支持能力,与区域的可持续发展能力相适应。

②保护并高效利用一切自然资源与能源,产业结构合理,实现清洁生产。

③采用可持续的消费发展模式,实施文明消费,物质、能量利用率及循环利用率高,消费效益高。

④有完善的社会设施和基础设施,生活质量高。

⑤人工环境与自然环境相融合,环境质量高,符合生态平衡的要求。

⑥生态(健康)建筑得到广泛应用,有宜人的建筑空间环境。

⑦保护和继承文化遗产并尊重居民的各种文化和生活特性。

⑧居民的身心健康,生活满意度高,有一个平等、自由、公正的社会环境。

⑨居民有自觉的生态意识(包括资源意识、环境意识、可持续发展意识等)和环

境道德观,倡导生态价值观、生态哲学和生态伦理。

⑩建立完善的动态的生态调控管理与决策系统,自我组织、自我调节能力强。

(三) 生态城市建设内容

建设生态城市的关键是塑造一个结构合理、功能高效和关系协调的人工复合生态系统。在生态城市建设中,应遵循和谐、高效、环保原则,以持续发展为准则,以科学规划为指导,使生态与经济相互促进,相得益彰。

从理论上分析,生态城市建设应包括以下几个方面的内容。

①高质量的环保系统。对城市的大气污染物以及废水、废渣等各种废弃物,要按照各自的特点及时处理和处置,同时加强对噪声的管理,使各项环境质量指标达到环境保护的最高标准,使城市生态环境洁净、舒适。

②高效能的运载系统。建立高效的道路交通系统,通畅的物资、能量交换系统,快速有序的信息传递系统,完善的专业服务系统等。

③高水平的管理系统和完善的绿地系统。合理规划绿地布局,增加绿化面积,提高城市生态环境质量,丰富及美化城市景观。

④高度的社会文明和生态环境意识。应具有较高的人口素质、优良的社会风气、井然有序的社会秩序,丰富多彩的精神生活和高度的生态环境意识,这是建设生态城市非常重要的社会基础和智力条件。

(四) 生态城市规划原则

根据联合国"人与生物圈"(MAB)报告中提出的生态城规划的五项原则:生态保护战略(包括自然保护,动、植物区系及资源保护和污染防治);生态基础设施(自然景观和腹地对城市的持久支持能力);居民的生活标准;文化历史的保护;将自然融入城市。1996年,雷吉斯特领导的"城市生态"组织提出了更加完整的建立生态城市的十项原则。

①修改土地利用开发的优先权,优先开发紧凑的、多种多样的、绿色的、安全的、令人愉快的和有活力的混合土地利用社区,而且这些社区靠近公交车站和交通设施。

②修改交通建设的优先权,把步行、自行车和公共交通出行方式置于比小汽车方式优先的位置,强调"就近出行"。

③修复被损坏的城市自然环境,尤其是河流、海滨、山脊线和湿地。

④建设体面的、低价的、安全的、方便的、适于多种民族的、经济实惠的混合居住区。

⑤培育社会公正性,改善妇女、少数民族和残疾人的生活和社会状况。

⑥支持地方化的农业,支持城市绿化项目,并实现社区的花园化。

⑦提倡回收,采用新型优良技术和资源保护技术,同时减少污染物和危险品的排放。

⑧与商业界合作,共同支持具有良好生态效益的经济活动,同时抑制污染、废物

排放和危险有毒材料的生产和使用。

⑨提倡自觉的简单化生活方式,反对过多消费资源和商品。

⑩通过提高公众生态可持续发展意识的宣传活动和教育项目,提高公众的局部环境和生物区域意识。

当然中国城市不可照搬外国模式,应从国情和城市实际出发来寻求适合自身发展的建设生态城市的道路,但一些成功经验还是应该借鉴的。

建设生态城市可分"三步走",即三个阶段:第一步:起步期(初级阶段),大力宣传、倡导生态价值观,引起人们对生态城市建设的重视,制定行动计划,建立示范工程,加强能力建设,对社会经济组织结构、功能进行初步调整,为建设阶段作好准备、打下基础。第二步:建设期(过渡阶段),重在逐步调整、改造社会经济组织结构,提高生活质量,改善环境质量,加强生态重构和生态恢复,增强城市共生能力,进一步增强人的生态意识,使之自觉广泛参与生态化建设。第三步:成型期(高级阶段),这一阶段生态城市并不是处于"静止"的理想状态,而是自觉地通过各种技术的、行政的和行为诱导的手段实现其动态平衡、持续发展,自我组织、自我调节能力强。但若其正负反馈失衡或自我调控失灵也会导致衰败。

(五) 生态城市建设与可持续发展

1. 可持续发展内涵

1980 年国际自然保护同盟的《世界自然资源保护大纲》提到:"必须研究自然的、社会的、生态的、经济的以及利用自然资源过程中的基本关系,以确保全球的可持续发展。"1981 年,美国布朗(Lester R. Brown)出版的《建设一个可持续发展的社会》,提出以控制人口增长、保护资源基础和开发再生能源来实现可持续发展。1987 年,世界环境与发展委员会出版《我们共同的未来》报告,将可持续发展定义为:"既能满足当代人的需要,又不对后代人满足其需要的能力构成危害的发展。"1992 年 6 月,联合国在里约热内卢召开的"环境与发展大会",通过了以可持续发展为核心的《里约环境与发展宣言》《21 世纪议程》等文件。随后,中国政府编制了《中国 21 世纪人口、资源、环境与发展白皮书》,首次把可持续发展战略纳入我国经济和社会发展的长远规划。

可持续发展作为一种先进的发展观,已经被国际社会广泛接受,并向各个领域渗透。城市是人类生产生活的重要场所,在这种情况下,城市也必然选择可持续发展模式,这就需要结合城市社会、经济、自然的发展,研究城市可持续发展的时空极限。从时间角度讲,城市未来的发展建立在现在的健康发展基础之上;从空间角度看,城市的健康发展必须既强调经济增长和社会进步,又注意城市质量的不断提高,包括城市的环境、城市的生态结构、城市建筑、城市的精神文化等各个方面,并要在保证城市经济效率和生活质量提高的前提下,使能源和其他自然资源的消耗和污染达到最小,最终实现社会、经济、环境的综合可持续发展。

2. 生态城市是城市可持续发展的途径

现代科学技术的迅速发展,交通和通信技术的日益发达,使全球成为一个密不可分的整体。人们在享受并依赖现代科学技术成果的同时,也在忍受着现代科学发展引发的城市问题给人们的生活带来的负面影响。这迫使人们重新审视原有的城市片面发展模式,关注城市未来的发展方向。在对城市整体协调性的思考中,人们认清了那种把社会、经济与自然环境割裂开来的发展模式只能带来局部的、暂时的发展,并逐步重视可持续发展理念在城市建设中的作用。为了阻止环境恶化的趋势,给人类的生存发展提供舒适、和谐的环境,必须从整体出发,建立一个社会、经济、自然协调发展,物质、能量、信息高效利用,生态良性循环的城市。"生态城市"理论正是在此基础上提出来的。生态城市是一种宜人居住的城市,这是生态城市的基本目标,它的提出给未来城市的发展带来了一种新思路,特别是它与全球范围内的可持续发展运动的完全一致,是可持续发展理论在城市建设领域的具体体现,使得它作为解决城市化问题的一种新思路,在世界范围内得到认可,世界范围内的许多城市提出了具体的生态城市建设目标和方案,生态城市理论更是成为未来城市的主要流派。

中国改革开放以来,紧抓机遇、积极进取,在城市建设、经济发展等方面取得了一定的成就。但是,由于城市规划的滞后、城市建设的盲目等影响,我国在城市发展中也付出了沉重的资源和环境代价,城市问题日益突出。作为刚刚进入城市化快速发展时期的国家,为了避免重蹈其他发达国家环境危机的覆辙,必须着眼于未来,结合可持续发展理论和生态学思想,把生态城市作为未来城市发展的目标。在城市发展实践上,自从1986年以来,我国建立了一些很有价值的生态城市示范点,推动了城市建设的转型。1996年颁布的《国家环境保护"九五"计划和2010年远景目标》提出"要建成若干个经济快速发展、环境清洁优美、生态良性循环的示范城市"。目前许多城市,如广州、上海、昆明、长沙、威海、深圳、厦门等都已经提出建设生态城市的奋斗目标,我国生态城市建设正进一步向广度和深度发展。

参考书目

[1]　向德平.城市社会学[M].武汉:武汉大学出版社,2001.

[2]　黄光宇,陈勇.生态城市理论与规划设计方法[M].北京:科学出版社,2002.

[3]　石永林.基于可持续发展的生态城市建设研究[D].哈尔滨:哈尔滨工业大学,2006.

[4]　宋永昌,等.城市生态学[M].上海:华东师范大学出版社,2000.

[5]　黄光宇,陈勇.论城市生态化与生态城市[J].城市环境与城市生态,1999,12(6).

[6]　黄肇义,杨东援.国内外生态城市理论研究综述[J].城市规划,2001,25(1).

思考题

1. 阐述城市生态系统与自然生态系统的区别。
2. 简述目前我国城市生态环境面临的主要问题。
3. 论述生态城市的基本内涵、建设内容和规划原则。

推荐阅读书目

［1］　向德平.城市社会学［M］.武汉:武汉大学出版社,2001.

［2］　黄光宇,陈勇.生态城市理论与规划设计方法［M］.北京:科学出版社,2002.

［3］　宋永昌,等.城市生态学［M］.上海:华东师范大学出版社,2000.

第八章　城市社会发展

1. 了解城市社会发展的评估指标体系。
2. 理解城市社会发展指标体系设置的原则。
3. 了解城市社会发展指标体系的框架。
4. 了解我国城市社会发展存在的问题。
5. 理解城市社会发展的保障机制。
6. 掌握社会保障的内涵及社会保障对于城市社会发展的功能。
7. 理解城市社会保障体系及我国城市社会保障制度的改革。
8. 理解社会工作的内涵并掌握社会工作的方法。

城市是一个非常特殊的地域,是地理的、政治的、经济的、社会的、文化的区域实体,是各种人文要素和自然要素的综合体,因此,城市社会的发展无疑是城市社会系统的综合、协调发展。城市发展的成就不仅仅体现在钢筋混凝土建筑的外形和居民收入等数据上,更应体现在社会综合配套建设的内涵中。

第一节　城市社会发展的评估指标体系

一、社会指标体系的背景和概念界定

从单纯追求经济增长到追求整体的社会经济协调发展,是世界性的发展观转变,也是大多数发达国家走过的路。第二次世界大战后,以美国为主的一些西方国家在经济上持续高速发展的同时,国家的社会矛盾也日益尖锐。高度工业化带来许多难以解决的社会问题,如环境污染、贫富差距悬殊、失业严重、家庭解体、道德腐败、犯罪率居高不下等。人们逐步意识到,经济增长是社会发展的基础,但社会进步和人的发展才是发展的终极目标和真正内涵。为了解决这些社会问题,就需要获得关于整个社会状况的基本信息,进行社会诊断和决策。然而在当时,与经济信息相

比,关于社会状况的信息却十分不足。正是在这种背景下,社会指标应运而生。20世纪 60 年代中期至整个 70 年代,在世界范围内形成了一股广泛研究社会指标的浪潮,美国社会学家称之为"社会指标运动"。

所谓社会指标体系,应该是根据不同研究目的的要求和研究对象所具有的特征,把客观上存在联系的、说明社会现象性质的若干个指标,科学地分类和组合后形成的一种社会指标体系。它能反映一个国家或地区在一定历史条件下的社会发展状况和进程,从总体上协调经济发展和社会发展的关系,促进社会经济的可持续发展。自 20 世纪 60 年代以来,世界上很多国家都在致力于建立适合各国国情及满足不同需要的社会指标体系。

二、国内外有关"社会指标体系"的研究现状

关于社会指标体系的研究,是以 20 世纪 60 年代兴起于美国的"社会指标运动"为起点的。总结国内外相关研究成果,可以将其归类如下。

(一) 社会统计指标体系

从社会指标综合评价体系的层面考察,从 20 世纪 60 年代中期起,欧美主要发达国家、日本和苏联以及中国等发展中国家先后推出了一系列社会指标综合评价体系。有代表性的研究如下。

①"以人的生命周期为主线"的联合国社会和人口统计体系(SSPS)。

②以"测定个人或集团在需求、利益关系和其有决定意义的因素之间的联系及个人行为和社会积极性之间相互反馈"为目的手段的 T. B. 奥西波夫社会指标评价体系。

③由美国发展经济学家阿德曼和莫里斯提出的制度和结构评价指标体系。

④现代化国家和穷、富国评判标准体系。

⑤由中国国家统计局参照国外社会指标体系,结合我国实情,于 1983 年首次编制,20 世纪 80 年代末多次修改的,用以反映我国一定历史条件下社会发展状况的社会统计指标体系。

社会指标综合评价体系具有内涵丰富、覆盖面大、说明问题具体细致等优点。但是,这种体系的结构一般都过于庞大,指标浩瀚,人们难以对此进行直观的综合评价。

(二) 社会发展综合评价指标

社会发展综合评价指标是根据多目标决策的归一化原理,通过一定的运算手段,将各个指标对社会发展不同侧面的评价值综合在一起,以得到一个直观的、整体性的评价。主要有以下代表性研究。

①以生活质量为核心目标的测评指标,如以衡量"人类最低需要的满足程度"为出发点,以实际生活质量指数(PQLI)和以 GNP 修正值为基准的 ASHA 指标。

②以人的全面发展为核心目标的综合测评指标,如社会进步指标(ISP)和人类发展指标(HDI)。

③由中国社会科学院社会所《社会发展与社会指标》课题组提出的由 16 项指标加权平均得出的"社会发展综合指标",以及由西安交通大学人口研究所提出的由 10 项指标加权平均得出的"社会、经济和人口综合指标"(SEDI)。

(三) 最新研究成果

2001 年,联合国统计委员会第 32 届大会期间,联合国统计署和统计委员会受联合国经社理事会的委托,成立"主席之友"咨询小组,对 10 年来世界高峰会议提出的社会发展指标和联合国有关组织已经确定的 6 套指标,即最基本国家社会指标数据(MNDS)、国际发展目标(IDG)、共同国家评价(CCA)、普及基本社会服务(BSSA)、千年发展目标(MDG)和可持续发展指标(CSD)体系所涉及的全部指标进行筛选,提出一套各国可以接受的社会发展评价指标。最终筛选出三级指标,共 123 项指标。这一结果已经由 2002 年联合国统计委员会 33 届大会审议通过。

三、建立城市社会指标体系的理论基础

(一) 社会有机体论

从社会学的角度来讲,社会学是研究社会良性运行和协调发展的条件和机制的综合性科学。社会是一个有机的整体,组成社会系统结构的各个部分在整个社会有机体中处于各自不同的地位,承担执行着不同的功能,但彼此之间相互联系、相互制约和促进。只有当各个社会子系统相互协调、均衡发展时,才能维持社会良性运行和发展的状态。任何一个子系统的发展变化都要求其他子系统相应的配合,保持在一定过程的一致性。如果某一子系统出现障碍或问题,势必会影响到其他子系统的正常状态和发展;反之,某一子系统的问题,有可能是由其他子系统引起并从其他子系统入手才能解决的。

(二) 现代化理论

现代化理论的主要内涵是,人是社会发展的主体,社会进步与发展是一种以人为中心的包括经济增长在内的多元化发展过程。它首先表现为人的现代化,人的现代化是国家现代化不可缺少的因素,是社会进步与经济增长的先决条件。人的"现代化"与国家的现代化,是全面评价社会进步与发展的重要尺度。

（三）社会需要理论

马克思主义的需要理论认为，生存、享受、发展是人类需要的历史发展的三阶段。生存需要是基础，再上为享受需要，最高为发展需要。

美国著名心理学家马斯洛的需要层次论把人的需要由低向高分为五个等级，由下而上分别为生理需要、安全需要、归属和爱的需要、自尊的需要、自我实现的需要。

两种需要理论都说明，人的需要是从低级到高级不断发展并得以满足的过程。社会发展的水平越高，人的需求层次也就越高。因此，社会的发展不仅是以经济为基础的社会的全面发展，也是以人为中心的社会的全面发展，而且，这种发展主要应由人的需求层次的递进能否体现为基础。

四、城市社会发展指标体系设置的原则

城市社会发展指标体系的设置应遵循以下原则。

（一）可比性原则

选择指标时，要充分考虑与国内外研究的社会发展指标保持一致性，如此才能保证指标具有可比性。可比性有两层含义，一是在不同的时间或空间范围内具有可比性，二是在地区之间进行比较时，除指标的口径、范围必须一致外，一般用相对数（如比例数、平均数）进行比较才具有可比性。

（二）客观指标与主观指标相结合、相印证的原则

客观指标是指反映社会现象的数据，主观指标则是指人们对客观社会现象的感受，通过测量人们的心理状态、情绪、意愿、满意程度等获得。随着社会的发展，研究人员越来越意识到，人是社会的主体，要想正确了解社会状况，就必须掌握除客观数字以外的社会人本身的精神状态、态度和意向。这是因为，客观数据与人的主观反映总会存在差异，社会经济和物质生活的发展与人的需要并不总是一致的，比如生活质量的提高不仅仅表现为工资收入的增长、生活条件的改善，还取决于人们的主观精神状态和心理感受。所以在社会发展指标体系中，应将客观统计指标与主观意向指标结合起来。主观指标是以人的全面发展为核心的指标体系的内在要求，只有了解社会主体的意愿，才可能真正做到以人为核心，促进人的全面发展。

（三）可发展性原则

在设计指标体系时，既要充分体现当时当地社会发展的特点、条件和需要而具有相对稳定性，又要对未来的近期发展有所预见而力求保持一定的连续性。我们摒弃了从现有的社会统计资料中推导出社会发展指标的方法，而是按照特定的社会目

标和需要建立社会发展指标体系。本着先建立后完善的指导思想,其中存在个别的重要指标在目前现有统计体系和资料中无法获取数据的情况,还有待在后续研究中继续发展和完善。

五、城市社会发展指标体系的框架

根据上述的理论依据和建立原则,以社会目标为框架、以人的全面发展为核心的社会发展指标体系,通常可分为客观指标和主观指标两大部分,主、客观指标可以相互检验和印证。

(一) 客观统计指标

客观指标共分成七个相互制约和相互促进的子系统。

①社会结构。社会结构是社会关系的总和,社会结构的优化是社会经济协调发展的前提和基础。可以进一步将社会结构分成七个亚类,分别是:产业结构、城乡结构、智力结构、投资结构、就业结构、外向型经济结构、家庭结构。优化社会结构是改善社会机制、促进社会经济协调发展的基础和前提,其对社会发展的总体水平以及其他各个系统的状况起着制约的作用。

②人口素质。社会发展的核心和最终目的是人的全面发展,是社会各子系统发展成果的集中体现。人口素质的高低不仅反映着一个城市文化、教育、科技、卫生、体育等社会事业和社会生活质量的发展状况,同时亦对城市社会各子系统的发展起着决定性作用。人口素质可以通过四个亚类来测量:身体素质、文化素质、科技素质、公民意识。它反映人口的文化素质、科技素质和身体素质等方面内容。

③经济效益。经济发展是城市社会事业发展和社会生活水平提高的物质基础和源泉,也是城市物质文明建设和发展的保证,是反映社会发展状况不可或缺的指标。经济效益的提高,在一定程度上取决于人口素质的提高、社会结构的优化、社会稳定的程度和基础设施的配套水平。

④生活质量。生活质量既是社会发展的结果,又是社会发展的动力,能够反映出居民在物质生活和精神生活中人的需要的满足程度。在经济效益提高的基础上,生存质量应按照生存、享受、发展的人的需要层次逐级递增。可进一步将其分成五个亚类:收入水平、消费水平、居住水平、信息化水平、文化娱乐水平。生活质量的提高既是社会发展所不断追求的一个目标,又是社会稳定的保障。由于生活质量的提高建立在经济效益提高的基础之上,所以它不仅能够反映一个城市的经济发展水平,亦能反映城市的基础设施建设及环境保护状况。

⑤社会环境。社会环境与经济发展和人类生活休戚相关,只有创造优良的环境质量才能保证人类的生存质量和社会的可持续发展。社会环境可通过自然环境和社会人文环境两个部分来测量。

⑥社会风险和社会秩序。反映一个国家对社会关系和社会行为、对社会运行过程中所出现的不确定状况的调控能力,可通过两部分来测量:社会风险、社会秩序与安全。社会稳定是社会有序运行和健康发展的体现,它反映社会秩序、社会治安、社会行为和社会利益关系调整等方面的内容。

⑦社会保障和社会工作。社会保障反映了城市政府及职能部门对保持社会稳定采取的管理措施和调控能力。通过有效的制度和设施,对社会成员特别是弱势群体提供经济资助和生活帮助,从而维护社会安定、促进社会公平。经济越发达,社会发展程度越高,其相应的社会保障和社会工作体系应越完善、发达。此系统可分成四个亚类:社会保险、社会救助、社会福利、社会工作。

(二)主观意向指标

客观统计指标从客观的角度反映社会发展程度,同时,也需要一些主观性指标来反映人们的态度和取向。这里可以用"满意度"来衡量。对于每项指标的满意度,可量化成非常满意、比较满意、一般、不太满意、非常不满意五个层次。

第二节 我国城市社会发展存在的突出问题

一、当前我国城市社会发展存在的突出问题

有关资料显示,目前我国已进入工业化中后期的前半段,2021年已基本完成工业化任务。这表明,伴随工业化进程的加快,我国的城市化也必将进入加速期。而实际情况是,近些年来,我国城市化进程在取得巨大成效的同时,也暴露出一些问题,具体分析有以下六个方面的表现。

①缺乏科学的城市发展观,不能正确地认识城市发展规律、城市功能、城市效率及其对于加快转变经济发展方式、促进区域经济协调发展的特殊作用。其结果是不遵循城市发展规律,城市建设超过现实需求,一味贪大求快,甚至仿洋,规划失控。不仅大量占用土地,造成生态破坏,而且由于大范围拆迁进行粗放型城市建设,造成损害百姓利益,影响社会稳定的情况,反而使城市发展失去对经济社会发展的促进作用。

②缺乏对城市发展的长远规划和城市发展规模与速度的科学选择。一座城市的兴起、发展、繁荣需要经过漫长的发展过程。城市发展本身具有高辐射性、高生态平衡性、高社会服务性、高度产业聚集性以及高承载功能的要求。如果不从这些方面进行整体布局和长远规划,而只是凭一时热情和冲动,甚至靠照抄照搬来进行城市规划,其造成的严重后果在我国不少城市已经显现出来。

③缺乏对城市资源的保护、节约、合理利用,造成令人痛心的浪费和破坏。城市资源是丰富而宝贵的,其中最重要的宝贵资源是土地。但目前城市土地浪费现象十分严重,土地的城市化快于人口的城市化,经营城市的冲动违背经济发展规律。

④缺乏对城市历史发展深刻全面的了解认识,尤其缺乏对城市的历史文化及其遗产古建筑的重视、珍爱、保护,造成无可挽回的损失和巨大遗憾。在我国的城市发展中,许多城市的文化遗产和历史建筑出现了生存危机。有的具有珍贵文化价值,拥有千年文化积淀的旧城、老街,被当作旧城"改造"对象而被拆除。

⑤缺乏对城市载体的结构、功能的科学构建,综合配置以及城市宜居环境的有效打造,导致城市居民失去了真正意义上的城市生活。城市化说到底是人的市民化,既不是土地的城市化,更不是城市的高楼化。然而目前,我国6亿城市人口中,至少有2亿人并没有享受到市民的权利。且不说就业、就医、就读和社会保障这些基本民生权利的落实,现在城市的交通拥堵状况、环境污染、生态破坏都相当严重。这种粗放的城市发展模式实在令人担忧。

⑥缺乏对城市文化建设、文明积淀与升华的深刻认识,不理性地追求建大城市和国际性城市。城市究竟建多大为宜,什么样的城市才是国际性的城市,需要创造什么条件,对这些都缺乏全面深刻的认知和把握。必须理性把握城市的发展规律,以提高资源配置效率和居民生活质量为前提。

二、推进我国城市社会科学发展的措施

要谋求城市科学发展,同样必须以科学发展观为指导,坚持"以人为本",着眼发展创新,着眼加快经济发展方式转变;着眼加速推进工业化;坚持统筹兼顾,解决好城市发展内部结构失衡的问题。

①我们应当走切合国情的城市发展途径。我国推进城市化进程的实践告诉我们,城市发展是一个系统工程,它受到经济增长、社会发展、功能协调、环境优化、文化提升等诸多因素的直接影响。随着我国工业化进入中后期阶段以及我国经济规模的扩大和发展目标的确定,加快城市化进程已成为我国经济转型提升的客观要求,具有其历史必然性。因此,我国城市发展途径的选择,必须从国情、省情和区域的实际情况出发,探索一条以经济发展为主线,以社会发展为基础,以先进文化为引领,以现代产业体系为支撑,以特大城市(世界性城市)为示范,大城市为依托,中小城市为重点,逐步形成辐射作用大的城市群,进而促进带动大中小城市和小城镇协调发展。

②城市发展要与转变经济发展方式有机结合。城市化实践证明,城市发展过程实际上也是转变经济发展方式的过程,而且在一定意义上来讲,不转变经济发展方式就不可能积极稳妥地推进城市化进程。笔者认为,在城市发展中加快经济发展方式的转变,要突出抓住一条主线和一个新格局这两个重点。抓经济发展主线,关键

是加快推进新型工业化进程,使城市发展有现代化产业体系支撑,从而形成坚实的城市发展经济社会基础。抓一个新格局,就是要强调"统筹城乡发展",加快推进社会主义新农村建设,促进县域、区域经济协调发展,尽快形成城乡经济社会发展一体化的新格局。这样就为各级政府科学制定城乡发展长远规划,合理配置资源,改革创新社会管理制度,合理确定大中小城市和小城镇发展规模,功能定位,产业布局,开发边界,形成基本公共服务和基础设施一体化以及城市群发展新格局创造了先决条件,并可有效地解决城乡发展不平衡的问题,实现城市和城镇化的集约发展、生态发展、和谐发展和城市良性化的持续发展。

③城市发展必须坚持几个基本原则。一是"以人为本"的原则。无论城市发展目标、功能定位、社会风尚、人文环境都要始终坚持凝聚市民的愿望期待,依靠市民的创造,为了市民生活更美好来规划建设管理。二是注重"两型"建设的原则。建设资源节约型、环境友好型社会,是现代化城市建设发展的重要课题,不能有任何的偏废和动摇。三是保护与有机更新的原则。一般来说,历史性城市的旧城往往都有较好的区位优势,也是人气最旺的地方,而这些地区恰恰又是城市记忆保存最完整、最丰富、最有特色和文化底蕴的地区,如何保护和有机更新,避免在这样的"点睛"之处、令人向往和流连的地方兴建高层建筑和仿洋建筑。对此要有正确的取舍观和责任感。四是循序渐进的原则。改革开放以来是中国城市社会面临的社会变迁期,数亿农业人口转化为城市人口,在这个历史性的变迁过程中,我们一定要头脑冷静,把握城市发展的规模和节奏,守住城市发展的结构底线,坚决防止和遏制人为地造大城、洋城的倾向,真正依靠经济社会文化发展的强大动力推动城市化进程。

④城市发展要凸显个性特色和注重城市人文精神的弘扬升华。城市如人,要有灵魂思想,要有风采气质,要有色彩形象,要有律动和声音。提起维也纳,我们身边会响起金色大厅的音乐之声;想起威尼斯,眼前会出现水城的风帆和水巷的澄澈影韵。这就是城市的个性特色和美感,而彰显城市个性和特色的因子,就是城市文化生发的魅力。因此,在城市建设发展过程中,我们要始终坚持民族风格,地域特色,文化底蕴,人文精神的承传、升华和创新。切忌简单模仿、生造、不理性地遗弃和破坏,一定要牢牢抓住文化这个根本,极具智慧和匠心地做好古城(也包括百余年来的近现代工业遗产)的保护。

城市的全面发展,归根结底是由人的全面需要而决定的。城市是一个地区物质和文化生活的主要载体,既要满足经济发展的需要,又要满足社会发展的需要,即人民群众享受文化教育的需要、就业就医的需要、衣食住行的需要、健身娱乐休闲的需要等。城市不能只见物而不见人;不能只有建筑物,而没有产业;不能只有街道,而没有绿地;不能只有生产设施,而没有生活设施;不能只有水、电、路等基础设施,而没有教科文卫设施。作为群体的人,由于体力、智力、能力和性别、年龄的差异,以及经济条件的不同,其需求的对象和重点也不同。城市资源的配置要覆盖各类群体,满足各阶层人们的需要,尤其是社会中弱势群体的需要。要不断完善城市的综合服务功能,把关乎人们生存发展的方方面面的事情办好。一个全面发展的城市,要根据人本需求,至少满足五种功能,即交际交流的功能、提升人力素质的功能、物质和精神需求的功能、生态环保的功能和人类可持续发展的功能。只有坚持以人为本来谋划城市发展方略,城市发展才不会顾此失彼。

第三节 城市社会发展的保障机制

任何社会都存在社会问题,都有困难人群,但是不同时代、不同国家解决困难人群问题的方法不同。在传统社会,人们的困难大多依靠亲属群体的帮助予以解决。在现代社会,接受政府和社会提供的制度化、专业化和社会化的帮助是全体国民的一项基本权利。社会保障与社会工作就是现代社会和大多数国家普遍采用的两种解决社会问题和帮助国民的方式。社会保障是现代国家重要的社会经济制度之一,是国民经济的"调节器"和缓和社会矛盾、维护社会安定团结的"安全阀",在当代社会中发挥着越来越重要的"减震器"功能。建立健全与经济发展水平相适应的社会保障体系,是经济社会协调发展的必然要求,是社会稳定和国家长治久安的重要保证。

一、社会保障及其发展

社会保障行为是随着人类社会的产生而发展的。在原始社会,生产力水平极低,人类为了生存,过着群体生活,互助互济、共同生活,扶老携幼、同甘共苦。现代社会保障制度发端于19世纪的工业化鼻祖英国,迄今已有将近两个世纪的历史。在这些年里,它从一些零星的社会救济措施,发展为一种社会安全体系和制度,经历了大约四个阶段。

第一阶段:社会保障制度萌芽。最能代表这个阶段的,是英国在19世纪上半叶颁布并实施的新《济贫法》。社会保障体系的组成部分——社会救助——第一次采取立法形式颁布,就是始于此。

第二阶段:社会保险出台,社会保障制度化。19世纪80年代,德国强行推出了世界上第一部社会保险法——《医疗保险法》,标志着现代社会保障制度的形成。1884—1889年德国又相继推出了《工伤保险法》和《养老保险法》。这些法案使社会保障有了一个质的飞跃,它确定了包括工伤、疾病、养老、残障和失业在内的社会保险的基本体系。之后,其他国家纷纷仿效。1935年,美国通过历史上第一部社会保障法典——《社会保障法》,这个法案包括的内容较英国、德国更为全面,照顾的面更广,且以国家的法案形式出现,首次公开使用"社会保障"(social security)一词,标志着社会保障制度的最终形成,它包括养老保险、失业保险、盲人补助、老年补助、未成年人补助等,它的实施标志着社会保障最终形成一种制度。直至第二次世界大战结束,有 50 多个国家先后建立了社会保障制度,几乎所有西方国家都完成了有关社会保障的社会立法,设立了社会保障的主要项目和管理机构。

第三阶段:社会保障制度充分发展并全球化。1952 年 6 月 28 日在日内瓦国际劳工组织制定并通过的《社会保障最低标准公约》,为各国制定社会保障制度提供了依据,极大地推动了世界社会保障制度的发展和完善。20 世纪下半叶,英国首先宣布建成"从摇篮到坟墓"均有保障的"福利国家"。继之,其他西欧、北欧、北美发达国家先后宣布实施"普遍福利"政策。这样,社会福利继社会救助、社会保险之后得到空前发展。第二次世界大战结束后,走上工业化发展道路的发展中国家也纷纷仿效,着手颁布和实施各自的社会保障制度,从这个角度看,社会保障制度成为全球的共同举措。

第四阶段:社会保障制度改革。20 世纪 70 年代由石油危机所引起的经济危机使世界经济出现了增长明显下降的趋势,导致了大量的社会保障赤字和财政赤字。"福利国家"的社会保障陷入困境。在经济上表现为社会保障支出大大超过社会保障基金;在社会上表现为公民、劳动者对国家、社会产生依赖心理,产生了一种"躺在社会保障上"的懒惰心态。举世闻名的"瑞典病""英国病"就是典型表现。为摆脱困境,许多国家相继走上了社会保障制度改革之路。改革首先从最早实施高福利的英国开始,1979 年英国首先采取新经济政策,对社会保障制度进行改革和调整。其他国家也进行了类似的改革,实行开源与节流。

社会保障指国家和社会根据立法,对由于社会和自然等原因造成生活来源中断的社会成员给予一定的物质帮助,从而保证其依法被赋予的基本生活权利,维系社会稳定的社会安全制度。它包括四层含义:第一,社会保障作为一种国家制度或社会政策,是政府通过法律手段强制推行的;第二,社会保障的主体是国家和社会,通常它由政府、受保人所在单位或社区以及受保人等因素组成;第三,社会保障的基本内容是对当事者提供基本生活保证,获得这一保证是全体公民所具有的权利;第四,社会保障是社会的"安全网"或"减震器",它的基本作用是保证社会的安全与稳定。

二、社会保障制度的要点

(一) 社会保障的责任主体是国家和社会组织

社会保障的责任主体是国家和企事业单位等社会组织。国家作为全社会的管理者、全民利益的代表者和国民收入的分配者有责任组织社会力量。企事业单位等社会组织作为社会劳动力资源的使用者和社会经济活动的获利者有责任出让部分利益并通过政府和非政府公共机构,为公民维持一定生活水平或质量提供物质保障。

(二) 社会保障的权利主体是生活发生困难的公民

生存权是公民的基本权利。任何公民,无论什么原因而陷入贫困,都有权要求国家和社会提供物质帮助,以保障其基本生活需要。相对于农村居民而言,城市居民具有更为强烈的保障要求,因为农村居民可以依靠土地等生产资料维持生存,而城市居民则难以依靠自给自足来维持生存。

(三) 社会保障的方式是通过国民收入再分配来提供物质帮助

政府和非政府公共机构将通过征税、收费等方式所筹集的资金,用于向生活发生困难的公民提供货币、实物、劳务等形式的帮助。

(四) 社会保障的功能

社会保障的根本原则就是社会公平,社会保障是所有社会成员效用的最大化。著名经济学家 A.C.庇古教授在《福利经济学》一书中指出:"社会保障政策可以扩大一国的经济福利,因为穷人得到效用的增加要大于富人效用的损失,使社会总效用增加。"他通过设计一种制度,使人们不因没有特权而受到伤害,不因分工所形成的社会地位而变得卑贱。其作用有四点。一是保障权利公平。公民享受教育、健康和最低生活保障的权利,在西方被统称为"福利权利"或"社会权利",被视为对基本公民权的拓展,或社会公民权的一部分。联合国《人权宣言》中的"福利条款"对这一权利进行了明确规定,如第 22 条——"每个人,作为社会的一员,有权享受社会保障,并有权享受他的个人尊严和人格的自由发展所必需的经济、社会和文化方面各种权利的实现"。社会保障把保障每个人的生存权、发展权放在首位。享受了全民的社会保障,意味着基本生活得到了保证,从而在一个公平的起点上参与社会竞争。二是保障机会公平。机会公平是指,任何社会成员只要符合法律规定的条件,都应被覆盖在社会保障范围内,均等地获得社会保障的机会。一些富人把穷人当作智力低下、不负责任甚至天生懒惰的人。这是不对的,穷人绝大多数勤劳、本分、责任性强,他们之所以受穷在很大程度上是既得利益集团的阻挠,机会缺乏所致。社会保障制度可使他们中的悲观者前行,使他们中的无力者有力,增加他们的机会,从而为他们创造一个尽可能公平竞争的起点。三是维护规则公平。规则公平指一视同仁,既不能对弱势群体歧视,又不能对特权阶层倾斜。通过社会保障机制,重点保护社会的极端贫困人口(即在绝对生存需求线下的群体)。因为和高收入群体相比,低收入阶层和弱势群体,从风险管理获得的保护也是最不完善的。这就意味着,不实施社会保障,他们可能落入所谓的"贫困陷阱"之中,形成恶性循环。四是调节分配公平。我们说,分配公平提高效率,分配不公损害效率。当前,一些国有单位之所以效率低下,在很大程度上与分配不公有关。那么,社会保障通过收入再分配机制进行调节,可以在一定程度上减少差别,缓解社会矛盾,有利于社会稳定。

(五) 社会保障的依据是相应的法律规范

社会保障的规则由立法规定,享受社会保障是公民的法定权利,提供社会保是国家和社会的法定责任。

三、社会保障管理的含义与机构

社会保障管理,是指社会保障职能机构贯彻落实国家的社会保障法律和政策,依法建立社会保障体系,筹集和运行保障资金、调节保障分配、维持保障秩序等一系列管理活动。社会保障组织体系中的管理机构,主要包括政府及其领导下的社会保障委员会,以及社会保障主管机构、社会保障监督机构和社会保障争议处理机构。

（1）社会保障委员会

社会保障委员会,是政府设立的非常设性的社会保障决策和协调机构,由政府的社会保障职能部门和相关部门（如计划、财政、税务、中央银行、审计、民政、卫生等部门）,以及工会、妇联等团体委派的代表所组成,主任由分管社会保障工作的政府领导担任。其主要职责,一方面是就社会保障管理的重大事项,如社会保障发展规划、社会保障基金预决算、社会保障规章制度等,以讨论、审议或通过等方式进行决策;另一方面是对社会保障管理中涉及多个部门的问题进行协调。

（2）社会保障主管机构

社会保障主管机构,是指政府设立的主管社会保障的常设职能机构,主要是城市的人力资源和社会保障局以及民政、卫生健康等政府部门。其主要职责是对社会保障进行统一管理和综合管理。

（3）社会保障监督机构

社会保障监督机构,是指对社会保障专司或兼司监督职能的政府所属部门,其中既有审计等专门监督部门,又有兼具监督职能的财政、金融、价格等行政部门。此外,还有必要设立由政府有关部门联合组成,并由工会、企业、新闻、律师等有关社会各界参与的社会保障监督机构。

（4）社会保障争议处理机构

社会保障争议处理机构,是指政府设立的,由政府、企业、劳动者等有关方面代表所组成的处理社会保障争议的专门机构。其职责是调解、仲裁社会保障争议,保护社会保障待遇供给方和享受方的合法权益。

四、城市社会保障体系

城市社会保障,是指城市的社会保障职能机构贯彻落实国家的社会保障法律和政策,依法建立城市社会保障体系,筹集和运行保障资金、调节保障分配、维持保障秩序等一系列管理活动。城市社会保障,是国家和社会为补偿现代社会中被削弱的家庭保障功能,通过组织国民收入的分配和再分配,依法对社会成员的基本生活权利予以保障的一项福利制度。在1978年改革开放前,我国长期实行与计划经济体制相统一的社会保障政策,最大限度地向人民提供各种社会保障。20 世纪 80 年代中期以来,伴随着社会主义市场经济体制的建立和完善,我国对计划经济时期的社会保障制度进行了一系列改革,目标是逐步建立起与市场经济体制相适应,由中央政府和地方政府分级负责的社会保障体系基本框架。

城市社会保障具有三个明显的特点:①社会保障的责任主体首先是国家和政府,各种社会组织和个人在社会保障中也担负着一定的责任;②社会保障作为一项福利制度,其目标是保障社会成员生存和安全等较低层次的需求;③社会保障的出发点是为了补偿现代社会中被削弱的家庭保障功能,社会保障和家庭保障之间的关系是相辅相成的。

要全面理解社会保障制度,需要首先了解各种主要的保障形式,以及它们各自的特点、功能和对象。我国的社会保障体系包括社会福利、社会保险、社会救助、优抚安置等。社会保险是社会保障体系的核心部分,包括养老保险、失业保险、医疗保险、工伤保险和生育保险。

(一) 城市社会福利

1. 城市社会福利的概念和特征

广义的城市社会福利,泛指国家和社会对全体城市公民在生命全过程中所需要的生活、卫生、环境、住房、教育、就业等方面提供的各种公共服务。狭义的城市社会福利,即与社会保险、社会救助等并列的一种社会保障形式,是指国家和社会为维持和提高城镇公民的一定生活质量而提供一定物质帮助,以满足城市公民的共同和特殊生活需要的社会保障制度。

社会福利就其地域范围而言,可分为城市福利和农村福利。在我国现阶段,农村福利不甚发达,项目少,水平低;而城市福利则相对发达,项目众多,水平较高。一般而言,我国的社会福利仅指城市社会福利。与其他社会保障的形式相比,社会福利具有下述特征:①社会福利的保障水平处于较高层次,即社会福利的保障目标,不是为了济贫,不是为了维持城市公民的最低生活水平、基本生活水平或一般生活水平,而是通过提供物质帮助使城市公民的生活质量不断得到改善和提高;②社会福利是国家和社会单向提供的物质帮助,即国家和社会向公民提供社会福利待遇,一般无须公民对国家和社会履行相应义务或做出相应贡献为代价;③社会福利是普惠性的物质帮助,即相关的福利项目可以在特定范围内人人有份;④社会福利待遇的分配实行一致标准,即社会福利待遇在一定范围内按一致的标准进行分配,而不考虑享受福利者之间的贫富差别和贡献大小。

2. 社会福利的主要模式

(1) 城乡一体型社会福利和城乡分立型社会福利

城乡一体型社会福利,即统一适用于城市和乡村的社会福利。其主要特点是,对城市居民和乡村居民实行统一的社会福利制度,社会福利的水平、内容没有城乡差别,设立覆盖城乡的社会福利供给系统和社会福利基金。发达国家由于城乡经济差别甚微,城乡经济已实现一体化,因此实行的是城乡一体型社会福利。

城乡分立型社会福利,即在城市和乡村分别实行不同的社会福利。其主要特点是,城市居民和乡村居民分别适用不同的社会福利制度,城乡社会福利的水平和内容都不尽相同,建立两种不同的社会福利供给系统和社会福利基金。这种社会福利模式是以城乡二元经济结构和城乡经济差别为基础的,城市社会福利的水平和完善程度均优于或高于乡村社会福利,在社会福利体系居于主要地位。发展中国家,特别是城乡差别较大的国家,多采用这种社会福利,我国即是其中之一。

（2）宏观为主型社会福利和微观为主型社会福利

社会福利体系一般有宏观、微观两个层次。宏观层次的社会福利,是以政府为直接责任主体,面向全社会的福利,福利基金主要来源于财政支出并由政府组织,福利待遇的提供具有社会性;微观层次的社会福利,以企业等微观单位为直接责任主体,仅面向本单位劳动者及其家庭的福利,福利基金主要从本单位的收入或经费中提取,福利待遇的提供具有封闭性。根据宏观、微观层次在社会福利体系中的地位不同,可分为两种社会福利模式,即以宏观福利为主、微观福利为辅的模式和以微观福利为主、宏观福利为辅的模式,前者是市场经济国家的传统模式,后者是计划经济国家的传统模式。

3. 我国城市社会福利模式

我国城市社会福利是建立在城乡二元经济结构和计划经济体制基础上的传统社会福利制度。城市福利与乡村福利分立,政府对城镇福利的投入和组织远多于乡村福利,城市福利的水平远高于乡村福利。城市福利以微观福利为主,主要是职业福利,民政部门作为政府的社会福利主管部门所举办的社会福利项目,居于辅助地位。我国传统社会福利制度的缺陷主要表现在不公平、社会化程度低、效率低。为适应市场经济的需要,我国的城市社会福利制度正在进行重大的变革,其变化的方向如下。

①在保持城市福利与乡村福利分立格局的同时,通过加大政府对农村福利的投入和组织,促进农村经济的发展,提高乡村福利水平,逐步缩小城乡福利差距。

②城市福利一方面实现职业福利社会化,另一方面改进和加强公共福利供给的系统和能力,由微观福利为主转向宏观福利为主。

4. 城市社会福利的内容

社会福利就其对象范围而言,可分为广泛性社会福利和群体性社会福利。前者有住宅福利、教育福利、卫生福利、社会补贴、社区服务等;后者有老年人福利、儿童福利、妇女福利、残疾人福利等。

（二）城市社会保险

1. 城市社会保险的含义和特征

社会保险是与劳动风险相对应的,简而言之就是对劳动风险的社会保障。它是指劳动者及其家属遭受工伤、死亡、疾病、年老、失业、生育等风险,导致收入减少、中断或丧失时,根据立法从国家或社会获得必要的物质帮助,使其至少能维持基本生活需要的一种社会保障形式。该概念包括以下含义:第一,社会保险的享受主体是劳动者及其家属;第二,社会保险的主要享受条件是享受者因生、老、病、死、伤、残及失业等劳动风险造成了生活收入中断;第三,社会保险待遇的提供者是国家和社会;第四,通常立法规定劳动者必须先尽劳动和缴费的义务,才能享受权利,即权利与义务相统一;第五,社会保险提供的物质帮助既包括现金补助,如养老金,又包括实物补助,如药品,还包括劳务服务,如为失业者举办就业培训等。

社会保险的主要内容包括养老保险、失业保险、医疗保险、工伤保险、生育保险等。实施社会保险的基本方法包括国家立法强制实施、设置公共机构统一管理和一些特殊的经济方法。社会保险具有如下特点。

①强制性。指社会保险是通过立法强制实施的,社会保障的内容和实施都是通过法律进行的,凡属于法律规定范围内的成员都必须无条件地参加社会保险。

②普遍性。社会保险要求社会化,凡是符合法律规定的所有企业和社会成员都必须参加。

③福利性。是指社会保险不以营利为目的,实施社会保险完全是为了保障社会成员的基本生活。

④社会公平性。公平分配是宏观经济政策的目标之一,社会保险作为一种分配形式具有明显的公平特征。

⑤基本保障性。社会保险的保障标准是满足保障对象的基本生活需要,因为社会保险的根本目的是保证人们的收入稳定、生活安定,发挥社会稳定器的作用。

⑥互济性。社会保险通过法律的形式向全社会有缴纳义务的单位和个人收取社会保费建立社会保障基金,并在全社会统一用于帮助被保障对象,同时各项社会保险基金可以从统一基金中相互调节。

2. 社会保险的主要模式

(1)"传统型"社会保险模式

这种模式为德国首相俾斯麦首创,故称联邦德国模式或俾斯麦模式。它强调国家责任、雇主责任和个人责任相结合,主张给付、收入及缴费联系,社会保险费用由个人、单位和政府三方负担或两方负担,统一由国家专门机构进行管理。其特征一方面是突出社会保险制度中权利与义务的关系,筹资方式为三方(国家、企业、个人)负担,政府(国家)一般为最后的保证;另一方面是以维护社会安全和国民经济稳定及均衡发展为目的,虽有公平的内涵,但更强调自助与安全。美国、日本、荷兰、奥地利等均实行该模式。

(2)"福利国家型"社会保险模式

这是在英国的庇古、凯恩斯和贝弗里奇经济理论基础上建构起来的一种以国家为主的全民保险模式。以"普遍性"为原则,主张实行"收入均等化、就业充分化、福利普遍化、福利设施体系化"的社会保险制度,总目标是消除贫困。其特点一是保障对象的普遍性和保障项目的全面性,覆盖全民而又无所不包,可谓"从摇篮到坟墓";二是推崇公平,不惜以牺牲效率为代价;三是保障经费由国家通过国民收入的再分配来实施。

（3）"国家保障型"社会保险模式

这是苏联、东欧国家实行的与计划经济体制相配套的社会保险模式。其理论根据来自马克思的《哥达纲领批判》中的"必要劳动"和"剩余劳动"理论。其主要特点是,社会保险完全由国家包办,社会保险费用全部由国家和企业负担,个人不缴纳。我国传统的社会保险制度就属于这种模式。

（4）"个人储蓄型"社会保险模式

在新加坡、印度尼西亚、马来西亚等东南亚的一些国家和地区,尽管经济发展相当快,但是由于人们在观念上仍然认为家庭在社会保障中起着重要的作用,所以这些国家和地区就因势利导地实行了以个人（或家庭）储蓄为主的社会保障制度。如新加坡实行的公积金制度,就是国家通过立法,强制劳资双方储蓄,以职工个人名义存入专门管理机构,职工退休、购房、治疗等情况发生时,才可动用自己账户上的资金,职工之间没有互助互济,也不共同承担风险,属于自助型的社会保险模式。

（5）"雇主责任型"社会保险模式

雇主对其雇员的特定保险事故负全部责任,即保险基金全部由雇主负担。许多国家的工伤保险采用此模式,比利时和德国的工伤保险也采用此模式,其目的是促使雇主关心雇员的人身安全和健康。

3. 社会保险的具体内容

（1）养老保险

养老保险,是指劳动者在因年老或病残而丧失劳动能力的情况下,退出劳动领域,从国家和社会获得物质帮助,以满足其老年生活需要的社会保险制度。我国的职工养老保险有三种形式:退休、离休和退职。退休,即职工因年老或病残而完全丧失劳动能力,退出生产或工作岗位养老休息时获得一定物质帮助的制度,是养老保险的基本形式,其适用范围具有普遍性;离休,即新中国成立前参加革命工作的老干部达到一定年龄后离职休养的制度,它既是一种特殊的干部安置措施,又是一种特殊的退休形式;退职,即职工不符合退休条件但完全丧失劳动能力而退出职务或工作岗位进行休养的制度,它在养老保险体系中作为退休的一种补充形式存在,即补充退休在适用范围上的不足。

目前,我国已经进入老龄社会,老龄化速度加快,老年人口规模大。为保障老年人的基本生活,维护老年人合法权益,我国政府将不断完善养老保险制度,改革基金筹集模式,建立多层次养老保险体系,努力实现养老保险制度的可持续发展。

（2）失业保险

失业保险,我国曾称待业保险,是指劳动者在失业期间,由国家和社会给予一定物质帮助,以保障其基本生活并促进其再就业的社会保险制度。其含义有下述要点:①失业保险的保险事故仅对职工的非自愿失业,而不包括职工的自愿失业和未曾就业者的失业;②失业保险中的物质帮助,不仅指失业保险金,还包括组织生产自救、转业训练等其他物质帮助形式;③失业保险具有双重功能,即既保障失业者的基本生活,又促进失业者实现再就业,从而减少失业。

我国的失业保险制度于 1986 年开始建立,当时仅适用于国有企业及其职工,目前其适用范围已扩展至城市企事业单位及其职工。今后一个时期,我国劳动力总量过剩的矛盾和就业的结构性矛盾将持续存在,失业保险面临的压力仍然较大。我国政府将努力扩大失业保险覆盖范围,规范基金征缴和使用管理,在保障失业人员基本生活的同时,进一步发挥失业保险对促进再就业的作用。

失业保险待遇的内容由多个项目组成。就其功能看,有的项目以保障失业者基本生活为主要功能,有的项目则以促进失业者再就业为主要功能;就其形式看,有的项目表现为直接给失业者支付一定数额的货币,有的项目则表现为给失业者提供一定的就业服务。

我国现行立法所规定的失业保险待遇的主要内容有:①失业保险金,即失业者在规定失业期间领取的生活费,其标准低于当地最低工资、高于城市居民最低生活保障标准的水平;②医疗补助金,即失业者在领取失业保险金期间因患病就医而领取的补助金;③丧葬补助金和抚恤金,即失业者在领取失业保险金期间死亡的,参照当地在职职工的规定,对其家属一次性发给丧葬补助金和抚恤金;④一次性生活补助,即农民合同制工人终止劳动关系时根据工作时间长短领取一次性生活补助;⑤参加由失业保险经办机构组织或扶持的转业训练和生产自救。

（3）工伤保险

工伤保险,又称职业伤害赔偿保险,是指职工因工而致伤、病残、死亡,依法获得经济赔偿和物质帮助的一种社会保险制度。它通过对工伤职工及其家庭提供医疗照顾、生活保障和经济赔偿,以减轻工伤职工所受经济损害,并减轻用人单位负担。其特征有:①它是基于对工伤职工的赔偿责任而设立的一种社会保险,其他社会保险则是基于对职工生活困难的帮助和补偿责任而设立的;②它是由用人单位承担全部责任的一种社会保险,职工不负缴纳保险费的义务;③赔偿责任实行无过错责任原则,不同于一般民事赔偿责任;④其被保险人范围包括全体职工,不论何种用工形式的职工,也不论是正式职工还是临时工、学徒工或试用期职工,都平等地享受工伤保险待遇;⑤其目的不仅在于对受伤害者的事后救济,而且还注重对职业伤害的预防。因而,在许多国家,特别重视把强制雇主加入工伤保险同强制雇主改善劳动安全、卫生条件相结合。

（4）医疗保险

医疗保险,是指保障劳动者及其供养亲属非因工病伤后从国家和社会获得医疗帮助的社会保险制度。其含义有:①医疗保险以职业病以外的普通疾病和工伤以外的负伤为保险事故；②医疗保险除了以劳动者为被保险人外，还以劳动者有义务供养的亲属为受益人；③医疗保险以提供医疗服务为基本内容。

我国自 20 世纪 50 年代起，在企业一直实行劳保医疗制度，在机关、事业单位和社会团体一直实行公费医疗制度。目前，医疗保险制度改革已渐次完成，根据 1998 年《国务院关于建立城镇职工基本医疗保险制度决定》，目前正在建立统一适用于城镇职工的基本医疗保险制度，实行社会统筹与个人账户相结合，原则上实行属地管理。

（5）生育保险

生育保险，是指女职工因生育而从国家和社会获得医疗、休息等方面物质帮助的社会保险制度。其含义有下述要点：①生育保险仅以女职工本人为被保险人；②生育保险的保险事故包括怀孕、分娩和流产；③生育保险待遇包括生育医疗待遇和生育产假待遇。

生育保险制度主要覆盖城镇企业及其职工，部分地区覆盖了国家机关、事业单位、社会团体、企业单位的女职工。生育保险费由参保单位按照不超过职工工资总额 1％的比例缴纳，职工个人不缴费；没有参保的单位，仍由其承担支付生育保险待遇的责任。职工生育依法享受不少于 90 天的生育津贴。女职工生育或流产后，其工资、劳动关系保留不变，按规定报销医疗费用。

（6）死亡保险

死亡保险，又称遗嘱保险，是指保险的被保险人供养亲属在被保险人死亡后，或者被保险人在其供养亲属死亡后，从社会上获得物质帮助的一种社会保险制度。这里的被保险人，包括职工和已享受养老保险待遇者，在社会保险体系中，死亡保险同养老保险、工伤保险、疾病保险有一定的交叉关系。因而，关于死亡保险的法律规定，多见于养老、工伤、疾病保险立法和综合性社会保险立法之中。

死亡保险待遇的内容包括两部分：①为帮助克服安葬死者所遇到的经济困难而提供的物质帮助，一般称为丧葬补助金或丧葬费。②为保障死者生前所供养亲属基本生活而提供的物质帮助，一般称抚恤金或遗属年金。

（三）城市社会救助和社会优抚

1. 城市社会救助的含义和特征

（1）城市社会救助的含义

社会救助是社会保障体系的又一个子系统，也是社会保障的主要形式之一。作为法律赋予每一个公民的权利，在其不能维持最低限度的生活水平时，由国家和社会按照法定的标准向其提供最低生活需求的资金和实物援助，即社会救助。对于城市公民而言，城市社会救助，是指国家和社会对由于各种原因而陷入生存困境的城市公民，给予财物接济和生活扶助，以保障其最低生活标准的制度。

它在历史上主要表现为临时性的救灾济贫活动，直到现代才成为一种经常性的社会保障事业。社会救助作为社会保障体系的一个组成部分,具有不同于社会保险、社会救济的社会保障目标。社会保险的目标是预防劳动风险,社会福利的目标是提高生活质量,社会救助的目标则是缓解生活困难。

(2) 城市社会救助的特征

与其他的社会保障制度相比较,社会救助制度具有一定的特殊性。其特殊性主要表现为四个方面。①其对象具有选择性和动态性。只有在基本生活发生困难并经调查认定的情况下符合条件且真正陷入生活困境的社会成员才有资格享受救助,而能够正常生活的公民则不需要社会救助。②其权利义务具有单向性。在社会救助法律关系中,城市公民只是享受救助的权利主体,国家和社会只是提供救助的义务主体。社会救助只强调国家和社会对社会成员的责任和义务;社会成员享受社会救助是他的权利,并不需要承担相应的义务。社会救助资金一般由政府财政拨付,社会成员不用缴纳任何费用。③其保障标准具有低层次性和地域差别性。社会救助的目标是应付灾害和克服贫困,而非改善或提高福利及生活质量,社会救助处于现代社会保障体系的最低或最基本层次。同时由于地域的不同,救助的标准也会有所不同。④社会救助手段的多样性。社会救助既可采用实物救助也可采用现金救助,既有临时应急救助又有长期固定救助,既有官方救助又有民间救助,社会救助手段的多样性是使社会成员得到救助的关键。

2. 社会救助的主要模式

(1) 民间救助

民间救助,又称慈善机构救助或慈善事业,是指建立在慈善伦理基础上的,以社会捐献为财产来源的,由民间公益团体或机构对生存困难者提供的救助。它最早表现为宗教慈善机构的救助,后来又出现了非宗教性慈善机构的救助。其主要特点是:①慈善机构由宗教团体或非宗教公益团体直接充当或出资创办;②救助的财产来源是包括宗教信徒在内的私人或民间团体的自愿捐献;③政府不直接参与和组织救助过程,救助的对象和标准不由国家规定,而由慈善机构自主决定。

(2) 官方救助

官方救助,又称政府救助,是指由政府直接组织的并以财政支出为主要财产来源的对生存困难者提供的救助。其主要特点有:①由政府或其他有关部门设立救助机构或直接实施救助活动;②救助的财产来源主要是政府的财政专项支出;③救助的对象和标准由法律规定;④救助活动纳入政府的社会发展计划。

(3) 官方民间结合救助

官方民间结合救助,是指由官方救助与民间救助相互补充而构成的对生存困难者提供的救助。其主要特点有:①救助主体既有政府及其设立的救助机构,又有民间公益团体及其设立的救助机构;②救助财源既有政府的财政支出,又有民间的捐献;③救助活动既可以官方和民间分别实施,也可以官方和民间联合实施。根据官方救助和民间救助在社会救助体系中的地位不同,官方民间结合救助可进一步分为官方救助为主,民间救助为辅;民间救助为主,官方救助为辅;官方救助与民间救助并重三种类型。

3. 我国社会救助的模式选择

在计划经济体制下,城市实行的是以单位救助为主要形式、以中央财政为后盾的单一政府救助模式,即对城市居民的救助主要由其本人或家庭成员的所在单位提供,而救助的财源则在统收统支的财政制度下主要是中央财政支出;农村一直实行的是政府救助为主的模式,即除"五保户"由农村集体经济组织为主提供救助以外,其他救助由政府提供的模式。显然,这种社会救助模式,没有民间救助的配合,缺少救助社会化的机制。

鉴于中国的国情和市场经济的需要,中国应当选择政府救助为主、民间救助为辅相结合的救助模式。在继续保持国家财政对社会救助投入的前提下,大力发展民间各种公益性民间救助组织。这是因为:一方面,我国现实存在着庞大的需要救助的群体,由于受经济发展水平的制约,民间不具备筹集满足此需求之财源的能力,因而,应当以政府财政作为社会救助的主要财源;另一方面,由于社会救助需求巨大,国家财政不堪重负,因而,应当充分调动民间救助的积极性,积极动员民间财力投入社会救助。

社会救助的官方民间结合,应当采取三种形式:①分别建立政府救助和民间救助两个系统,并形成两个系统之间的互补关系;②政府救助系统在财政支出为主要财源的同时,尽可能组织和吸收社会捐献,从而壮大政府救助的财力;③政府对民间救助系统在税收、政策等方面给予积极的扶持优惠,从而扩展民间救助的功能。

4. 社会救助待遇享受资格管理

社会救助待遇享受资格管理,是指社会救助管理部门和有关机构依法对公民是否具备享受社会救助待遇的条件,予以认定。其主要内容是实行社会救助申请制和社会救助调查制。社会救助申请制,是指需要救助的公民个人或家庭应当向有关机构递交申请书,表明请求救助的原因、理由和相应事实。社会救助调查制,是指有关机构对申请救助者,应当派出专业人员对申请救助者所在社区和单位进行详细调查,并将调查结果作为是否批准救助的根据。

按照社会救助申请制和调查制的要求,社会救助待遇享受资格认定程序中应当包括以下环节:①个人申请,即公民个人向所在社区基层管理机构或工作单位提出救助申请;②社区证明,即由社会基层管理机构(村民委员会或居民委员会)在个人申请报告上签署意见、证明情况属实后,上报乡镇政府或街道办事处;③基层审核,即乡镇政府或街道办事处经调查审核,然后上报县级民政部门;④上级批准,即县级民政部门根据事实和法规予以批准并确定救助标准。

5. 城市社会优抚

城市社会优抚是指国家和社会对城市中的革命军人及军烈属等优抚对象,实行优待、抚恤及其他物资照顾和精神鼓励的一种社会保障。社会优抚的对象是特殊的群体,通常可划分为现役军人及其家属优抚、军人退休生活保障、退伍军人就业安置和烈属抚恤。

社会优抚,是国家和社会保障残废军人的生活,抚恤烈士家属、优待军人家属的工作。它是城市民政部门的重要职责。我国政府为保障优抚对象的权益,陆续颁布了《革命烈士褒扬条例》《军人抚恤优待条例》等法规。国家根据优抚对象的不同及其贡献大小,参照经济、社会发展水平,确立不同的优抚层次和标准。对于烈士遗属、牺牲和病故军人遗属、伤残军人等对象实行国家抚恤,对老复员军人等重点优抚对象实行定期定量生活补助;对义务兵家属普遍发放优待金;残疾军人等重点优抚对象享受医疗、住房、交通、教育、就业等方面的社会优待。

五、我国城市社会保障制度的改革

(一) 我国实施现代社会保障制度的战略意义

现代市场经济不仅强调竞争原则,而且强调保障机制。中国改革 40 多年来在促进国民经济快速发展的同时,社会上也产生了一个弱势阶层,其人数估计已达 1.4 亿~1.8 亿,约占全国总人口的 11%~14%。这就需要在效率与公平的天平上,更加重视公平,给予弱势阶层一定的保障。

现代市场经济不仅强调动力机制,而且还要强调平衡机制。应该说,改革 40 多年,动力机制得到了一定发挥,但与之协调的平衡机制没有及时建立起来。这主要表现在:城乡差距、地区差距、行业差距明显;就业压力越来越大,行政垄断集团无法抑制;国家财富增加,但国民幸福感、获得感有待增强;教育的不公平加剧;经济发展与生态环境的矛盾凸现等,不一而足。

现代市场经济不仅需要资本推动,而且需要温情政府。我们知道,资本是高效的分配资源,但是资本本身是没有人情味的。那么,如何使社会主义市场经济既高效又有人情味呢? 这就需要温情的政府在稳定宏观经济的同时,维护弱势群体的基本生活保障和医疗需要,把大量的资金用于公共事业上,给全体公民安全感,这样,社会大众才能无后顾之忧,携手朝着和谐社会远大的目标进发。

现代市场经济不仅需要经济效率,而且需要社会公平。经济学告诉我们,市场追随的是货币选票,富人们养的宠物所喝的牛奶,正是穷人孩子维持健康的必需品。之所以发生这种情况,有人认为是市场不灵的结果。其实,根本不是。因为市场机制正在做它应该做的事,即把物品分配给有货币选票的人。怎么办呢? 只能通过公平进行再分配,解决收入的缺陷。解决之道:一方面,政府通过转移支付,给低收入者提供补贴;另一方面,编织"安全网",使不幸者免受困苦。

现代市场经济不仅需要单一发展,而且需要协调发展。协调发展的要点有六:以健全社会保障为核心,促进社会公平,使经济效率与社会公平协调一致;以解决"三农"问题为核心,促进农村经济发展,使城乡协调一致;以开发西部、振兴东北、中部崛起为核心,促进相对落后的区域和发达区域的协调发展;以解决环境问题、增强企业社会责任为核心,促进循环经济的发展,使人与环境协调发展;以放宽限制、讲究公平竞争为核心,促进对内开放与对外开放的协调发展;以政治体制改革为核心,促进经济体制、政治体制、文化体制协调发展。这六个协调发展,首要的是健全社会保障。我们不能因既得利益集团的种种阻挠而忽视弱势群体,不能把眼光盯在短期的经济效率上而忽视社会公平。社会保障,应是我们当前的首要任务。

党的十九大报告指出要全面建成覆盖全民、城乡统筹、权责清晰、保障适度、可持续的多层次社会保障体系。随着社会主义市场经济的深入发展和社会结构的深刻变革,不同地区和部门、不同群体和个人享受经济社会发展成果的多少有所不同,物质文化生活的改善程度也出现差异,社会保障问题日益成为广大人民群众关注的热点问题。能否有效解决社会保障问题,已成为影响经济社会发展和安定团结大局的关键问题。从人民群众最关心、最直接、最现实的利益问题入手,切实做好完善社会保障的工作,加快完善与经济发展水平相适应的社会保障体系,不断扩大覆盖面,是贯彻落实科学发展观的本质要求和重要内容。

(二) 我国城市社会保障改革的目标、原则与思路

党的十四届三中全会通过的《中共中央关于建立社会主义市场经济体制若干问题的决定》,提出了我国社会保障的完整体系、运行模式和管理体制,明确了我国社会保障改革的总体目标:"建立统一的社会保障管理机构,提高社会保障事业的管理水平,形成社会保险基金筹集、运营的良性循环机制,社会保障行政管理与社会保险基金经营要分开。"具体到城市,应遵循下列原则,如:①社会保障水平与经济、社会发展相适应的原则;②公平与效率相统一的原则;③社会保障社会化的原则;④社会保障基金化的原则;⑤社会保障与家庭保障相结合的原则。

根据上述目标和原则,城市社会保障改革的方向是使社会保障事业走向社会化、基金化、规范化和法制化。城市社会保障改革的基本思路是:①改变所有制的分割局面,逐步建立以全体劳动者为对象的多层次、一体化的城市社会保障体系,提高城市社会保障的社会化程度,使社会保障真正体现社会公平;②改变由国家和企业"包"的体制,建立国家、企业(社区)、个人三方合理负担的多元资金来源结构。在我国居民个人收入水平较低和国家财力有限的现状下,可考虑由企业负担主要费用;③改变现收现付的筹资模式,逐步实行现收现付与预先积累相结合,以便在城市人口老龄化高峰到来时,可以达到收付的动态平衡;④改变单纯按部门分别管理的体制,建立既有统一管理机构又有分类分级管理系统的管理体制。在建立统一管理机构的同时,还要建立社会保障基金的专门管理机构,负责基金的运营管理。

城市社会保障改革是一项复杂的社会系统工程。为了维护社会稳定,推动经济发展和保证社会主义市场经济体制的顺利建立,我国城市社会保障的改革应该从我国国情出发,突出重点,有计划、有步骤地进行。

第四节　社会工作概述

社会工作是现代城市社会发展必不可少的"润滑剂""安全阀",在协调社会关系、预防和解决社会问题、促进社会公正、维护社会稳定等方面发挥着独特作用,是城市社会管理与服务的一支重要力量。

一、社会工作的内涵及功能

社会工作在西方经过了将近一个世纪的充实、修正和完善,已发展成为一门拥有一定的理论、方法和专门技术的实用性社会科学学科,成为一项具有广泛就业基础的专门职业。

社会工作是指社会(政府和群众团体)以物质、精神和服务等方式对那些因外部、自身和结构性原因不能依靠自己的力量进入正常的社会生活的个人和群体提供帮助,使他们恢复社会生活能力,改善社会互动关系,提高社会生活质量,从而促进社会的良性运行和协调发展的助人服务活动。这个定义有三个基本含义:①社会工作是其主体为增进社会和谐和社会进步而展开的一项自觉自愿的非赢利性的社会公益活动;②社会工作是以那些不能维持正常社会生活而又需要他人帮助的个人和群体为服务对象的;③社会工作是用社会整体利益、社会各方面协同发展作为这一事业的基本目标。

概括来说,社会工作的功能就是把社会保障、福利政策转化为具体的方案,把保障与福利送到受益者手中。随着社会变迁和现代化,它的功能空间仍在拓展。按照社会工作对象特点可分为儿童社会工作、青少年社会工作、老年社会工作、妇女社会工作、残疾人社会工作。按照社会工作活动空间的特点分为家庭社会工作、矫治社会工作、反贫困社会工作等。可见,社会工作能在微观个人、家庭层面、中观社区、组织层面和宏观制度层面发挥它的功能。

第一,社会工作关注人与家庭的需要,助人是社会工作的基本功能。社会工作的任务是助人,帮人摆脱困境是它的基本功能。人们的需要是多种多样的,主要包括生存、参与社会和发展等方面。当他们不能依靠自己的力量去满足这些需要时,社会工作应该把它们纳入自己的工作领域。对于受助者,社会工作有救难、解困和促进人的发展等多种功能。

第二,社会工作关注于社会的稳定与发展,致力于解决社会问题,有维持社会秩序的功能。从宏观社会变迁的角度考察,任何一个社会都存在或大或小、不同性质的社会问题。所谓问题,在社会工作看来,是指社会系统秩序紊乱,功能发挥不良。社会工作则通过解决社会问题维持社会秩序;通过预防问题保持社会秩序,通过参与制定和修改政策维持社会稳定,以期恢复、保证社会功能正常发挥。

第三,社会工作是社会发展的动力机制,有促进社会进步的功能。从制度层面讲,完善的社会福利体系、社会保障制度是社会正常运转不可缺少的配套体系,社会工作通过发展、维护、强化福利体系,协调各种社会制度、政策,增强人与社会系统的协调和功能,促进社会的和谐发展。在这种积极的意义上说,社会工作是社会发展的动力机制,有促进社会进步的功能。当然,社会工作也有局限性,它不是万能的。多数时候它只是发挥引导的作用。协助个人与群体减轻压力,调和与缓解社会矛盾。社会工作不能改变现状,更不能把社会变成乌托邦。社会工作的社会意义,就是在不断变迁的社会环境中,为个人和社会提供稳定的力量,使个人生活得更充实,社会也可保持和谐与融洽。

二、社会工作的缘起与发展

现代意义上的社会工作首先发端于西方社会。资产阶级工业革命不但使西方国家的经济结构发生了变化,而且也对社会关系、社会结构产生了深刻的影响,引发一系列不期而遇的社会问题,如贫困、失业、堕落等。许多思想家、政治家及社会人士开始关注并致力于解决这些问题,以使社会摆脱病态,弱者免于痛苦。社会工作就是众多尝试中的一种。

西方的社会工作形成于19世纪末至20世纪初。它是在长期的助人活动中发展起来的。1601年,英国政府基于救助贫民及社会责任的精神,制定了1601年《济贫法》。政府的参与、专人的负责(贫民监督员)、院外救济的实施等《济贫法》规定的这些做法已具有社会工作的观念与方法。1788年德国汉堡市实施的救济制度,是一种在全市中心办事处综合管理下的分区助人自助式的救济制度,使救济工作更趋组织化和科学化。1852年爱尔伯福市对之加以改良,建立了颇具特色的“爱尔伯福制”。德国汉堡制和爱尔伯福制的精神与做法,为以后各国探索公共扶助和社会工作树立了一个新的里程碑。1869年在英国建立的“慈善组织会社”致力于协调政府与民间各种慈善组织的活动。该会社对于社会工作专业化的建立做出了很大的贡献。1884年兴起的睦邻组织运动是一种全新的服务方式,它是以整个社区为工作对象,由工作者深入社区,发现社区需要,了解社区居民,发动社区力量,为社区服务。它为现代团体工作和社区组织工作奠定了组织制度基础。从1883年德国政府创立劳工保险制度开始,先后有英美等134个国家在不同程度上建立起社会保障制度。新制度的有效运作需要有相应的组织、机制和方法,这就使社会工作脱颖而出,在社会生活中发挥越来越重要的作用。在1915年召开的美国慈善与矫治委员会大会上,佛勒克斯诺发表了《社会工作是专业吗?》的著名演说,提出社会工作专业化的问题。1917年里士满出版了著名的《社会诊断》一书,该书试图使社会工作的方法技术作为一套独立的知识系统加以传授,这无疑是社会工作专业化的一个正式起点。到19世纪末 20 世纪初,社会工作在西方已进入专业发展的阶段。20 世纪 50 年代末,社会工作者又在努力探索一套共同的知识技术与价值。1977 年英美两国的社会工作者又集会商议社会工作方法的整合运用方向,社会工作将向更整合、更广、更深的方向发展。

三、社会工作的价值观和知识基础

社会工作的价值观是社会工作专业对于人、社会及其相互关系的总观点、总看法,它表明了社会工作的价值取向。总的来说,社会工作的价值观体系构筑在对人和社会的偏好之上,是社会工作实施的基石。普遍被社会工作者接受的价值观有:个人应受到社会的关怀;个人与社会是相互依赖的;个人对他人负有社会责任;人们有共同的人类需求,但是,每个人都是独特和异于他人的个体;民主社会的实质表现在使每个人的潜能得到充分发挥,还有通过社会参与行动尽到社会责任;一个理想的社会应该有责任和能力,保证社会中的每个人有充分的机会来解决困难、预防问题,以及促成自我发展等。

社会工作作为一种专门的助人活动,它对知识的要求是广博和多样化的,主要围绕三个核心内容:一套关于人的成长、需求、行为和人与人的关系的知识,一个有关社会问题及问题成因的知识群,一系列有关开展助人活动的方法技巧等知识。这些知识分别来自于社会学、经济学等一系列人文社会科学。

作为社会工作知识基础的最重要的组成部分,社会学在社会工作中被广泛运用,从对人的理解到对社会问题的界定和解释,再到指导社会工作的具体实务过程,社会学都发挥了明显的作用。其中尤以以下理论更为突出:关于人与社会关系的理论、关于人的成长的理论、关于社会互动的理论、关于社会结构的理论、关于社会问题的理论、关于社会变迁的理论等。

四、社会工作的专业方法

社会工作的核心是在一定理论指导下的一套因时因事而异的专业工作方法。这些专业方法主要包括个案工作、小组工作、社区工作等。

(一) 个案工作

个案工作是由专业社会工作者运用有关人与社会的专业知识和技巧为个人和家庭提供物质或情感方面的支持与服务,以帮助个人和家庭减轻压力、解决问题,达到个人和社会的和谐状态。

指导社会个案工作的理论模式主要有:危机介入模式、任务中心模式、行为修正模式,还有"心理暨社会治疗"模式。该模式将系统理论应用于个案工作过程,强调个人的行为同时由其内在的心理和外在的社会因素形成。因此,治疗的首要任务是调整个人的人格体系及环境,进而增进人格的成长与适应。具体地讲,社会工作者通过四个步骤来完成工作:协助适度满足受助者的基本需要;帮助处理面对的问题,减轻痛苦;增加其实现目标与期望的机会能力;尽量让案主承担改善环境的责任等。社会个案工作过程通常是由案主到社会福利机构申请协助开始,一般经过立案、调查、诊断与治疗、结案与评估等过程。

个案工作的原则,是社会工作者与服务对象建立专业关系应遵守的思想行为准则。它包括接纳案主的原则、个别化原则、沟通原则、案主参与和自决的原则、工作者自我认识的原则、为案主保密原则等。

(二) 小组工作

小组工作者在各种小组中,通过小组互动与方案活动达到个人的成长与社会目标的完成。它为一般儿童、青少年、成人组成的小组提供教育与娱乐服务,为有社会和心理问题或生活不利的人们组成的小组提供预防、治疗、康复等服务,从而预防与解决社会问题。

在运用小组工作方法解决社会问题的过程中,较有影响的是三大模式:治疗模式、互动模式、社会目标模式。该方法的理论来源于系统论和社会学的观点,认为社会系统与个人和群体间是相互作用和影响的,个人问题的解决必须通过社会变迁实现。具体地讲,利用小组的工作过程培养小组成员的民主意识和参与社会变迁的责任心,增强自尊心,提高适应生活能力,并通过小组集体力量达到社会变迁。

其基本的程序为:确定团体目标、挑选团体成员、确定团体规模、确定团体聚会场所和所需设备、设计团体活动方案、推动团体活动方案的实施、结案与评估。

小组工作的实践原则主要有:真诚接纳每一个人;建立有目的的助人关系;鼓励与促进小组成员实现有益的合作关系;适当地修正小组工作过程;为小组成员提供各种新机会;明智地运用制约;对个人、小组的进步不断进行评估等。

(三) 社区工作

社区工作是以整个社区及社区中的居民为案主,通过社区组织和社区发展解决和预防社区问题。社区工作的目标可以概括为:调整或改善社会关系,减少社会冲突;寻求社会福利需要与社会福利资源的有效配合,以满足需要、消除问题;改善社区生活、促进社区进步。

与社区工作的三个目标相呼应,社区工作的三个主要模式有:地区发展模式,即鼓励社区居民参与决策,并以自助互助的力量来解决其共同问题、改善生活质量;社会计划模式,即针对问题本身进行科学化的探索,通过理性的行动决策,来解决社区的问题,从而引导社区的变迁与进步;社会行动模式,即组织那些处于不利地位的人们,对大的社区作合理的权益保障的要求,以求得社会资源的公平分配,从而促进社会的和谐与进步。

社区工作的原则:以社区居民的需要为前提;以社区的共同发展为目的;民主参与远胜于寡头决策;协同合作远胜于孤立无援。社区工作的过程分为五个发展阶段:建立关系,收集资料,制定计划,社区行动,成效评估。

应该说明的是,上述工作方法,包括其他未做介绍的方法,并不是各自分立的,实际上它们之间有着多方面的联系,特别是现在已出现社会工作诸方法的整合趋势——面对各种社会工作实务,综合运用多种工作方法及模式。

五、我国社会工作的发展

专业社会工作是西方社会的产物,19 世纪末 20 世纪初社会工作在英美等发达国家发端,虽然中国的社会工作起步较晚、水平低,但是随着政府和社会的关注,我国社会工作得到了较强劲的发展。大致可以分为四个时期。

第一,20 世纪上半叶在中国的大学里开始讲授社会学、社会服务等课程,一些大学师生开始从事社会服务活动,同时在西方受过正规教育的知识分子为了救国救民、救亡图存,在中国大地上发起了乡村建设运动,虽然因为战争等原因,这些实践活动并没有取得预期的结果,但它在我国社会工作发展史上仍有重要意义。

第二,1949 年以后计划经济时期的行政非专业化的社会工作模式形成阶段。在30 多年计划经济与"单位体制"实行时期,政府通过其代表者——各种社会组织和单位,并通过国家干部以行政程序与手段向人们提供生存资源和力所能及的帮助,从而形成了靠行政框架解决社会问题的行政性非专业化的社会工作模式。

第三,20 世纪 80 年代中期以后,专业社会工作的宣传、提倡与初创阶段。1979年国家决定恢复社会学,社会工作课程作为应用社会学也在一些大学恢复起来。随着"政企分开"改革政策的推行和政府、群众团体职能由管理型向服务型的转变,以及民政等部门对干部知识化、专业化要求的提高,社会工作专业化的要求自然被提上议事日程。1986 年国家决定在北京大学等学校设立社会工作与管理专业,这样专业社会工作教育在中国开始起步、恢复,与其同时民政等部门对干部进行在职培训,讲授社会工作内容,从而形成了以往的行政性社会工作与专业性社会工作相结合的发展格局。

第四,改革开放特别是 20 世纪 90 年代社会主义市场经济体制的建立与社会结构转型的速度加快,各种"适应性"社会问题的出现只能在现存的社会结构和社会制度框架内去解决,这为解决社会问题提供了一种"非政府渠道"的解决方式,使得社会工作能够快速发展起来,其主要推动因素包括:人们依靠亲属群体解决困难的手段日益弱化;来自政府部门的支持力量在逐渐增加;体制改革带来社会服务的职能回归社会;与市场经济发展相对应的某些社会层面的发展;专业社会工作在中国的恢复、发展、壮大走上了规范化的道路。

随着世界经济和科技的飞速发展,社会工作越来越受到我国政府机关和社会各阶层的重视。法律和秩序不是建立一个更加和平和合理的世界的最终工具。学术界和专业人士正在深入探讨人道主义发展的广泛意义。事实上,越来越多的人开始扮演社会工作者的角色,为那些被遗弃或虐待的孩子、残疾人、老人和穷人,以及这个巨大而复杂的人类星球上一些被遗忘的角落伸出援手。除上述讨论外,从社会工作的未来发展来看,在提高社会工作服务的质量水平和力量方面,还有许多其他方面可以也应该达到要求和进一步探索。公众会越来越提高对社会工作的认识和理解,将其作为生活的一部分。

思考题

1. 怎样测度城市社会发展?
2. 我国城市社会发展存在的问题是什么?
3. 什么是社会保障? 社会保障对于城市社会发展的功能表现在哪些方面?
4. 什么是社会工作? 社会工作的方法有哪些?

参考文献

[1]　王思斌.社会学教程[M].5版.北京:北京大学出版社,2021.

[2]　韩明谟.社会学概论(修订本)[M].北京:中央广播电视大学出版社,1997.

[3]　周庆行.现代社会学[M].重庆:重庆大学出版社,2003.

[4]　戴维·波普诺.社会学[M].北京:中国人民大学出版社,2007.

[5]　张敦福.现代社会学教程[M].北京:高等教育出版社,2001.

[6]　蔡禾.城市社会学:理论与视野[M].广州:中山大学出版社,2003.

[7]　周运清.新编社会学大纲[M].武汉:武汉大学出版社,2004.

[8]　孙本文.社会学原理[M].北京:商务印书馆,1946.

[9]　科塞.社会学导论[M].天津:南开大学出版社,1990.

[10]　王颖.城市发展研究的回顾与前瞻[J].社会学研究,2000(1).

[11]　程玉申,周敏.国外有关城市社区的研究述评[J].社会学研究,1998(4).